PSYCHOLOGIE de la CONNERIE en POLITIQUE

Maquette couverture et intérieur: Isabelle Mouton.
Illustrations couverture et intérieur : ©Marie Dortier
Crédits photos intérieur : ©Marie Dortier : pages 20, 34, 46, 60, 72, 82, 98, 112, 132, 146, 162, 176, 186, 202, 214, 216, 224, 236, 252, 270, 282, 300, 314, 322, 334, 350, 352, 364, 373, 378, 388, 400 – ©Gettyimages : pages 29, 37, 57, 95, 05, 151, 167, 199, 213, 241, 287, 330, 342, 359, 395, 411.

Diffusion/Distribution : Interforum

38, rue Rantheaume
BP 256, 89004 Auxerre Cedex
Tel.: 03 86 72 07 00/Fax: 03 86 52 53 26
ISBN = 978-2-36106-616-1

PSYCHOLOGIE de la CONNERIE en POLITIQUE

SOUS LA DIRECTION DE JEAN-FRANÇOIS MARMION

collection

collection

Sommaire

Mais qui choisit le roi des cons ?

« La politique est l'art de commander
à des hommes libres. »
Aristote, *Politique*, I, 7

« Et au plus eslevé throne du monde,
si ne sommes assis que sus notre cul. »
Montaigne, Essais, III, 13

Ils nous auront tout fait.

Ancien président de la Commission des finances de l'Assemblée nationale, un valeureux ministre incarnant « la ligne de fermeté budgétaire » s'avère coupable de fraude fiscale et blanchiment, après avoir clamé son innocence au Parlement. Un secrétaire d'État souffrant d'une bouleversante « phobie administrative » lui interdisant de payer ses impôts se voit condamné, lui aussi, pour fraude fiscale. Un ancien Premier ministre, qui vient d'affirmer qu'on n'imaginait pas le général de Gaulle mis en examen, révèle une conscience un brin moins nette que ses costumes.

Un chef de parti estime que les chambres à gaz ne représentent après tout qu'un « point de détail » de la Seconde Guerre mondiale. Un futur président de la République ironise sur « le bruit et l'odeur » d'un père de famille avec « trois ou quatre épouses et une vingtaine de gosses » s'engraissant de prestations sociales « sans naturellement travailler. » Un Ministre de l'intérieur en exercice explique qu'un Arabe ça va, mais que quand il y en a plusieurs ça fait des problèmes, avant de jurer la main sur le cœur qu'il n'en avait qu'après les Auvergnats (!!!).

Quant aux mœurs, pour s'en tenir aux seules affaires étalées sur la place publique… Un candidat à la présidentielle explose en vol, accusé d'avoir agressé sexuellement l'employée d'un hôtel (sa défense explique d'abord que l'intéressé ne peut rien avoir à se reprocher puisque sa présumée victime paraît « très peu séduisante »). Un candidat à la mairie de Paris est torpillé parce qu'il a sacrifié à Onan devant son smartphone. Un locataire de l'Élysée fait gloser la planète entière par ses escapades en scooter pour porter des croissants rue du Cirque (Labiche, es-tu là ?). Voilà qui nous change des présidents d'antan tombés d'un train en pyjama, ou expirant pendant une douceur buccale…

Ils nous traitent de pauv' cons, de sans-dents et de gens qui ne sont rien, et ils voudraient qu'on les respecte ? Ils en ont pour 10 000 euros de coiffeur chaque mois, même dégarnis, et nous demandent toujours plus d'efforts ? Passons sur ceux qui paient des figurants pour assister à leurs conférences ou des robots pour les suivre sur Tweeter.

Passons sur les graveleux niquedouilles caquetant en pleine Assemblée nationale lorsqu'une femme prend la parole, et qui ne brillent par leur assiduité aux débats que le mercredi pour se pavaner devant les caméras... On relit alors avec délectation ce passage de Montherlant dans *Le Démon du bien* : « Qu'une vie est heureuse, quand elle commence par l'ambition, et finit par n'avoir plus d'autres rêves que celui de jeter du pain aux canards ! (...) Comme ils sont beaux quand le caprice les prend d'être joyeux, quand ils se dressent et, se tenant droits sur leurs queues, frappent des ailes avec enthousiasme : on dirait des députés en train de feindre l'indignation. »

Oh, comme la politique serait passionnante sans ceux qui la font ! Et tous, quels que soient leurs échecs, leur inaction, leurs condamnations, leurs trahisons, leurs ridicules, tous, qu'ils nous aient fait honte ou nous aient écœurés, restent collés dans nos pattes. Ils ont beau faire mine de prendre du champ, les revoilà, même cacochymes, sortant des poubelles de l'Histoire avec un teint virginal et des poses de vieux sage pour jurer que les épreuves les ont grandis et que cette fois, cette fois, l'Hexagone a trouvé son messie. Quelle abnégation, de faire don de sa personne à une foule qui vous a rejeté et ne désire que vous oublier... Quelle déférence pour le peuple (souverain, pourvu qu'il vote comme d'habitude)... Cabotins à la triste figure. Œil de velours et langue de bois. Ternes stratèges grossiers. Pis qu'ennuyeux : prévisibles.

Et s'il n'y avait que la France ! Mais aux États-Unis, ne vit-on pas un président gourdiflot déclarer la guerre à l'Irak au nom d'armes de destruction massive imaginaires, et un père Ubu s'enquérir doctement si ses administrés ne devraient pas se piquer au détergent pour préserver leur santé ?

(À l'heure où j'écris ces lignes, il est tout à fait possible que les électeurs survivants le réélisent.) Dans une BD ou une série télévisée, on trouverait tout cela bien exagéré, et on n'y croirait pas. Or, c'est la réalité. On n'y croit pas non plus. Et l'on envie la Belgique, qui connaît des périodes sans gouvernement et ne s'en porte pas beaucoup plus mal.

Difficile de ne pas se surprendre à penser qu'il y a des révolutions qui se perdent. Mais comment faire, puisque les élections troquent les pavés contre un bulletin ? Puisqu'il faudrait exprimer sa colère en levant le petit doigt, sans violence, sans pendre le dernier néolibéral avec les tripes du dernier auto-amnistié ? Nul abribus, pas une vitrine de magasin de luxe ne doivent brûler, nous assènent les consciences morales médiatiques qui ont grandi en écoutant *Street Fighting Man* ! Pas une insulte ne doit fuser ! Nous ne devrions plus nous révolter qu'à coups de bougies dans une marche blanche… Quoi d'étonnant pourtant à ce que nous nous sentions parfois tentés de préférer aux tristes sires institutionnels la candidature d'un clown ? À défaut de guillotiner les roitelets d'opérette, quelle meilleure mort symbolique que de leur substituer des bouffons ? Ou un *deus ex machina* envoyé par la Providence, bafouant les usages stériles et éculés, se montrant supérieur aux règles, charismatique et risque-tout, ne retournant pas sa veste… Un être inspiré, inspirant… Mais dans la vraie vie, les despotes éclairés sont invariablement obscurantistes. Et si, comme le notait Winston Churchill, la démocratie est le pire système à l'exception de tous les autres, la connerie glacée tout droit sortie de *1984* ne rachèterait pas l'erratique bouillonnement issu de 1789. La pensée magique n'est pas le contrepoison à la pensée unique. Alors ne réveillez pas un peuple qui dort, lorsqu'il ne rêve même plus aux lendemains meilleurs : sans le foutoir actuel, ce serait le chaos !

Le droit de vote, perle jetée aux cochons

Mais STOP. Plaçons-nous une seconde du point de vue des politiques, pour changer. Que diraient-ils de nous ? Ceci, peut-être :

Ils nous auront tout fait.

Ils sont ingérables. Pas seulement parce que ce sont des veaux offrant des centaines de variétés de fromages, pour citer en raccourci le général-qu'on-n'imagine-pas-mis-en-examen, mais parce qu'ils ne savent pas ce qu'ils veulent. Comment voulez-vous qu'on leur donne ? Ils nous demandent d'agir, mais bloquent la rue dès qu'on esquisse une réforme. Ils exigent l'ordre, mais hurlent au premier coup de matraque. Ils nous exhortent à dire la vérité, mais font tourner la moindre phrase en boucle pour peu qu'on omette la langue de bois. Ils exigent de la hauteur, mais rivalisent de fiel pour nous rabaisser (et ils ne nous passent rien, pas le moindre lapsus). Ils détestent qu'on les infantilise, mais bâillent quand on devient techniques. Ils répondent à toutes les questions lors d'un référendum, hormis celle qu'on leur pose. Ils attendent la tradition, mais l'anticipation. L'audace, mais la prudence. La nuance, mais les avis tranchés. Le recul, mais l'immédiateté. Les efforts, mais pour les autres.

Depuis 1789, les soubresauts et palinodies de ce peuple girouette nous auront valu la séquence Monarchie constitutionnelle/République/Directoire/Consulat/Empire/Restauration/Empire/Restauration/Révolution/Monarchie de juillet/Révolution/République/Empire/République/État français/République au fil de 14 constitutions, tandis que, rien que depuis 1981, nous avons digéré, plus qu'une alternance, un véritable patouillis de présidents de gauche et Premiers ministres de gauche, présidents de droite et Premiers ministres de droite, certes, mais aussi président de gauche et Premiers ministres de droite, président de droite et Premier ministre de gauche, et même, plus récemment, président de gauche (mais en même temps, de droite) et Premiers ministres de droite (mais en même temps, de gauche). En attendant que les deux extrêmes, à force de s'éloigner spectaculairement, se rejoignent en douce, perspective inéluctable sur une Terre encore ronde : il arrive que le bulletin dans l'urne, plus c'est gros, plus ça passe...

Les électeurs oublient pourtant que pour un fraudeur fiscal ou un agresseur sexuel dans nos rangs, il y a littéralement des centaines d'entre nous qui n'ont rien à se reprocher sur le plan moral, au Parlement. Des dizaines de milliers, à l'échelon local. Bien que certains se perdent en chemin, on ne s'engage pas pour le pouvoir, mais vraiment pour changer les choses. Et le personnel politique n'a jamais été aussi irréprochable. Si les réseaux sociaux et les chaînes d'information continue avaient existé tout au long de l'Histoire, les décisions malencontreuses et les turpitudes des politiques français auraient été singulièrement plus atroces qu'aujourd'hui :

Vel' d'Hiv' :
13 000 Juifs déportés, dont un tiers d'enfants,
sur ordre du gouvernement

Verdun :
350 000 Français et 350 000 Allemands morts pour rien

Scandale de Panama :
plus de 150 parlementaires français corrompus

20 000 communards fusillés sans procès,
7 500 envoyés au bagne

Napoléon en Russie :
200 000 morts dans l'armée française

Le Code noir de Louis XIV
désigne les esclaves des colonies comme des « biens meubles »

Saint-Barthélemy :
les catholiques massacrent 30 000 protestants
dans toute la France

Charles VI
sujet à des dizaines de crises de folie furieuse

Affaire de la tour de Nesle :
Philippe le Bel fait dépecer vifs, émasculer et décapiter les deux amants de ses belles-filles

La liste serait sans fin. Les citoyens seraient effrayés de disposer d'une machine à remonter le temps pour filmer les coulisses des vies et décisions des grandes figures de l'Histoire. Les politiques d'aujourd'hui n'ont jamais été aussi honnêtes et policés, et on nous traite comme le mériteraient nos prédécesseurs. Notre dévouement n'a d'égal que l'ingratitude et l'injustice qu'on nous réserve, à nous plus qu'à tout autre, sur la base de commentaires de commentaires d'informations tronquées. Nous sommes des paratonnerres et des boucs-émissaires. Et il faudrait sourire pendant qu'on nous lapide ! Ils ne se rendent pas compte, ces vieux Gaulois gâtés sous antidépresseurs, à quel point il est difficile, à mesure qu'on tutoie les sommets, de crouler sous les pavés de dossiers, les expertises jargonnantes artificiellement gonflées, les récriminations des électeurs égoïstes qui vous rendent responsables de leurs échecs, les adversaires qui se victimisent, les diplomates susceptibles, les ternes sables mouvants du droit, les journalistes plastronnants, les humoristes à gros sabots, le panoptique et le qu'en-dira-t-on paranoïaque des réseaux sociaux, les communautés explosives, les religieux chatouilleux, les complotistes intarissables, les éternels yakafokon, les 65 millions d'épidémiologistes en temps de Covid, les pantouflards, planqués, incapables notoires qui supplient qu'on les recase, les chevaliers blancs, revanchards, flagorneurs, les traîtres, les guillotineurs du dimanche qui, sans-culottes, tricoteuses, gilets jaunes, abattraient bien le troupeau entier à la première suspicion de brebis galeuse. Tout cela sans sacrifier notre vie privée, notre sommeil, notre optimisme, notre énergie. Ni nos convictions, pour peu qu'il nous en reste. Inhumain ! Élections, pièges à cons… lorsqu'on les gagne ! La première leçon du pouvoir, c'est l'impuissance.

L'époque bénie du doute

Électeurs et politiques présentent ainsi un point commun : chaque camp attend de l'autre l'exemplarité. Pour les électeurs, les politiques sont censés faire preuve de compétences, de pondération, d'énergie, de sens des responsabilités et des réalités, de réflexion et d'intuition, d'envergure, d'humilité, d'anticipation, de justesse, de justice…

Pour les politiques, les électeurs devraient tourner sept fois leur bulletin de vote dans leurs mains avant de le décocher. Consulter les programmes, visionner les discours, viser l'intérêt général, épargner les générations futures. Concilier éthique et pragmatisme, intérêts locaux et globaux. Dresser le bilan, en toute sérénité, du mandat accompli. S'informer en matière sociale, économique, écologique, auprès de sources indépendantes et croisées dans un monde surchargé d'avis contradictoires et trompeusement argumentés. La raison pure, pratique et éthérée. En un mot, chaque camp attend de l'autre qu'il incarne un humain… qui n'existe pas. Un trop glorieux fantoche. Une fiction ! La déception est inévitable, d'autant plus violente qu'on avait placé d'espoir dans l'idéal. Et chaque camp voit l'autre comme un ramassis de crapules ou d'empotés qui, circonstances aggravantes, prennent les autres pour pires qu'eux. Ce qui n'est pas toujours tout à fait faux…

L'un des passages clés du présent opus connologique est signé par le médiologue François-Bernard Huyghe, directeur d'études à l'Institut des Relations Internationales et Stratégiques : « La logique des plateformes en ligne favorise la prolifération de contenus douteux, mais attractifs. L'exploitation de notre attention et de nos appétences par algorithmes interposés fait que chaque individu peut littéralement décider dans quelle réalité il vit. » La psychologie pourrait ajouter que nous n'avons pas attendu Internet pour décider de notre réalité personnelle. Chacun se forge sa vision du monde en fonction de ses lectures et postures, de sa personnalité, de son environnement social, et de ses habitudes, dont on ne saurait jamais assez souligner le poids, et chacun ne fait confiance aux informations sélectionnées, mises en forme et interprétées par d'autres que tant qu'elles vont dans son sens. La réalité des dirigeants, qui ne prennent jamais le bus, n'écrivent pas leurs discours et n'ouvrent plus une porte eux-mêmes, diffère forcément de celle des citoyens qui ruminent chacun la leur. Il en a toujours été ainsi mais aujourd'hui, ça se voit.

Dans *Les Ailes du désir*, de Wim Wenders, les anges accompagnent tant bien que mal les humains en lisant à tout instant leurs pensées constellées d'inanité, de joies pantelantes et de petits misères coriaces. Voilà que nous aussi pouvons épier sur la Toile, en temps réel, et invisibles, les entendements fugitifs, les émotions éruptives, la générosité parfois, la mauvaise foi souvent, d'êtres humains ordinaires se prenant pour des sages, des justes et des exemples, en politique comme ailleurs. Les rares fulgurances ne suffisent pas à éclipser le brouhaha orageux, les vociférations monocordes de nos semblables pris sur le vif dans un asphyxiant effet de masse, de mosaïque, de cacophonie, de tour de Babel, avec une liberté d'expression qu'on ne devrait jamais laisser renégocier mais ne garantissant aucunement qu'on ait quoi que ce soit d'intéressant à lancer à la face du monde.

Incapables de se hisser sur le piédestal, ils n'en paraissent que plus avortons.

Les politiques n'échappent pas au maelström. On voit qui ils sont, ce qu'ils font, ce qu'ils voudraient cacher, leurs insuffisances éclipsant leurs vertus, et on ne peut plus se faire d'illusion sur leur compte : hélas, ils ne valent pas mieux que nous. Incapables de se hisser sur le piédestal irréaliste et démesuré que nous imaginons pour eux, ils n'en paraissent que plus avortons. On pouvait jadis se payer de vœux pieux sur leur compte, se forger des représentations plus flatteuses, héroïques parfois. On pouvait se raconter des histoires sur une poignée de « grands hommes » et la longue marche du monde. Voir des complots ou grands desseins, écrire d'ambitieux récits collectifs, des mythes nationaux boursouflés, là où se succédait en réalité une suite de hasards. Désormais, on ne croit plus aux légendes, puisqu'on ne peut plus les élucubrer au bénéfice du doute. Et ceux auxquels on aimerait tant tirer notre chapeau nous semblent des usurpateurs prétendant fielleusement nous représenter. De même que l'habit ne fait pas le président, les circonstances exceptionnelles elles-mêmes font rarement les grands politiques, qui se révèlent dans l'adversité comme des gens tristement ordinaires échouant à changer un réel qui les mène par le bout du nez et n'est déjà plus le nôtre. Tout en restant, il est vrai, penchés sur la margelle de leur nombril jusqu'au vertige.

De même que la Renaissance avait questionné, grâce aux progrès technologiques et aux découvertes d'autres interprétations du monde, les grandes vérités assénées depuis des générations, nous ressemblons à des milliards d'adolescents refusant de prendre davantage en compte les idées rebattues sur le bien et le mal, la gauche et la droite, les vertus des systèmes politiques, et nous efforçant de penser par nous-mêmes dans la révolte et l'affirmation de nos individualités. Le doute triomphe sur tout credo pré-mâché, et la politique, avec ses enjeux idéologiques, intellectuels, pratiques, collectifs, cristallise le scepticisme. Or, si inconfortable soit-il, le doute est un privilège. Le pire ennemi de la connerie. À condition toutefois qu'il n'éclose pas à sens unique : rien ne sert d'exercer son sens critique à l'égard des versions officielles lénifiantes si c'est pour verser dans de nouvelles certitudes inaliénables, celles qui nous arrangent, qui montrent qu'on a tout compris au monde et à ses coulisses, une fois pour toutes.

Jamais nous n'avions nourri de telles exigences d'éthique. Jamais nous ne nous étions sentis aussi concernés par le malheur d'autrui, y compris celui des inconnus, et le sort de la planète elle-même. Jamais nous n'avions été aussi éduqués, en tout cas éducables. Avec Internet, toutes les cultures, tous les arts, toutes les sciences, sont accessibles en un instant, et du bout des doigts. Toutes les mobilisations sont possibles à l'échelle de la planète. Nous ne vivrons l'âge d'or de la connerie que si nous gâchons cette chance. Car toutes les conneries aussi, sont accessibles et potentiellement mobilisatrices. À chacun de déterminer quel vote, quel engagement peut-être, paraissent les plus riches de sens, les plus urgents, les plus justes. Puisqu'on ne peut pas ne pas faire de politique, l'abstention même ayant ses conséquences, à chacun d'entre nous d'apporter, en son âme et conscience, la moins mauvaise réponse possible à la prodigieuse opacité du réel. Ou de choisir si, harassés par les gesticulations de la comédie humaine et plus particulièrement de la vie politique, nous céderons plutôt à la tentation de la lassitude et, blottis dans notre forteresse intérieure, mi-observateurs, mi-Ponce Pilate, ferons nôtre cette phrase définitive de La Bruyère : « Je ne mets au-dessus d'un grand politique que celui qui néglige de le devenir, et qui se persuade de plus en plus que le monde ne mérite point qu'on s'en occupe. »

Jean-François Marmion, candidat à rien

Scandales politiques : la fin de l'impunité

Jean Garrigues

Professeur à l'Université d'Orléans,
Président du Comité d'histoire parlementaire
et politique.

OMG!!!

« Comment, c'est le ministre ?... Oh !... Eh bien, écoutez, il a l'air bien correct pour un ministre. »

Sacha Guitry, *Désiré*, acte I

Wilson, Lesseps, Caillaux, Rochette, Oustric, Stavisky, Aranda, Boulin, Broglie, Nucci, Boucheron, Méry, Sirven, Rainbow Warrior, Urba, Clearstream, Cahuzac, Strauss-Kahn, Bygmalion, Benalla, Fillon : autant de noms qui ont scandé les heures sombres et les moments forts de notre histoire contemporaine[1]. Autant d'affaires troubles de corruption, d'abus de pouvoirs ou de biens sociaux, de trafic d'influence, de clientélisme, de collusion illicite, de racket organisé, de commissions occultes ou de comportements dépravés, qui ont alimenté les colonnes des journaux, les diatribes parlementaires et les

1- J. Garrigues, *Les Scandales de la République. De Panama à Benalla*, Nouveau Monde Éditions, 2018.

conversations de café du commerce depuis la naissance de la IIIe République en 1870.

Par essence, le scandale est fait de bruit et de fureur, d'indignation et de passion : tout le contraire d'une réflexion objective. Instantané un peu trouble d'un moment de crise, il faut en décrypter l'image à tête reposée. Et c'est ainsi que nous apparaît une chronologie des scandales, qui segmente des phases, des périodes, dessinant les contours d'époques contrastées, dont chacune mérite une attention particulière. D'une République à l'autre, ce ne sont plus les mêmes vices qui apparaissent scandaleux, ce ne sont plus les mêmes partis qui sont éclaboussés par le scandale, ce ne sont plus les mêmes qui les exploitent, ce n'est plus le même traitement médiatique : en somme, il y a plusieurs âges du scandale, qui lui construisent une histoire à part entière. L'histoire des scandales, à nos yeux, doit apparaître avant tout comme un révélateur social.

Mais qu'est-ce qui fait scandale ?

C'est ainsi par exemple que les premières décennies de la IIIe République voient les Français découvrir la corruption généralisée de leur personnel politique. Le souverain ayant disparu avec la chute du Second Empire, les représentants élus du peuple sont investis d'une légitimité nouvelle et d'un champ considérable de pouvoirs. Certains vont en abuser, mélanger les genres, parfois utiliser leur fonction au service de leurs intérêts personnels. C'est le cas spectaculaire du député

Daniel Wilson, gendre et premier collaborateur du président de la République Jules Grévy, qui n'hésite pas à organiser un trafic des décorations au cœur même du palais de l'Élysée. Le scandale de Panama, qui éclate en 1892 à l'instigation du journal antisémite *La Libre Parole*, dévoile aux Français la corruption de plus de 150 parlementaires, députés et sénateurs, qui ont accepté l'argent de la Compagnie universelle du canal de Panama afin d'autoriser cette société à organiser un emprunt[2].

D'une République à l'autre, ce ne sont plus les mêmes vices qui apparaissent scandaleux.

Depuis l'Ancien Régime, ces pratiques de corruption et d'abus de pouvoirs ont existé, mais, désormais, elles sont soumises à l'attention vigilante d'une opposition politique qui a les moyens de s'exprimer. L'opinion publique entend exercer son droit de regard démocratique, et la presse, devenue un quatrième pouvoir, dispose de la liberté nécessaire pour informer les citoyens. C'est ainsi que s'effectue, dans cette fin du XIXe siècle, une sorte de ré-invention du scandale politique, devenu un élément à part entière du débat public.

2- J.-Y. Mollier, *Le Scandale de Panama*, Fayard, 1991.

Sur ce terreau favorable, de quel semis a-t-on fait les bons scandales ? La corruption s'impose comme le mot-clef du scandale, le plus employé, le plus vilipendé, le crime des crimes. On l'a d'abord associé à Daniel Wilson et aux « chéquards » de Panama, puis, dans l'entre-deux-guerres, aux complices des escrocs Albert Oustric ou Alexandre Stavisky[3], puis à quelques élus « ripoux » de la Ve République tels Jacques Médecin, Michel Mouillot, Maurice Arreckx ou Jean-Michel Boucheron[4]. Lieu commun de l'anti-parlementarisme, l'accusation de corruption a souvent été cuisinée à toutes les sauces de l'amalgame, voire de la diffamation, car elle touche à l'honnêteté et à l'indépendance de l'élu, valeurs sacrées de la République. Au cœur de la « religion » républicaine, la corruption apparaît comme le scandale majeur, celui qui discrédita naguère les pères fondateurs, Mirabeau ou Danton. Alors que les sociétés protestantes anglo-saxonnes se focalisaient sur les scandales de mœurs, c'est le rapport du pouvoir politique à l'argent qui a longtemps indigné la France catholique. Quand les États-Unis s'enflammaient pour l'affaire Lewinsky, qui se souciait en France des amours secrètes de nos présidents successifs ? Quand les tabloïds britanniques se repaissaient des liaisons extraconjugales de tel ou tel ministre, l'omerta française préservait depuis des

---

3- P. Jankowski, *Cette vilaine affaire Stavisky: histoire d'un scandale politique*, Fayard, 2000.

4- Y. Mény, *La Corruption de la République*, Fayard, 1992 ; *La Corruption dans la vie publique*, La Découverte, 1997.

années le secret de Mazarine, la fille cachée de François Mitterrand. La « religion » républicaine est d'abord et avant tout le respect d'une éthique citoyenne, qui veut que l'élu soit imperméable à l'argent. La corruption est donc le plus grave de ses péchés capitaux.

Viennent ensuite l'affairisme, le trafic d'influence, l'abus de pouvoirs qui se rapprochent souvent de la corruption. Points communs : le goût de l'argent, la confusion des genres, le mélange des intérêts. On l'a reproché dans les années 1910 au ministre Joseph Caillaux, dont l'honneur fut vengé par sa femme qui assassina le patron du *Figaro* Gaston Calmette en 1914… mais fut acquittée[5]. On l'a reproché aux députés gaullistes impliqués dans les scandales immobiliers de l'ère Pompidou, ou à ceux qui furent dénoncés en 1972 par Gabriel Aranda[6]. On l'a reproché aussi aux chefs de cabinet successifs du socialiste Pierre Bérégovoy, impliqués dans les affaires de délits d'initiés à la fin des années 1980[7].

Impénitente impunité

En réalité, il y a une infinité de gradations dans cet affairisme scandaleux. « Responsables mais pas coupables », affirma à l'époque Georgina Dufoix, accusée dans l'affaire du sang contaminé[8]. L'opinion en jugea

5- J.-D. Bredin, *Joseph Caillaux*, Hachette, 1980.
6- G. Aranda, *L'État piégé*, Stock, 1972.
7- T. Wolton, *Les Écuries de la Ve*, Grasset, 1989.
8- L.-A. de Riedmatten, *L'Affaire du sang contaminé*, Éditions du Rocher, 1992.

autrement, s'indignant de voir des ministres socialistes ayant fait preuve d'imprudence alors que des vies humaines étaient en jeu. L'imprudence, la légèreté, l'insouciance, le sentiment d'impunité que confère le pouvoir : voilà le troisième péché capital des politiques, et qui a lui aussi suscité bien des colères. La désinvolture fiscale de Jacques Chaban-Delmas lorsqu'il était au perchoir de l'Assemblée nationale lui valut de nombreux problèmes lorsqu'il devint Premier ministre. Idem pour la légèreté du ministre socialiste des Affaires étrangères Roland Dumas couvert de cadeaux par Christine Deviers-Joncour, la « putain de la République », qui travaillait pour la société Elf[9]. Et que dire de Valéry Giscard d'Estaing acceptant pour lui-même ou pour ses proches des diamants et des trophées de chasse offerts par son « cousin » l'empereur Bokassa, dictateur sanguinaire de la Centrafrique[10] ? Nulle malhonnêteté dans ces comportements, mais l'aveuglement tragique, on pourrait dire la « connerie », de ceux qui se considèrent au-dessus des lois communes.

Quant aux partis politiques, de la IIIe à la Ve République, ils ont tous mis en place des systèmes plus ou moins légaux de financements occultes, depuis le Comité Mascuraud qui subventionnait le Parti radical dans les années 1900, puis l'Union des intérêts économiques dans l'entre-deux-guerres, les officines de l'ancien préfet Boutemy qui drainait sous la

9- C. Deviers-Joncour, *La Putain de la République*, Calmann-Lévy, 1998.
10- P. Péan, *Affaires africaines*, Fayard, 1983.

IVe République l'argent du CNPF vers les candidats de la droite et du centre, ou encore les systèmes de bureaux d'études fictifs organisés par le parti socialiste dans le réseau Urba des années 1980[11], le « racket » des entreprises prestataires de services par le RPR chiraquien dans le système des HLM des Hauts-de-Seine ou de la Ville de Paris, les rétro-commissions ayant servi à financer la campagne d'Édouard Balladur en 1995, les financements libyens de celle de Nicolas Sarkozy en 2007 ou encore les sur-facturations du système Bygmalion pour sa campagne de 2012[12]. Dans tous ces cas de figure, la « connerie » fut de se laisser prendre !

Ce sentiment malsain d'échapper à la règle commune a longtemps expliqué le quatrième péché des politiques : la dissimulation. Lorsque le ministre de l'Intérieur Michel Poniatowski manipulait en 1976 l'enquête sur le meurtre de Jean de Broglie, lorsque Charles Hernu couvrait en 1983 les dérives du GIGN dans l'affaire des Irlandais de Vincennes ou en 1985 l'attentat des services secrets sur le Rainbow Warrior[13], lorsque François Mitterrand ordonnait la mise en place d'un système d'écoutes téléphoniques illégales à son usage exclusif, enfin lorsque les grands partis s'entendaient pour étouffer les affaires au moment de la cohabitation Chirac-Jospin, c'était le règne de la dissimulation.

11- J.-M. Colombani, H. Portelli, *Le Dernier Septennat de François Mitterrand*, Grasset, 1995.

12- V. Lazard, *Big magouilles. UMP où est l'argent ?*, Stock, 2014.

13- C. Lecomte, *Coulez le « Rainbow Warrior » !*, Éditions sociales, 1985.

Aux États-Unis, les mensonges du président Richard Nixon avaient provoqué l'affaire du Watergate qui entraîna sa démission en 1974. Puis, en 1998, ce fut au tour de Bill Clinton de frôler l'*impeachment*, non seulement à cause de ses comportements « inappropriés », mais aussi et surtout parce qu'il n'avait pas dit la vérité sur ses relations avec Monica Lewinsky. En France, où la tradition monarchique restait prégnante, et ravivée par le présidentialisme de la Ve République, on s'accommodait un peu mieux de ces dérives absolutistes. Les contre-pouvoirs n'ont véritablement commencé à se mettre en route que dans les années 1990, et le phénomène s'est accéléré dans les années 2010. C'est à partir de ce tournant du XXIe siècle que la « connerie » politique s'est révélée dans toute sa splendeur.

Petits marquis et délinquants

La « connerie », c'est aujourd'hui le sentiment d'impunité qui pousse certains à continuer des agissements devenus intolérables. Ce sont des comportements de petits marquis, tel Aquilino Morelle, conseiller du président Hollande, contraint à démissionner de l'Élysée pour avoir utilisé les moyens de la République à des fins privées, ou Thomas Thévenoud, forcé à renoncer au bout de neuf jours à son portefeuille de secrétaire d'État chargé du Commerce extérieur, parce qu'il n'était pas en règle avec le fisc. Mais ce sont aussi des comportements franchement délictueux qui ont fait les gros titres

de la presse internationale, telle la tentative de viol imputée à Dominique Strauss-Kahn, alors directeur du Fonds monétaire international, dans une suite du Novotel de New York, le 14 mai 2011[14]. Cette « affaire » à rebondissements a marqué entre autres l'irruption d'une affaire de mœurs privée dans le panthéon français des scandales, symptôme d'une américanisation des esprits. Dans le registre

14- M. Taubmann, *Le roman vrai de Dominique Strauss-Kahn*, Éditions du Moment, 2011.

plus traditionnel du scandale politico-financier, le plus énorme fut découvert en décembre 2012 avec la fraude fiscale massive orchestrée pendant des années par Jérôme Cahuzac, alors ministre délégué au Budget du gouvernement Hollande, donc en charge de la lutte contre la fraude. S'ajoutait à l'affaire Cahuzac, et ce ne fut pas la moindre de ses fautes, le mensonge public auquel il s'était livré en niant les faits devant l'Assemblée nationale[15]. À la « connerie » délictueuse s'ajoutait une « connerie » communicationnelle qui ne lui fut pas pardonnée. En effet, la démocratie d'opinion est devenue aujourd'hui un paramètre essentiel du scandale. La « connerie » ne réside pas tant dans la gravité de l'acte lui-même que dans la perception collective de cet acte par l'opinion. C'est ce que n'a pas compris François Fillon, l'un des favoris dans la course présidentielle de 2017, lorsque le *Canard Enchaîné* s'est intéressé à la réalité des activités de collaboration parlementaire exercées pendant des années par son épouse Pénélope, ce qui a donné lieu au scandale retentissant baptisé « Penelopegate. » Il lui semblait banal de rétribuer sa femme pour un travail plus ou moins effectif, comme le faisaient plusieurs dizaines d'autres parlementaires. Il n'avait pas mesuré à quel point le contraste entre cette désinvolture d'impunité et l'image de probité et de sérieux qui avait fait son succès lors des primaires de la droite

15- C. Chaffanjon, *Jérôme Cahuzac, les yeux dans les yeux*, Plon, 2013.

pouvait profondément choquer l'opinion[16].

D'autant plus qu'il s'était fait le chantre de l'intégrité en condamnant publiquement les dérives supposées de son concurrent Nicolas Sarkozy, mis en examen dans d'autres affaires. Cet effet de contraste, ajouté à l'intransigeance croissante d'une opinion de plus en plus irritée par ses élites, a donné un scandale explosif qui, pour certains, lui a coûté l'Élysée. Mais en se retranchant pour sa défense dans la thèse du complot, du « cabinet noir » qui aurait manipulé le Parquet national financier pour le perdre, François Fillon paraît s'être enlisé dans cette tradition du délit d'impunité, longtemps pratiqué avec succès par ses pairs, mais qui aujourd'hui n'est plus recevable par l'opinion.

Démocratie d'opinion et tolérance zéro

La « connerie » d'un politique aujourd'hui, c'est de ne pas comprendre que la tolérance zéro est de mise. Benjamin Griveaux, candidat de la République en Marche à la mairie de Paris, a payé très cher ses vidéos érotiques dévoilées à tous les Français. On peut s'étonner, voire s'indigner, qu'un acte relevant de sa vie privée ait eu une telle résonance médiatique et politique, mais c'est aujourd'hui la règle. Pour un plat de homard et quelques coupes de champagne, François de Rugy a été obligé de quitter la présidence de l'Assemblée nationale. C'est la loi impitoyable de la démocratie d'opinion.

16- B. Roger-Petit, *Le pire d'entre eux*, Stock, 2017.

Depuis que la République s'est installée définitivement en 1870, bien des « conneries » ont été commises par les détenteurs du pouvoir, depuis la plus petite commune jusqu'au palais de l'Élysée. Très longtemps, on a pu avoir le sentiment que la « connerie » n'était pas tant la faute commise que le fait qu'elle soit dévoilée par la presse puis sanctionnée par la justice ou par les électeurs. Mais l'opinion publique a évolué très rapidement depuis quelques années, au point d'atteindre un niveau de tolérance proche de celui des pays scandinaves, qui exigent des comportements exemplaires de leurs élus. Certains déplorent les excès de cette intransigeance collective, qui peut aboutir à paralyser l'engagement ou la décision politique. La Vertu de Robespierre peut mener à la Terreur. Mais la « connerie » qui mène au scandale fait le lit de l'abstentionnisme et du populisme. La démocratie avance en recherchant un point d'équilibre entre les outrances de la vertu et la thérapie nécessaire de ses dysfonctionnements et de ses dérives. C'est à l'opinion publique et aux contre-pouvoirs de trouver ce point d'équilibre dans la régulation de nos élus.

Analyse psycho-neuro-biologique de la connerie des politiques

Patrick Lemoine

Psychiatre et docteur
en neurosciences.

LIBERTY

« L'idéalisme est la noble toge dont les hommes politiques drapent leur volonté de puissance. »

Attribué à Aldous Huxley dans sa nécrologie du *New York Herald Tribune*

Il faut croire qu'il a des antennes, ce diable d'homme ! Je veux parler de mon ami Jean-François Marmion, le responsable de toute cette connerie littéraire, qui a trouvé moyen de me demander d'écrire ce chapitre sur la connerie des politiques le jour même où Benjamin Griveaux se retirait de la course à la mairie de Paris, provoquant la tempête médiatique que l'on sait. Il ne m'appartient pas de juger du fond de cette affaire pas encore jugée… justement. En revanche, la question qui se pose est : comment peut-on être assez con, lorsqu'on a eu rang de ministre, qu'on est député avec déjà derrière soi une carrière de politique chevronné, pour se faire filmer en train de faire des galipettes extraconjugales, au risque de se faire pirater ? La question qui se pose d'emblée est celle de la différence entre dire ou faire des conneries et être (complètement) con. En tant que psychiatre, je répondrais que tout le monde dit ou fait des conneries à un moment ou à un autre alors que les cons sphériques, ceux qui sont toujours aussi cons quel que soit le point de vue dont on les regarde, sont, Dieu merci, plus rares.

Vieux pots et mauvaise soupe

On n'en finirait plus d'énumérer les conneries des politiques contemporains. C'est une encyclopédie qu'il faudrait pour achever une tâche aussi cyclopéenne ! Aux USA, il suffit aujourd'hui de taper « *idiot* », un quasi synonyme (en anglais) de con, sur Google, pour voir apparaître la photo de Donald Trump. Preuve s'il en fallait que je ne suis pas le premier – tant s'en faut – à considérer que la connerie des politiques est un sujet qui concerne, préoccupe, occupe beaucoup de nos contemporains. Remontons dans le temps et examinons l'homme politique français le plus puissant de tous les temps : Napoléon Bonaparte. Il est le premier empereur des Français[1], maître de l'Europe, autrement dit maître du monde. Il se lance avant l'hiver dans une conquête insensée de la Russie et perd tout. Et rebelote avec les Cent jours, opération stupide s'il en fût. Alors, me direz-vous, la connerie serait-elle l'apanage des politiques hexagonaux ? Évoquons George W. Bush et

1- Contrairement à une idée répandue, Charlemagne n'était peut-être pas français car au moins trois pays revendiquent l'honneur de sa naissance : l'Allemagne, la Belgique et la France.

son invention mensongère des « armes de destruction massive » pour écraser Saddam Hussein et ouvrir la voie au chaos, à Al-Qaïda, etc. Serait-elle le privilège des Occidentaux ? Examinons l'Asie, Kim Jong-un, l'actuel dictateur de la Corée du Nord, qui mit à mort son oncle, ministre des armées, à l'aide d'un missile anti-aérien ! Le traître était coupable de s'être assoupi lors d'un discours de son neveu. Le sacre impérial de Bokassa serait un bon exemple pour l'Afrique.

La connerie politique épargnait-elle l'Antiquité ? Que nenni ! Voyons Jules César, l'homme le plus puissant de son époque. Lui aussi est en quelque sorte le maître du monde, puisqu'il dirige Rome. Un complot est ourdi contre lui par un groupe de sénateurs dont fait partie son fils adoptif Brutus (le bien nommé !). Les conseillers du grand Jules ont vent de la chose, remettent à leur patron un mémoire où tout est expliqué, le scénario, la liste des conjurés. Tout vous dis-je! Convaincu de son invincibilité, son intouchabilité devrais-je dire, César ne prend même pas la peine de lire le texte et tombe sous les coups de poignard en plein sénat. *Tu quoque, mi fili*[2]! sera sa dernière parole. Pas très malin… Même les Africains antiques, en l'occurrence les Carthaginois, sont frappés par la connerie, par exemple celle de leur chef, Hannibal. À l'époque, Carthage est la seule rivale de Rome et le conflit est inévitable. Le général en chef stupéfie ses ennemis en franchissant les Alpes dans la neige avec ses éléphants. Il les bat, les rebat. Il est (presque) à Rome, et là… il fait la bêtise de sa vie. Au lieu de fondre sur sa proie, il décide d'hiverner, histoire de goûter avec ses troupes aux délices de Capoue. Les Romains ont le temps de se réorganiser et finiront par le vaincre. Il est incompréhensible de voir que d'immenses chefs d'État, des génies tacticiens comme Jules César, Hannibal ou Napoléon, trouvent toujours le moyen de commettre l'erreur fatale qu'un lieutenant en début de carrière ne commettrait pas…

L'*hubris*, unique explication ?

Quel est le point commun à tous ces personnages? C'est l'orgueil, ou plutôt l'*hubris*, en bon grec, le carburant universel qui alimente le moteur de tous les politiques du monde, de la préhistoire aux temps

---

2- « Toi aussi mon fils! »

modernes. L'*hubris*, c'est bien ce qui les rend à peu près tous aussi in-con-séquents les uns que les autres. Pour mieux comprendre cette notion, prenons Jules César, qui a pris la grosse tête bien que les Romains aient très tôt compris ce risque (lors du Triomphe, un esclave juché derrière le Général victorieux devait lui murmurer : « *memento mori*[3] », histoire de lui rabaisser son caquet). Malgré cette précaution, le culte de sa personnalité commence à fleurir, des statues sont érigées en nombre... Le mois de Quintilius est renommé Julius, juillet, qui existe toujours... Il se proclame descendant de Vénus... il est un dieu ! En un mot, Jules César se comporte comme un souverain de droit divin, alors qu'il est le chef d'un régime républicain, démocratique selon les critères de l'époque. Quasi-empereur d'une République, de quoi susciter la haine ! On peut d'ailleurs se demander si ce n'est pas symboliquement le fait d'avoir qualifié de jupitérienne l'attitude du président Macron qui se trouve à l'origine de l'incroyable déchaînement de violence à son encontre, inédit dans notre pays. Son profil de médaille, son goût pour les locutions latines, son intronisation extraordinairement solennelle au Louvre... Les menaces de mort se sont multipliées sur les réseaux sociaux avec les effigies de guillotines, les insultes à son égard, bref, une haine déraisonnable, irraisonnée, qui va jusqu'à contaminer les représentants de ses adversaires les plus extrêmes.

3- « Rappelle-toi que tu es mortel. »

Le fait d'être au pouvoir conduit à se sentir au-dessus des lois et, dès lors, mène à des malhonnêtetés stupides. À des prises de risque inconcevables. Il est évident que lorsqu'on accède à un poste de responsabilités, il faut ne rien avoir à se reprocher car inévitablement, il y aura un *Canard enchaîné*, un *Mediapart*, une association Anticor, pour ressortir des dossiers compromettants patiemment gardés en réserve dans l'attente de… Et pourtant, de manière incroyable, un grand nombre de politiques continuent à toucher des pots-de-vin, à oublier des pans entiers de leur patrimoine, à cumuler les charges avec conflits d'intérêts, à utiliser leurs indemnités parlementaires européennes pour faire avancer leurs campagnes[4], bref à déconner ! Tout cela reste dans le domaine de l'*hubris* : toujours la démesure du pouvoir.

Existe-t-il une pathologie propre aux politiques ?

Après plus de 180 millions de morts dus à des monstres comme Hitler, Staline ou Mao, j'ai proposé qu'avant leur nomination, les chefs d'État soient soumis à une expertise psychiatrique[5]. Une plaisanterie, bien sûr… quoique ! Cela m'amène à me poser la question de leurs maladies mentales. Si l'on examine les dictateurs, de Néron à Hitler, de Caligula à Staline

4- Je ne donnerai pas les noms de ceux que je vise, la chose n'étant pas encore jugée. Et puis ils sont trop nombreux !

5- *La santé psychique de ceux qui ont fait le monde*, Odile Jacob, 2019.

en passant par Robespierre ou Shaka, ce roi zoulou qui éventrait les femmes enceintes de son peuple, sans oublier sa Majesté impériale Bokassa 1er, le diagnostic est *paranoïa*, ou délire de persécution. Les chefs qui respectent leur constitution comme Churchill par exemple, mais aussi Charles VI, peut-être Napoléon (?), justifieraient le diagnostic de *bipolarité*. Alexandre le Grand, Jules César, Charles le Téméraire, souffraient de personnalité dépendante et de conduites antisociales. Charles Quint était alcoolique, boulimique, hypochondriaque, obsessionnel… Louis XIV pâtissait d'un état de stress post-traumatique, la grande Catherine était une érotomane et Marie-Antoinette une acheteuse compulsive. JFK, Clinton, DSK incarnent une addiction au sexe. Et puis il y a les autres : de Gaulle, narcissique en diable, Donald Trump, incapable d'empathie, Bush fils, aussi vulgaire que le précédent… Cela n'en fait pas nécessairement des malades mentaux. Alors, existe-t-il une structure psychologique propre aux politiques ? La réponse est clairement non ! Tout au plus peut-on dire que la paranoïa prédispose à la tyrannie, et que les autres pathologies vont donner une coloration particulière à leurs styles.

L'hormone de la connerie politique

Dans le lac Tanganyika vivent des cichlides, famille de poissons réputés particulièrement futés. Parmi eux, il existe deux classes sociales chez les mâles : les aristocrates et la plèbe. Les premiers sont très colorés, se tapent toutes les femelles et paradent près de la surface, une providence pour les prédateurs qui ont tôt fait de repérer ces proies particulièrement voyantes. Les seconds sont ternes, discrets, n'ont forcément aucun succès auprès des poissonnes et vivent dans une relative sécurité tout au fond, dans la vase. Dès qu'un aristo-cichlide se fait dévorer, il se trouve un prolo-cichlide pour remonter à la surface, se colorer, draguer (un comble pour un poisson de vase !). Et au final… se faire dévorer, à son tour. Apparemment, dès qu'ils sont au pouvoir, l'orgueil rend stupides ces poissons pourtant réputés pour leurs capacités d'apprentissage et leur adaptabilité. Selon ce modèle, c'est donc le fait d'accéder au pouvoir qui rend idiot, et tous les exemples que j'ai cités plus haut en sont le témoignage.

L'accession à une position supérieure déclenche un afflux de testostérone.

Je peux dès lors proposer un modèle biologique à la connerie politique : l'accession à une position supérieure déclenche un afflux de testostérone qui, c'est bien connu, ne favorise pas l'augmentation du Q. I. Jean de La Fontaine avec *Le Lion amoureux* l'a bien montré. Je résume : un lion demande à son père la main d'une jeune fille dont il est follement épris. Ledit père est embarrassé, car il craint pour la vie de sa fille s'il dit oui… et il craint pour sa propre vie s'il dit non. Il imagine alors un stratagème : faisant semblant d'accepter, il demande au lion de se faire enlever ses griffes afin qu'il n'égratigne pas sa fille lors de la nuit de noces. Le lion obtempère et revient plein d'espoir. Le père demande alors au prétendant de se faire arracher les crocs, pour la même raison. Le lion accepte, revient… Il est désormais sans défense, et le père lâche ses chiens sur lui. On peut donc considérer que le pouvoir, la force, rendent idiot en faisant oublier sa vulnérabilité. On pourrait pourtant dire le contraire : c'est parce que l'on a génétiquement, dès le départ, un gros stock de testostérone que l'on accède plus facilement au pouvoir (et aux femelles), ce qui expliquerait que les femmes qui, en moyenne, possèdent moins de testostérone que les hommes, recherchent moins souvent les responsabilités politiques.

Alors, la testostérone, hormone de la connerie politique masculine ? Je ne suis pas loin de le penser quand on observe la parade amoureuse du paon ou du dindon, les duels à mort des cerfs qui enchevêtrent parfois leurs bois à tel point que les loups les dévorent, les combats souvent mortels des lions, les joutes ritualisées et létales des chevaliers médiévaux, les tenues vestimentaires et autres coiffures des champions de foot. Pour démontrer la justesse de mon hypothèse, il faudrait lancer une grande étude mondiale qui consisterait à doser la quantité de testostérone des chefs d'État et de la corréler à leur IC (Index de Connerie sur une échelle qui va de 100 = Trump à 1 = Jacinda Ardern, Première ministre de la Nouvelle-Zélande)… Mais je ne suis pas sûr que cela serait accepté, ni par les comités d'éthique ni par les intéressés !

Faute de pouvoir réaliser cette recherche que j'ai pourtant la faiblesse de trouver passionnante, force est de laisser sans réponse la question lancinante : est-ce l'accession au pouvoir qui rend con ou au contraire, faut-il être vraiment con pour vouloir le pouvoir ? Et là, je l'avoue, je ne suis pas suffisamment con moi-même pour me risquer à donner une réponse.

C'est décidé, je retire officiellement ma candidature aux élections 2022 !

L'art (politique) de passer pour un con

Jean-Vincent Holeindre

Professeur de science politique à l'Université Panthéon-Assas (Paris 2).

« C'est avoir fait un grand pas dans la finesse, que de faire penser de soi que l'on n'est que médiocrement fin. »

La Bruyère, *Caractères*, VIII, 85

La connerie, en politique et au-delà, est sans doute la chose au monde la mieux partagée. Ses manifestations sont multiples et variées, de sorte qu'aucune définition générique ne peut en être proposée *a priori*. On peut cependant partir d'exemples tirés de la vie politique pour distinguer trois grandes nuances de connerie[1].

Gaffeurs et Rantanplan

La connerie peut d'abord s'apparenter à une erreur, une gaffe, ce qui est inhérent à l'action politique comme à toute action humaine. « C'était une connerie », a expliqué en *off* Emmanuel Macron à propos de la limitation de la vitesse automobile à 80 km/h, voulue par son Premier ministre d'alors, Édouard

1- Voir P. Engel, « De la bêtise à la foutaise », dans *Psychologie de la connerie* (Dir. J.-F. Marmion, Éd. Sciences Humaines, 2018).

Philippe[2]. Il en va de même pour la dissolution de l'Assemblée nationale en 1997, idée saugrenue soufflée par Dominique de Villepin au président de la République Jacques Chirac. On connaît la suite : l'élection législative a conduit à la défaite du parti de Chirac, lequel a dû se résoudre à une cohabitation avec un nouveau Premier ministre, Lionel Jospin, son adversaire socialiste. Lequel Jospin ne s'est pas privé de dire des conneries lors de l'élection présidentielle de 2002, expliquant que Jacques Chirac était trop vieux pour gouverner ou encore que la politique ne pouvait résoudre le problème du chômage (à quoi servirait-elle alors ?). Nul ne sait si ces indélicatesses lui ont coûté l'élection, mais elles ne l'ont sans doute pas favorisé.

La connerie peut aussi désigner un manque d'esprit, de finesse ou de hauteur de vue, qualités nécessaires dans l'action politique qui vise le bien commun et l'intérêt général. Certaines personnalités (souvent de droite) sont ainsi brocardées, comme en témoignent les surnoms cruels qu'on leur associe. Christian Estrosi, maire de Nice, a été qualifié de « motodidacte », en référence à son absence de diplôme et à son passé de champion de moto-cross ; Christian Jacob, patron actuel des Républicains, a été affublé du sympathique surnom de « Rantanplan », le chien stupide apparaissant dans la bande dessinée *Lucky Luke* ; de même, l'ancienne porte-parole du gouvernement

2- « Limitation à 80 km/h : "C'est le Premier ministre, et c'était une connerie", dit Macron », O. Beaumont, *Le Parisien*, 26 janvier 2019.

d'Édouard Philippe, Sibeth Ndiaye, a été moquée pour ses bourdes à répétition. La chaîne humoristique RidiculeTV a rassemblé, sous le jeu de mots facile « Ne sois pas Sibeth » (référence à une chanson de France Gall), une série de vidéos contenant les déclarations les plus « connes » de cette ancienne secrétaire d'État faisant partie du premier cercle d'Emmanuel Macron[3].

Cette forme d'humour suggère que l'intelligence des politiques ne serait pas très développée. Mais s'il existe plusieurs nuances de connerie, il y a en retour plusieurs manières d'approcher l'intelligence en politique. Il serait faux (et injuste) de ne pas reconnaître aux deux Christian (Estrosi et Jacob) une intelligence politique aiguisée, dont témoignent leurs multiples succès électoraux et leur longévité. De même, on sait le rôle majeur que Sibeth Ndiaye a joué au côté du candidat Macron dans sa marche vers l'Élysée. Autrement dit, on peut se faire traiter de con et réussir en politique, la culture, la finesse d'esprit, la hauteur de vue devant ici être distinguées de l'habileté permettant de conquérir le pouvoir, cet objectif constituant l'une des finalités, mais non la seule, de l'action politique.

Connards ou Florentins

La troisième nuance de connerie renvoie à une autre figure : non plus le con « simple », mais le « connard », au sens d'un responsable politique sans foi ni loi, un « tueur » n'hésitant pas à éliminer ses ennemis et trahir

3- https://www.youtube.com/watch?v=iJBZ9QLU84Y

ses amis au nom d'un intérêt politique jugé supérieur. François Mitterrand, surnommé « le Florentin » en référence à Machiavel, est sans doute un bon exemple. Son art de la ruse en politique était un signe d'intelligence et de tromperie. Ce qui frappe chez lui, c'est la combinaison de haute culture, d'habileté politique et d'absence totale de scrupules, le conduisant à organiser un faux attentat (l'Observatoire en 1959), à abandonner ses amis à leur peine (Pierre Bérégovoy, François de Grossouvre) ou bien à renoncer sans vergogne à ses idéaux. Le tournant de la rigueur de 1983 illustre cette attitude toute florentine : renoncer à la « rupture » avec le capitalisme annoncée par le candidat socialiste lors de la campagne pour épouser, une fois devenu président, la vague néolibérale. La ruse consiste ici à dissimuler ce choix derrière le progressisme culturel et le développement de l'État brancardier.

L'année 1983 est d'ailleurs considérée comme l'un des tournants de la vie politique française contemporaine, où la gauche socialiste aurait cessé d'être de gauche, ce qui aurait fait de la droite le nouveau centre de gravité du système. On se souvient des *Propos* d'Alain sur la division droite/gauche : « Lorsqu'on me demande si la coupure entre partis de droite et partis de gauche, hommes de droite et hommes de gauche, a encore un sens, la première idée qui me vient est que l'homme qui pose cette question n'est certainement pas un homme de gauche. » Le positionnement du président Macron – le fameux « en même temps » –, renvoie à ce brouillage pouvant être interprété comme une conversion idéologique : le renoncement à l'idéalisme et au projet socialiste – valeurs suprêmes de la gauche – au profit du réalisme et de l'adaptation au « système », principes qui commandent plutôt les politiques de droite. En somme, selon ses adversaires, Emmanuel Macron serait un « connard de droite » sur le plan économique et social, qui dissimulerait cette étiquette derrière un progressisme culturel et sociétal de bon aloi[4]. Une manière de faire du Mitterrand pour satisfaire un électorat élitaire et métropolitain, allant des « bobos » aux franges plus conservatrices.

Notons que les trois nuances qui composent cette typologie peuvent parfois se combiner, ainsi qu'en atteste l'expression « la droite la plus bête du monde » inventée dans les années 1950 par le socialiste Guy Mollet, pourtant peu habitué aux formules stridentes. L'expression désigne : 1) l'incapacité de la droite à gagner des élections en raison de ses erreurs politiques ; 2) son manque de hauteur de vue et son absence de vision politique ; 3) son opportunisme. Aujourd'hui, l'expression est reprise à foison par les observateurs politiques de gauche pour dénigrer leurs adversaires, mais aussi parfois par les gens de droite lorsqu'ils veulent se démarquer dans leur propre camp[5].

4- B. Pudal, « Une philosophie du mépris », *Le Monde diplomatique*, mars 2019.

5- Voir G. Tabard, *La Malédiction de la droite*, Perrin, 2019.

La connerie comme stigmate et comme ressource

Que l'on soit de gauche ou de droite, faut-il être un con, voire un connard, pour réussir en politique? Sans doute, si l'on en juge à l'image dégradée que la vocation politique, devenue une profession, renvoie dans l'opinion publique. Les partis politiques, quel que soit leur bord, représentent l'institution la moins aimée des Français. Et si l'on prenait pour argent comptant les enquêtes d'opinion (ce qui serait sans doute une connerie!), on devrait considérer que la classe politique est pleine de cons et de connards (ce qui constitue un argument central de la protestation « populiste »). Il convient cependant de mettre en perspective le jugement sévère que l'opinion exprime vis-à-vis des gouvernants. En effet, la connerie est moins une réalité substantielle qu'un « stigmate » qu'on appose sur son adversaire politique ou plus largement sur celui qui n'est pas soi. Rien que de très normal: le con ou le connard, c'est toujours l'autre, jamais soi-même. De surcroît, lorsque l'autre est un chef, cela n'améliore pas l'opinion qu'on a de lui…

Cependant, tout l'art politique est de savoir « retourner le stigmate[6] », c'est-à-dire s'approprier la connerie, ou l'image qu'elle renvoie, pour en faire une ressource politique. Il peut être politiquement utile, selon les circonstances, de passer pour un con plutôt

6- E. Goffman, *Stigmate. Les usages sociaux des handicaps* (1963), trad. de l'anglais par Alain Kihm, coll. « Le Sens commun », Éditions de Minuit, 1975.

que pour un être « intelligent ». Cela renvoie à l'idée, centrale chez Machiavel, que la politique est une affaire de représentations, le rôle du bon gouvernant étant de les maîtriser et de s'en accommoder plutôt que de les subir, ou bien, lorsqu'il les subit, d'agir pour que cela se retourne ensuite à son avantage. Ainsi, si nous reprenons la typologie énoncée plus haut, les trois nuances de connerie peuvent se révéler fécondes sur le plan politique.

Le Rastignac devenu énarque parisien s'est mué en paysan madré de Corrèze.

La première nuance – l'erreur ou la faute politique – peut ainsi se retourner en faveur de ceux qui en sont les auteurs. La dissolution de 1997 est un bon exemple. Jacques Chirac aurait-il été réélu président de la République en 2002 s'il n'avait pas commis l'erreur de dissoudre l'Assemblée cinq ans plus tôt, et s'il n'avait pas eu à subir la cohabitation avec Lionel Jospin ? Rien n'est moins sûr. Durant ces cinq années, Chirac a su tirer profit de son impuissance politique, en se recentrant sur le « domaine réservé » du chef de l'État sous la Ve République, la politique étrangère (par exemple lors des attentats du 11 septembre 2001 aux États-Unis : il fut le premier chef d'État à se rendre sur place). Il a également laissé le Premier ministre « aller au charbon » et prendre des risques sur le plan intérieur, ce qui a sans doute contribué à altérer l'image de ce dernier dans l'opinion. À l'inverse, Jacques Chirac a pu d'autant mieux se préserver qu'il n'avait pas à assumer la majeure partie des décisions. Il était devenu tel l'antique « inaugurateur de chrysanthèmes » de la IVe République, un président dont le pouvoir exclut la responsabilité de choix impopulaires qu'il n'a pas à faire… Laissant le soin à Lionel Jospin de dire et faire des conneries, il a pu se refaire une santé et remporter l'élection, à l'image du cycliste resté discrètement dans la roue de son adversaire et qui remporte le dernier sprint, contre toute attente.

Jacques Chirac est également un bon exemple des bienfaits de la connerie au deuxième sens du terme. En effet, il était devenu maître dans l'art de passer pour un con, ce qui a contribué à le rendre sympathique aux yeux des Français et à favoriser son destin politique. Chirac a dissimulé qu'il était un homme de haute culture, disposant de connaissances approfondies sur les civilisations, notamment hors du monde occidental. Nul ne savait ce que contenait l'énigmatique serviette qui l'accompagnait partout (de la documentation sur l'histoire des civilisations, dit-on aujourd'hui). Progressivement, il s'est accommodé de l'image franchouillarde de Français moyen amateur de bonne chère et de bière mexicaine, un peu « bas de plafond », peu enclin aux discussions savantes. Cette manière toute personnelle de passer pour un con, autrement dit de paraître plus naïf (et inoffensif) qu'il n'était, a été une excellente opération politique. Elle a fait disparaître l'ancien Chirac, aussi brutal que retors : d'abord, le jeune loup prêt à tout pour s'imposer et faire perdre ses alliés devenus concurrents, notamment Valéry Giscard d'Estaing ; ensuite le « Facho Chirac », qui lance l'appel de Cochin en 1978 contre la construction européenne ou déplore en 1991 « le bruit et l'odeur » dans les quartiers populaires. Le Rastignac devenu énarque parisien s'est mué en paysan madré de Corrèze dont la naïveté n'est qu'une façade pour dissimuler l'ambition personnelle. Chirac a intégré la leçon de Machiavel : la plus grande ruse est celle qui ne se voit pas.

À certains égards, le principal disciple de Chirac, Alain Juppé, est la figure inversée de son maître : trop sûr de son intelligence pour accepter de passer pour un con… Chirac ne s'y est pas trompé, disant de lui qu'il était le « meilleur d'entre nous ». Par ces mots, il l'a condamné aux seconds rôles, car le premier rôle, dans la politique française, n'est pas dévolu aux meilleurs, mais à celles et ceux qui suscitent la sympathie, la connerie pouvant y contribuer. Il est plus facile pour un électeur de s'identifier à un être faisant des conneries qu'à une personnalité lisse et froide, sans aspérité ou défaut apparent. Quoi de plus humain, universel (et donc politique) que la connerie ?

Un connard plein et entier

Enfin, la troisième nuance de connerie – le fait d'être un connard – peut se révéler une extraordinaire ressource politique, du moins pour celui qui l'utilise. Ainsi, Donald Trump est sans doute l'exemple le plus typique de la connerie pleine et entière, qui cumule toutes les nuances. Premièrement, il commet beaucoup d'erreurs politiques (par exemple sa gestion calamiteuse de la crise sanitaire du coronavirus) ; deuxièmement, il n'a pas beaucoup de finesse, ni de goût, ni de clairvoyance, exprimant par exemple sa préférence pour les restaurants MacDonald's ou se félicitant de son inculture. Enfin, il assume d'être un parfait connard, c'est-à-dire un être odieux, misogyne, homophobe, xénophobe, attaquant ses adversaires politiques sous la ceinture, trahissant ses amis et congédiant ses collaborateurs sur Twitter. Comment expliquer que ce tombereau de conneries commises par Trump non seulement n'ait pas constitué un obstacle à ses succès, mais soit un ressort majeur de sa popularité ?

Le premier rôle, dans la politique française, n'est pas dévolu aux meilleurs.

On se souvient que Trump doit en grande partie sa notoriété médiatique à l'émission télévisée *The Apprentice* (« L'apprenti »), un *reality show* où le

magnat américain était supposé coacher de jeunes entrepreneurs afin qu'ils deviennent aussi riches que lui. Cependant, loin d'être une émission positive où l'homme expérimenté mettait le pied à l'étrier de ses émules, le programme se résumait souvent à un exercice d'humiliation qui en dit long sur la vision politique de Trump. En effet, dans la séquence phare de l'émission, Trump se faisait un plaisir de congédier les candidats par un tonitruant « *You're fired!* » (Tu es viré!). Sous-entendu: le chef n'est jamais aussi bon que lorsqu'il est un connard sans pitié, éliminant les « nuls » (*dummies*) qui composent son entourage. Cela véhicule en creux l'idée que le chef ne peut compter que sur lui, et que l'odieux connard l'emporte toujours sur le con simple et gentil.

Depuis cette émission, qui l'a lancé sur la scène publique, jusqu'à la Maison Blanche, en passant par les primaires républicaines, Trump a fondé sa stratégie politique sur cette combinaison de connerie teintée d'humiliation. Pour reprendre la chanson de Maxime Le Forestier, « il vise la médaille la plus convoitée, celle du plus grand connard que la terre ait jamais porté[7] ». En devenant cette figure archétypale, Trump casse les codes de la bienséance et adopte une posture de rupture qui attire les faveurs d'un électorat ne se reconnaissant plus dans la classe politique. Il assume pleinement sa connerie jusqu'à en faire la colonne vertébrale de sa politique, fondée sur la distinction radicale permettant le renforcement de son socle électoral. Alors que la politique vise d'ordinaire à rassembler, Trump fonde la sienne sur les divisions de l'Amérique. La connerie est ici tellement voyante qu'elle confine à la suprême intelligence, dans un contexte où, de toute façon, les *fake news* brouillent la frontière entre le vrai et le faux.

7- « Le Grand connard », in *Paraître ou ne pas être*, Polydor, 2019.

Comment le pouvoir transforme ceux qui l'exercent

Laurent Auzoult

Professeur de Psychologie Sociale et du Travail
à l'université de Bourgogne.

« T'en as plein, il leur vient une connerie, il faut qu'ils la disent. Quand ils peuvent l'écrire, ils l'écrivent. Et s'ils sont au pouvoir, ben, ils la font. »
Delfeil de Ton, *Siné Mensuel* n°37

La vérité n'est jamais très éloignée de la sagesse populaire et de ses adages. Que dit-on généralement sur le pouvoir ? Qu'il est plaisant, qu'il est le fait des hommes méchants et ambitieux, mais également qu'il serait l'objet d'une passion dévorante, corromprait ceux qui le détiennent et conduirait à tous les abus. Un tel jugement pourrait nous pousser un peu hâtivement à penser que le pouvoir attire un certain type de personne peu amène. En fait, c'est plutôt le pouvoir qui est en cause ici ! Car c'est bien lui qui modifie, chez chacun, la façon de sentir, de penser et d'agir.

Le pouvoir altère en effet les jugements à trois niveaux[1]. D'abord, il diminue l'attention portée à

1- A.D. Galinsky, D. Rus & J. Lammers, « Power : A central force governing psychological, social, and organizational life », *in* D. de Cremer, R. van Dick & J.K. Murnighan, *Social psychology and Organization*, Routledge, 2010.

ceux qui nous entourent, et, plus subrepticement, conduit à déshumaniser les autres en les réduisant à des objets. Ensuite, il conduit à une forme de jouissance, en ce sens qu'il donne à percevoir le monde de façon abstraite et idéalisée, qu'il procure de l'optimisme, et qu'il focalise sur notre intérêt personnel. Enfin, il agit comme un révélateur, voire un catalyseur, de ce que l'on est en tant que personne : il amplifie nos qualités, mais aussi nos défauts ou nos tendances plus ou moins avouables.

Voyons comment.

Je suis le centre de ton monde et tu es ma chose !

On reproche parfois au pouvoir d'enfermer ses détenteurs dans une tour d'ivoire. Pourtant ce point de vue rend compte d'une certaine réalité.

En effet, le pouvoir a pour qualité de centrer l'attention sur les objectifs que l'on considère comme importants pour nous, en même temps qu'il réduit l'attention portée aux autres et à ce qui sous-tend leur conduite ou caractérise leur vision du monde. De ce fait, il alimente et conforte, voire réconforte, continuellement nos vérités personnelles. C'est pourquoi il peut amener à une relative indépendance vis-à-vis d'autrui et à une immunisation contre les influences sociales[2].

2- P. Brinol, R.E. Petty, C. Valle, D.D. Rucker & A. Becerra, « The effects of message recipients' power before and after persuasion : A self-validation analysis », *Journal of Personality and Social Psychology*, 2007.

Cette tendance à l'égocentrisme est alimentée par le phénomène dit « d'objectification[3] ». Ce dernier conduit à appréhender une personne à travers ce qui désigne généralement un objet, à savoir sa forme ou son usage. Par exemple, on parle d'objectification sexuelle quand on est conduit à considérer quelqu'un comme un simple moyen d'atteindre notre plaisir. Dans ce cas, cette personne n'est considérée qu'à travers sa plastique. (Pour ceux et celles qui auraient un doute, cet effet de pouvoir, comme la plupart des effets du pouvoir, touche aussi bien les hommes que les femmes...) Cependant, l'objectification ne s'applique pas seulement à la sexualité. Ne plus voir un SDF dans la rue parce qu'il fait partie du paysage, réduire un patient à sa maladie, ou considérer une personne à travers son physique pour décider de ses compétences et de l'emploi qu'elle peut ou non occuper, sont autant de manifestations de l'objectification au quotidien. Par ailleurs, de façon plus dramatique, l'objectification rend compte d'un déni de ce qui caractérise toute personne comme être vivant, à savoir sa subjectivité et son autonomie. Autrui se voit traité comme un instrument à notre service, en notre possession, ou interchangeable. L'objectification conduit ainsi à ne plus écouter autrui et à ne plus lui attribuer de pensées ou de sentiments propres.

3- L. Auzoult, B. Personnaz, « The role of organizational culture and self-consciousness in self-objectification in the workplace », *TPM - Testing, Psychometrics, Methodology in Applied Psychology*, 2016.

Or, toute personne ayant du pouvoir se trouve en condition d'objectifier autrui[4].

Les liaisons dangereuses : entre puissance et jouissance !

Globalement, le pouvoir accentue les distances sociales en même temps qu'il construit une « économie de l'action[5] ». C'est-à-dire que le principe qui organise la décision d'utiliser des outils, des machines, etc., ou d'avoir recours aux autres, est guidé par la réduction des coûts psychologiques. Par exemple, si l'on a le choix entre employer des personnes ou une technologie pour réaliser une activité quelconque, nous mettrons en opposition les avantages et les inconvénients associés à ces deux moyens d'action : leur coût financier, leur rendement, la facilité liée à leur usage, leur fiabilité, etc., pour décider finalement d'avoir recours à l'un ou à l'autre. C'est sans doute pourquoi les pouvoirs politiques et économiques expriment une telle appétence pour la technologie. C'est sans doute aussi pourquoi l'objectification se produit surtout dans des contextes où l'action est aussi nécessaire que la coordination des différents acteurs.

Si les effets du pouvoir semblent à première vue délétères pour les autres, il n'en est pas de même pour

---

4- H.D. Schmalt, « Waist-to-hip ratio and female physical attractiveness: The moderating role of power motivation and the mating context », *Personality and Individual Differences*, 2006.

5- D.R. Proffitt, « Embodied perception and the economy of action », *Perspectives on Psychological Science*, 2006.

nous lorsque nous l'exerçons. Nous présentons alors une propension à imposer ou défendre nos droits, à prendre des risques, et à faire preuve d'optimisme[6]. Le pouvoir conduit par ailleurs à une diminution du *self-control*, c'est-à-dire du contrôle effectif que l'on exerce sur soi-même, mais augmente *l'illusion de contrôle*, soit le sentiment d'être capable d'influer sur les évènements[7]. Cette forme d'aveuglement peut nous pousser à croire que nous sommes maîtres du temps, et surtout que, pour agir, nous disposons de davantage de temps disponible que les autres[8][9]. Paradoxalement, le pouvoir confère également la griserie de la vitesse : précisément, le simple fait d'avoir le sentiment d'exercer un contrôle sur autrui au quotidien peut conduire à une sous-estimation systématique du temps qui lui est nécessaire, à lui, pour agir. On comprend dès lors que l'exécution d'une consigne soit plutôt pour aujourd'hui que pour demain ! Ainsi, le pouvoir est source de complaisance, ou d'indulgence, c'est selon, pour soi-même[10].

6- C. Anderson, A.A. Galinsky, « Power, optimism, and risk-taking », *European Journal of Social Psychology*, 2006.

7- N. Fast, D. Gruenfeld, N. Sivanathan & A. Galinsky, « Illusory control : A generative force behind power's far-reaching effects », *Psychological Science*, 2009.

8- M. Weick, A. Guinote, « How long will it take? Power biases time predictions », *Journal of Experimental Social Psychology*, 2010.

9- A. Moon, S. Chen, « The Power to Control Time : Power Influences How Much Time (You Think) You Have », *Journal of Experimental Social Psychology*, 2014.

10- J.C. Georgensen, M.J. Harris, « Why's my boss always holding me down? A meta-analysis of Power effects on performance evaluations », *Personality and Social Psychology review*, 1998.

L'exacerbation de la personnalité, pour le meilleur ou pour le pire

De nombreuses études montrent à quel point le pouvoir peut conduire à la violence[11]. On est même en droit de penser qu'il nous conduit inévitablement à faire preuve d'inhumanité envers ceux que nous côtoyons. Dans les faits, le pouvoir d'exercer notre volonté sur autrui conduit à adopter des comportements qui profitent à nous-même au détriment des autres[12]. Cette tendance à préserver l'intérêt personnel au détriment du collectif est d'autant plus forte que le plaisir d'exercer le pouvoir est intense[13].

Paradoxalement, le fait de simplement ressentir du pouvoir amène à justifier nos comportements au nom de principes moraux plutôt qu'en référence aux conséquences[14]. En cas de dilemme moral, cet effet du pouvoir peut être décisif. Imaginons que vous soyez policier et que vous torturiez un détenu pour qu'il révèle où il a caché l'enfant qu'il a kidnappé. Si vous n'avez pas de pouvoir, vous considérerez plutôt que la torture n'est pas très grave car elle permettra de sauver l'enfant.

11- D. Kipnis, « Does power corrupt? », *Journal of Personality and Social Psychology*, 1972.

12- L. M. Giurgea, M. van Dijkeb, M. Xue Zheng & D. De Cremer, « Does power corrupt the mind? The influence of power on moral reasoning and self-interested behavior », *The Leadership Quarterly*, 2019.

13- J.K. Maner, N.L. Mead, « The Essential Tension Between Leadership and Power : When Leaders Sacrifice Group Goals for the Sake of Self-Interest », *Journal of Personality and Social Psychology*, 2010.

14- J. Lammers, D.A. Stapel, « How power influences moral thinking », *Journal of Personality and Social Psychology*, 2009.

Si vous avez du pouvoir, vous considérerez plutôt que c'est immoral par principe et quel qu'en soit le bénéfice. Le détenteur de pouvoir peut croire sincèrement se référer à la morale même s'il ne semble pas la suivre.

Cette tendance à faire référence aux normes morales découle probablement d'un effet plus général attribuable au pouvoir : l'usage d'un raisonnement abstrait et idéalisé[15] pour penser le monde. Ceci conduit, par exemple, à percevoir les autres de façon d'autant plus stéréotypée que l'on détient un pouvoir. Là où chacun appréhende son prochain comme une personne au caractère spécifique, nous aurons tendance, avec le pouvoir, à percevoir cette même personne comme un élément interchangeable d'une catégorie sociale présentant des caractéristiques fixes[16]. Par exemple, si je suis persuadé que tous les fonctionnaires sont des fainéants et que j'ai du pouvoir, je vous appliquerai ce stéréotype indépendamment de votre conduite effective au travail.

Ces constats ne sont pas inéluctables. Comme souvent, ceci est une affaire de valeurs et de buts de vie. Exercer un pouvoir conduit à privilégier des choix responsables lorsque l'on est porteur de valeurs personnelles centrées sur la *communauté*, c'est-à-dire que l'on prend

---

15- P.K. Smith, Y. Trope, « You focus on the forest when you're in charge of the trees : Power priming and abstract information processing », *Journal of Personality and Social Psychology*, 2006.

16- S.T. Fiske, « Controlling other people : The impact of power on stereotyping », *American Psychologist*, 1993.

des décisions en tenant compte des besoins d'autrui[17]. Au contraire, exercer un pouvoir conduit à privilégier l'intérêt personnel lorsque l'on est porteur de valeur dites d'échanges, lesquelles désignent le fait d'attendre une contrepartie systématique à nos actions. Cette dichotomie se retrouve également dans les liens intergénérationnels[18], c'est-à-dire lorsqu'il s'agit de prendre des décisions non plus pour soi-même mais pour la génération de nos enfants ou de nos petits-enfants.

Tout se passe donc comme si le pouvoir était un révélateur et un catalyseur de notre éducation et de nos expériences passées. Au-delà des questions d'éthique, il exacerbe notre personnalité.

Le Yin Yang du pouvoir et/ou l'intelligence de la connerie

Qu'en est-il de la privation de pouvoir, ressentie ou effective ? Elle produit des émotions généralement négatives, pousse à focaliser notre attention sur les autres, à nous considérer comme un pion au service d'autrui, à traiter en profondeur les informations en provenance de notre environnement, et accessoirement à limiter nos actions. La façon dont le pouvoir nous

---

17- S. Chen, A.Y. Lee-Chaï & J.A. Bargh, « Relationship Orientation as a Moderator of the Effects of Social Power », *Journal of Personality and Social Psychology*, 2001.

18- K.A. Wade-Benzoni, M. Hernandez, V., Medvec & D. Messick, « In fairness to future generations : The role of egocentrism, uncertainty, power, and stewardship in judgments of intergenerational allocations », *Journal of Experimental Social Psychology*, 2008.

transforme peut donc se résumer simplement[19] : sa privation entraîne de l'anxiété et de l'inhibition, ce qui traduit une *logique d'évitement*, tandis que son exercice active des jugements et des conduites que l'on qualifie d'*approche*, orientée vers l'action[20]. En définitive, le pouvoir pousse à agir en prenant des risques et en utilisant les autres.

Si l'on regarde le *Taijitu* qui illustre la dynamique du Yin et du Yang et que l'on suit du regard la courbe du dessin, on s'aperçoit qu'à l'extrémité du Yin on rencontre le Yang, qui nous ramène, selon un mouvement perpétuel, au Yin… Selon le même principe, il n'est pas exclu que les effets du pouvoir que l'on pourrait qualifier hâtivement de connerie recèlent une forme fondamentale d'intelligence : le primat de l'action. Avant même de chercher le bien, le beau, le juste ou le vrai, chacun se préoccupe de l'utile, de ce qui lui permet d'agir. Notre représentation biaisée du monde et de nous-même nous permet de décider et d'agir dans le sens de ce qui doit être fait.

Le pouvoir permet la satisfaction de certains besoins psychologiques élémentaires[21], à savoir se construire une identité positive et contrôler notre environnement. Il suscite en nous optimisme et confiance en soi. Nous sommes perçus plutôt positivement, notamment

19- D. Keltner, D.H. Gruenfeld & C. Anderson, « Power, approach, and inhibition », *Psychological Review*, 2003.

20- A.D. Galinsky, D.H. Gruenfeld & J.C. Magee, « From power to action », *Journal of Personality and Social Psychology*, 2003.

21- S.T. Fiske, *Social Beings, a Core Motives Approach to Social Pssychology*, Wiley, 2004.

comme des gens compétents, mais aussi empreints de froideur[22], voire extraordinaires, avec des qualités et des défauts échappant au commun des mortels. C'est ici que se situe le potentiel énergisant du pouvoir.

Au-delà, le pouvoir nous conduit à élaborer des plans d'action avec clarté, en excluant *a priori* les logiques d'action d'autrui et en focalisant notre attention sur nos propres principes généraux et abstraits. Pour autant, « l'autrui » de la relation de pouvoir n'est pas totalement occulté puisqu'il est représenté comme un levier d'action. C'est justement parce que notre perception du monde et d'autrui est biaisée que nous pouvons facilement agir et coordonner l'action d'autrui. De ce point de vue, si l'on conçoit les effets psychologiques du pouvoir comme une forme de connerie, alors on doit considérer que la connerie peut s'avérer adaptative, voire adaptée en certaines circonstances qui requièrent l'action. Voilà peut-être de quoi regarder autrement, en temps de crise, la propension des acteurs politiques à exprimer, sans nuance et parfois avec dureté, des décisions que l'on peut considérer comme irréalistes.

22- M. Brauer & R.Y. Bourhis, « Social Power », *European Journal of Social Psychology*, 2006.

La complainte des rois fainéants

Entretien avec Sophie Coignard

Journaliste au *Point*.

> *« Ne faut-il que délibérer, la cour en conseillers foisonne ;*
> *Est-il besoin d'exécuter, l'on ne rencontre plus personne. »*
>
> Jean de La Fontaine, *Fables*, « Conseil tenu par les rats »

• *« On a connu des rois fainéants », ironisait un jour Nicolas Sarkozy. Est-ce que certains politiques déploient en effet davantage d'énergie pour conquérir, conserver ou reconquérir le pouvoir, que pour l'exercer ?*

On sait tous à qui Nicolas Sarkozy faisait allusion, en 2009 : son image d'hyper-président à la « Je fais tout et ils font le reste » commençait à lui coller à la peau et lui posait un problème d'image. D'où ce petit plaisir de mettre un coup de griffe à Jacques Chirac qui l'avait lui-même autrefois égratigné en lâchant : « Je décide, il exécute. » Dans la bouche de Nicolas Sarkozy, cette allusion aux rois fainéants est une histoire anecdotique et humaine plus qu'une analyse politique profonde… Il n'en reste pas moins qu'en effet, un surdoué de la campagne électorale ne fait pas forcément de vous un sur-compétent de la gouvernance. Mais il est compliqué de tout mettre sur le dos de nos rois… Car ce sont des rois ! La France est la plus pure monarchie républicaine qui existe sur cette planète. Nous conservons certains attributs de la monarchie, si ce n'est de la monarchie absolue, pour ne pas dire de droit divin. Les ors de la république ressemblent terriblement à ceux du royaume, et les Français, sans doute plus qu'aucun autre peuple, ont un goût prononcé pour l'homme providentiel qui va « changer la vie », par exemple.

• *En allant voter, les Français aimeraient donc porter au pouvoir un Napoléon ou un de Gaulle et seraient fatalement déçus ?*

Exactement. Nous sommes profondément attachés à la figure du roi, et attendons donc du chef de l'État qu'il représente plus que lui-même. L'élection du président de la République au suffrage universel favorise cette idée, ou du moins ne la contredit pas. Quand vous êtes président, vous êtes un monarque, tout l'indique, tout le montre, le décorum à la française vous le rappelle sans arrêt. Que vous le vouliez ou non, vous entrez dans des habits monarchiques. Certains le désirent plus ou moins, mais il est impossible de faire autrement ! Je suis convaincue que l'une des choses qui ont déplu aux Français dans l'attitude de François Hollande, c'est qu'il n'en revenait pas lui-même de se trouver là. Il a passé cinq ans à ne pas en revenir ! Et à se complaire dans cette position formidable, unique, conquise par la voie électorale. Face à ce confort monarchique, vous avez ce que d'aucuns ont appelé les Gaulois réfractaires, c'est-à-dire une nation extrêmement rétive à l'idée de se réformer elle-même. Comme l'explique Nicolas Sarkozy dans son dernier livre, *Le Temps des tempêtes*, les Français sont très versatiles. On l'a élu pour son énergie et son caractère transgressif, et c'est exactement ce qu'on lui a reproché par la suite ; on a élu François Hollande en opposition, dans tous les sens du terme, à Nicolas Sarkozy, pour sa « normalité », avant de reprocher sa cravate de travers au président sans charisme ; c'est un peu la même chose pour Emmanuel Macron. Dans ces conditions, il faut une bonne dose d'énergie, de courage, et peut-être de masochisme, pour se maintenir dans une attitude réformatrice !

• C'est comme si les Français voulaient élire un roi pour mieux le révoquer, l'exercice du pouvoir consistant alors à empêcher une révolution ?

Je me souviens d'un livre très amusant de l'historien Jacques Marseille sur ce sujet, et qui montrait que la France n'avait jamais changé que dans la violence. Se réformer tranquillement est un mode opératoire qui nous reste assez étranger. Je me souviendrai toujours de la stupéfaction de Francis Mer, ministre de l'Économie et des finances du gouvernement Raffarin, venu de la société civile où il était parvenu à sauver momentanément la sidérurgie française. Il s'est retrouvé face à des notes toutes plus alarmistes les unes que les autres sur l'endettement de la France, déjà à l'époque, en 2002. Très éthique, très moral, pas politique du tout, épouvanté par ce fardeau laissé aux générations futures, il demande une audience au président. Lequel, devant des graphiques clairs et frappants, agite une jambe sous son bureau, ce qui n'est jamais bon signe, et finit par trancher : « Écoutez, Mer, ça fait trente ans qu'on se démerde comme ça, alors on pourrait peut-être continuer encore un peu ? »

• Et ce n'est pas lorsqu'on règne sur une poudrière qu'on va faire des étincelles : la peur de mai 68 était bien présente chez Jacques Chirac.

Sans compter la grosse vaccination de la fin 1995 ! À l'époque, Chirac est un revenant, trahi, sur-trahi, un candidat sur lequel aucun expert en politique de Paris ne mise un kopeck, et puis il a l'idée brillante de la « fracture sociale », qui parle déjà aux Français et lui vaut d'être élu. Mais il apparaît très vite que pour réduire ladite fracture, il faut déjà restaurer l'équilibre des comptes. Alain Juppé prend les rênes d'une politique de rigueur avec une réforme de l'assurance maladie et des retraites à laquelle il ajoute, au dernier moment et incidemment, celle des régimes spéciaux de la fonction publique. C'est ça qui engendre les grandes grèves de fin 1995 et crée chez Chirac une phobie de la réforme. Il décide finalement de la dissolution de 1997 qui ressemblera à un sacrifice humain pour Alain Juppé, Premier ministre auquel on a reproché de rester droit dans ses bottes. C'était vrai, mais ne faut-il pas une posture, une conviction, voire une obstination qui confine à la psychorigidité pour mener à bien des réformes en France ? C'est une vraie question !

• *Si par la force des choses on ne réforme jamais autant qu'on le voudrait ou qu'il le faudrait, quelle raison invoque-t-on auprès des citoyens ? On ne peut pas leur dire que c'est de leur faute !*

La plupart du temps… on ne dit rien ! Jacques Chirac a un jour annoncé que ses deux priorités seraient désormais de lutter contre les morts sur les routes et le cancer. Impossible de faire descendre les gens dans la rue sous le coup de l'indignation avec de tels objectifs, certes tout à fait louables, mais éminemment consensuels. Plus vous vous sentez menacé, défié dans votre légitimité, plus vous évitez les sujets porteurs de discorde et de polémiques. Vous ne menez que les réformes que vous vous sentez capable de porter. Et quand vous ne les menez pas, il ne se passe pas grand-chose… Si ce n'est que vous voyez arriver un concurrent, j'ai nommé Emmanuel Macron, par exemple, qui tient un discours du genre : « Avant moi, les candidats à la présidentielle avaient un vague programme, puis ne l'appliquaient qu'à moitié, dans le meilleur des cas. Contrairement aux autres, je dis ce que je fais et je fais ce que je dis. » Il le répète encore maintenant ! Mais c'est extrêmement dangereux. Car s'il ne le fait pas, ce sera retenu contre lui…

• *Du coup il s'est retrouvé face aux Gilets Jaunes, c'est-à-dire un début de révolution aux formes totalement imprévisibles et inédites.*

Absolument. C'est une des pires situations possible pour un monarque républicain : on n'est pas loin de la marche sur Versailles ! C'est effrayant pour le pouvoir, parce qu'impossible à décrypter. Mais vu sa rhétorique, Macron est obligé de poursuivre les réformes. D'aller au bout de sa réforme des retraites, par exemple. Ou du moins d'annoncer qu'il va le faire. D'autant qu'il a reculé devant l'obstacle au moment d'entreprendre l'autre grande transformation promise, celle de l'État, malgré le rapport CAP 22 rendu par une quarantaine de personnalités : après la réforme du statut de la SNCF, il n'a pas voulu courir le risque de faire descendre trop de gens dans la rue. Il a préféré procéder ministère par ministère, ce qui rime à ne rien changer ou si peu. Après cela, abandonner sa réforme des retraites en rase campagne brouillerait dangereusement son image de réformateur.

• *Encore lui faut-il soigner cette image sans trop plastronner, car on lui reproche son autosatisfaction…*

Et sa provocation ! « Les Gaulois réfractaires », ça restera pour longtemps et ça n'est pas très constructif en termes de gouvernance.

• *Comment sortir de cette impasse franco-française ?*

C'est difficile car il existe dans l'esprit de tous, des gouvernants et des gouvernés, une sorte de fatalité hexagonale. Tout le monde cite ainsi l'exemple de Gerhard Schröder, convaincu qu'avec sa réforme économico-sociale et son « agenda 2010 », il perdrait son poste de chancelier mais que c'était nécessaire pour l'Allemagne. Et il est allé au bout. Et il a perdu les élections. Se garder de brutaliser ses sujets n'est pas toujours un gage de longévité pour le monarque républicain. François Hollande n'a pas renversé la table, c'est une litote, et pourtant il n'a pas pu se représenter. Il s'est trouvé dans l'incapacité politique d'aller plus loin. Si on veut tirer une petite morale de la fable politique de la Ve République, c'est que même l'inaction ne vous garantit pas un avenir !

• *Il a pourtant réussi à faire passer le mariage pour tous contre vents et marées ?*

C'était une réforme sociétale pour son image de président de gauche, et à mon avis pas si risquée que cela sur le plan politique.

• *Les femmes entretiennent-elles un rapport différent à l'exercice du pouvoir et à la réalisation de réformes ? Une femme ministre, Première ministre car il y en a eu une, agit-elle autrement pour faire évoluer les choses ?*

Édith Cresson n'est restée qu'un an au pouvoir. Elle n'est pas un modèle et n'inspire heureusement aucune conclusion définitive sur le pouvoir et les femmes. Ségolène Royal fut la seule femme capable de se qualifier à un second tour de la présidentielle, pourtant elle s'est déconsidérée à forces d'annonces à l'emporte-pièce quand elle était ministre de l'Environnement puis de postures opportunistes depuis 2017, comme si revenir sur le devant de la scène éclipsait toute conviction au long cours. L'échantillon, pour le moment, est bien trop faible pour en tirer des conclusions.

• *Est-ce plutôt une question de génération, alors ? Les jeunes qui marchent pour le climat, sans qu'ils soient toujours clairement politisés, réformeront-ils s'ils arrivent au pouvoir ou feront-ils comme les autres ?*

Je suis incapable de le prédire. Mais si l'on veut évoquer un saut de génération, il est tentant de comparer l'hyper-président Sarkozy et Jupiter Macron. On dit souvent qu'ils se ressemblent. Mais, au sortir de la crise des Gilets Jaunes, est-ce qu'un Sarkozy aurait lancé le Grand débat national et la Convention pour le climat, des initiatives très « horizontales » ? Dans cette perspective, les temps à venir, en politique, devront intégrer plus de concertation, de dialogue, même si, comme Sarkozy le rappelle, c'est toujours le patron, là-haut, qui décide *in fine*. Pour égayer un peu ce tableau, je voudrais aussi évoquer ceux qui représentent l'inverse des rois fainéants, à savoir les maires. Dommage qu'il ait fallu la crise des Gilets Jaunes et du coronavirus pour que le pouvoir prenne conscience de leur importance, sur le terrain et dans le cœur des Français. Il me semble incontournable de donner davantage de pouvoir aux élus territoriaux, qui travaillent énormément, et sans reconnaissance du pouvoir jacobin. Les départements frontaliers ayant à leur charge l'accueil des mineurs migrants, par exemple, doivent se débrouiller seuls, sans prérogatives et sans moyens suffisants. Partager davantage le pouvoir, pour le président, serait une sage décision. Mais pour que le monarque nous aide à nous sevrer de notre addiction à la monarchie, il faudrait qu'il renonce à certains de ses privilèges. Qui y sera prêt ?

• *Qu'il soit sincèrement disposé à renoncer aux dorures de la République, et aux privilèges, et fasse des émules, par-dessus le marché ?*

On pourrait commencer par alléger le dispositif gouvernemental. Regardez le dernier remaniement : on nous a expliqué à maintes reprises qu'il y a « urgence », après la crise sanitaire et la mise à l'arrêt de l'économie. Néanmoins, entre la démission du précédent Premier ministre et la nomination des secrétaires d'État, il s'est passé plus de trois semaines. C'est beaucoup ! Et tout cela pour nommer une poignée de secrétaires d'État qui porte à plus de 40 l'effectif gouvernemental. Ce n'est pas raisonnable, mais cela fait tellement plaisir aux promus !

• *Est-ce que le « en même temps » ne vire pas au « tout et son contraire » ? « Je me dévoue pour vous mais certains ne sont rien, je vous emmène vers un nouveau monde mais à 80 km/h… »*

Un pouvoir sans contradictions serait tellement lisse qu'il serait vraisemblablement totalitaire. Mais il ne faut pas abuser des contradictions en période de crise : souffler le chaud et le froid est extrêmement anxiogène, et freine énormément la capacité d'acceptation des réformes. Il est intéressant de voir comment la cote de popularité d'Édouard Philippe a remonté pendant la crise du coronavirus. Loin de nous promettre que demain serait une fête, il s'est montré d'une franchise plutôt pessimiste. Néanmoins, il a été crédité pour cela. Quand vous vous investissez dans le fait de dire une vérité, fût-elle désagréable, vous capitalisez politiquement. Avec ses interminables explications pédagogiques et sans fioritures, Édouard Philippe a gagné beaucoup en popularité. Ce n'est pas le cas d'Emmanuel Macron qui, lui, se livrait à des envolées lyriques de 28 minutes juste pour nous annoncer une date.

• *Du coup, Édouard Philippe a été dégagé.*

Il a été dégagé, comme vous dites. Évidemment !

Propos recueillis par Jean-François Marmion

POUVOIR ET DÉPENDANCE, OU LE POUVOIR COMME DROGUE

Emmanuel Pinto

Psychiatre et addictologue,
professeur associé à la Faculté de Médecine
de l'Université de Liège.

« Un homme à qui le pouvoir monte à la tête est toujours ridicule. »

Montherlant, *Le Cardinal d'Espagne*, I, 2

Sommes-nous gouvernés par des cons ? Entrez dans le café au coin de la rue et posez cette question à vos voisins de comptoir. La réponse sera sans doute assez unanime : bien entendu ! Mais ces cons sont-ils seulement des cons (ou des connards), ou peuvent-ils également être fous ? Ou pire, toxicomanes ? Certains hommes politiques ou grands patrons s'investissent dans des courses effrénées aux investitures, mandats ou autres honneurs sous couvert de leur passion du bien public ou de leur esprit d'entreprise, négligeant ainsi petit à petit des pans entiers de leur vie personnelle, et développant en cas d'échec des réactions que l'on pourrait qualifier de dépressives. Il serait donc légitime de s'interroger sur la nature addictive du pouvoir. L'histoire regorge en effet de politiciens qui, comme les toxicomanes, semblent incapables de se passer du pouvoir, perdent leur discernement et finissent par courir à leur perte tout en causant des dégâts considérables autour d'eux.

Étymologiquement, le terme addiction trouve sa racine dans un concept juridique du droit romain (« *ad dicere* », « se dire à », au sens de se donner à quelqu'un), qui encadrait la privation de liberté d'un individu au profit d'un maître désigné : le citoyen *ad dictus* devenait corps et âme l'esclave d'un autre et se voyait à jamais dénier la liberté de choisir son destin.

On connaît désormais bien les ressorts neurobiologiques qui sous-tendent le syndrome de dépendance aux substances psychotropes. La sollicitation répétée du circuit de récompense cérébral entraîne petit à petit une forme de parasitage des fonctions vitales destinées à maintenir l'équilibre de l'individu, au profit de la consommation qui devient progressivement incontrôlable. Cette perte de contrôle – la perte de la capacité de s'abstenir de consommer –, constitue le cœur du phénomène de dépendance. Une vulnérabilité individuelle, conjuguée à des éléments environnementaux, contribue à fragiliser certains individus et à les rendre plus susceptibles de développer une addiction, à un produit mais aussi à un comportement.

Les dépendances comportementales sont en effet multiples (dépendance au sexe, à internet, au jeu, etc.), et font globalement intervenir les mêmes mécanismes psychologiques et biologiques que les dépendances aux psychotropes.

Passons dès lors en revue les caractéristiques du syndrome de dépendance et examinons si elles peuvent s'appliquer à l'*homo politicus*.

Diagnostic

On pourrait facilement être tenté de poser les critères diagnostiques du syndrome de dépendance tels qu'ils figurent dans les manuels de psychiatrie aux comportements de certains hommes de pouvoir :

Désir persistant du pouvoir ou existence de plusieurs efforts infructueux pour réduire ou contrôler son envie de pouvoir ou son exercice de pouvoir. L'ambition et le désir sont au cœur de la conquête du pouvoir et de son exercice, auxquels l'individu finit par consacrer l'essentiel de son énergie. La crainte du vide à l'idée de perdre le pouvoir justifie tous les sacrifices et entraîne une forme de fuite en avant.

Temps considérable consacré à faire le nécessaire pour se procurer le pouvoir, l'exercer ou se remettre de ses effets. Se remettre de la perte d'une élection ou d'un mandat a souvent été décrit par les hommes politiques comme une entrée en dépression, avec la nécessité de se réadapter à une existence perçue comme vide et moins attrayante. Ceci n'est pas sans rappeler le *syndrome de sevrage* apparaissant à l'arrêt de la consommation de substances et que semblent éprouver des individus ayant investi une activité sur un mode de dépendance. Important facteur de risque de rechute, l'inconfort généré par le manque et par la survenue ultérieure d'un *craving* pour une substance ou un comportement (c'est-à-dire d'un besoin obsédant de consommer, envahissant tout le champ de la pensée et s'accompagnant d'une détresse psychique voire physique importante) peut pousser la personne dépendante à se tourner à nouveau vers l'objet de son addiction. On se souvient par exemple de Nicolas Sarkozy qui, après une défaite électorale douloureuse, avait fait vœu de se retirer de la vie politique pour finalement y replonger quelques mois plus tard, courant à nouveau après les suffrages.

D'importantes activités sociales, occupationnelles ou de loisir sont abandonnées ou réduites en raison de l'exercice du pouvoir. Tout comme la toxicomanie, le pouvoir isole et ne favorise guère la réflexion sur soi. Le sujet addict finit par ne plus fonctionner qu'au sein d'un petit groupe de personnes elles-mêmes dépendantes, ou entretenant par leur attitude l'addiction du leader et sa coupure avec la réalité extérieure. Progressivement, la vie de l'individu dépendant se restreint autour de l'objet de son addiction, et peu de choses gardent autour de lui une réelle importance.

L'exercice de la politique est poursuivi en dépit de problèmes physiques ou psychologiques provoqués ou aggravés par celui-ci. L'exercice du pouvoir est connu pour être usant, physiquement et psychologiquement, et peut s'accompagner, comme l'addiction aux psychotropes, d'une co-dépendance. Le triste exemple d'hommes politiques « inusables » mais victimes de leur investissement excessif et de la consommation parallèle de produits délétères en est un exemple malheureux. Boris Eltsine, pour ne citer que lui, était gravement alcoolo-dépendant, ce qui a très certainement pu influer de manière négative sur son exercice du pouvoir, sans l'empêcher de s'y maintenir aussi longtemps que possible.

Mais comment devient-on dépendant à une substance, à un comportement ou à la politique ? Existe-t-il des facteurs de risque, et certains sujets sont-ils plus exposés à perdre le contrôle ? En politique comme dans les toxicomanies, peut-on définir un profil individuel portant les germes d'une éventuelle entrée dans la dépendance ?

Facteurs de risque

Claude Olivienstein était psychiatre, mais il n'était pas con. Parmi les premiers, il s'est intéressé aux phénomènes d'addiction et a brillamment mis en évidence que l'apparition et le maintien d'une dépendance chez un individu reposaient sur la conjugaison de trois facteurs : la vulnérabilité propre de la personne, sa rencontre avec un produit particulier, dans un environnement donné.

Il est désormais bien établi que certains profils de personnalité constituent des facteurs de risque vis-à-vis des phénomènes de dépendance[1]. D'un côté, des personnalités anxieuses, hommes et femmes, peuvent

1- C. R. Cloninger, « Neurogenetic adaptive mechanisms in alcoholism », *Science*, 236 : 406-416, 1987.

trouver dans la consommation une forme de soulagement, et par exemple utiliser les propriétés relaxantes de l'alcool comme une forme d'auto-médication. Après quelques verres de son breuvage préféré, le timide se sentira ainsi plus courageux pour aller vers les autres ou parler en public, et plus il répétera cette expérience apparemment positive, plus boire un verre lui deviendra indispensable dans chaque situation stressante. Au fil du temps, une réelle dépendance au produit peut alors s'installer, d'autant que tous les psychotropes finissent en fait, sur le long terme, par aggraver et chroniciser les phénomènes anxieux. Un cercle vicieux s'installe alors, les conséquences de la consommation chronique entretenant le recours impératif à la drogue. Or tout comme une drogue, le pouvoir, sa conquête et son exercice sont désinhibants. Des individus effacés durant leur enfance ou leur adolescence peuvent y trouver un espace leur permettant de s'affranchir d'un bon nombre de freins personnels, d'une pression sociale ou d'éléments anxieux. Et dès lors qu'ils y ont goûté, le pouvoir et ses effets parfois euphorisants leur deviennent petit à petit indispensables.

Tout comme une drogue, le pouvoir, sa conquête et son exercice sont désinhibants.

À l'inverse, des personnalités plus extraverties, le plus souvent de sexe masculin, avides de sensations et impulsives, faisant peu de cas des autres pour privilégier leurs besoins propres, auront recours aux substances pour l'ivresse qu'elles peuvent procurer. Désinhibés par la consommation, ces individus peuvent s'engager dans des comportements risqués et perdre la notion du danger pour eux-mêmes ou pour autrui. Ce profil de personnalité, souvent associé au narcissisme et à la psychopathie, peut également correspondre au connard tel que le définit le philosophe Aaron James[2] : le connard présente un profond sentiment de supériorité, ne s'intéresse qu'à lui-même, et n'est content de lui que quand il parvient à obtenir ce qu'il veut, quitte à piétiner ce qui se dresse entre lui et son plaisir. Donnez-lui du pouvoir et il s'en enivrera, y trouvant la confirmation de sa toute-puissance. Et plus question de lâcher ensuite ce puissant aphrodisiaque : le connard s'accroche, finit par s'aveugler et est prêt à tout pour le garder ! De ce point de vue, la personnalité et les gesticulations d'un Donald Trump semblent parfaitement illustrer le risque accru, pour un connard, de devenir dépendant du pouvoir qu'il s'est vu attribuer.

Ce phénomène de la perte du contrôle et d'une partie de leur discernement chez certains dirigeants a été étudié par un observateur privilégié de la vie politique :

2- J.-F. Marmion, « La théorie des connards, rencontre avec Aaron James », in *Psychologie de la connerie*, Éditions Sciences Humaines, 2018.

David Owen, ancien ministre britannique des affaires étrangères. Il définit le syndrome de l'*hubris* chez les politiciens comme une fierté exagérée associée à une confiance en soi envahissante et au mépris d'autrui[3]. Exaltés, impulsifs et coupés de la réalité dans une position quasi messianique et omnipotente, ils estiment ne devoir plus rendre de comptes qu'à l'Histoire ou à Dieu, prenant des décisions radicales sans en mesurer les conséquences et le coût. Selon Owen, au cours des cent dernières années, nombre de présidents américains, de premiers ministres britanniques et autres dirigeants importants semblent avoir présenté ces caractéristiques et, comme les toxicomanes, avoir souffert de dépendances multiples ou de troubles psychiatriques associés. Trouble bipolaire et alcoolo-dépendance chez Winston Churchill, alcoolo-dépendance chez Richard Nixon, paranoïa chez Joseph Staline, Mao Zedong, Amin Dada ou Adolf Hitler, la liste est longue de ces dirigeants imbus de leur personne, incapables de quitter une position de pouvoir et, à l'instar d'un toxicomane, persévérant dans un déni de leur condition de dépendance à la puissance.

Et c'est souvent dans un environnement particulier qu'une dépendance trouve ses racines. Traumatismes dans l'enfance, exposition chronique au stress ou au contraire toute-puissance de l'enfant-roi peuvent favoriser la rencontre avec un produit addictogène.

3- D. Owen et J. Davidson, « Hubris syndrome: An acquired personality disorder? A study of US Presidents and UK Prime Ministers over the last 100 years », *Brain*, 132: 1396-1406, 2009.

Anxiolytique ou prolongation d'un plaisir indispensable, la drogue ou le comportement addictif sont d'autant plus attractifs qu'ils répondent chez l'individu à un besoin né lors de la construction de sa personnalité. De plus, en addictologie, il est bien connu que le contexte de la rencontre avec le produit est déterminant : une personnalité fragile ou qui, au contraire, est à la recherche de sensations, sera d'autant plus marquée par la découverte d'une substance que celle-ci aura été disponible à un moment ou dans un environnement (stress, fête) où le besoin en semblait indispensable. En politique, des circonstances historiques exceptionnelles peuvent s'avérer particulièrement propices à l'émergence d'un leader. Porté au pouvoir dans un moment d'enthousiasme populaire après un combat électoral acharné ou lors d'une crise majeure, un anxieux, un frustré ou un vrai connard peut vite avoir le sentiment qu'il est indispensable, omniscient et investi d'une mission que lui seul peut accomplir. Et pour peu que son entourage le flatte et le renforce dans cette image de toute-puissance, il pourrait progressivement devenir extrêmement dépendant du pouvoir qui lui échoit, ainsi que des attributs qui lui sont attachés.

Mais au-delà du contexte et de la personnalité, d'autres facteurs de risque peuvent intervenir dans le développement d'une dépendance. En ce qui concerne la dépendance au pouvoir, et comme dans bien des addictions, le genre semble en particulier constituer un élément important. On observe ainsi que les connards sont bien plus fréquemment de sexe masculin. Des expériences ont pu montrer que si des femmes pouvaient également se montrer avides de pouvoir, c'était dans la perspective d'accroître le bien commun, tandis que les hommes y recherchaient le plus souvent une satisfaction purement personnelle[4].

Enfin, il semble désormais acquis que des particularités d'ordre génétique interviennent dans la susceptibilité d'un individu à développer une dépendance, notamment par le biais d'une impulsivité accrue qui pourrait être en partie déterminée par la présence de certains variants génétiques. De nombreuses recherches ont en effet démontré l'existence d'un lien entre prise de risque, décisions impulsives, anticipation fébrile d'un plaisir immédiat, et variations spécifiques dans la séquence de gènes intervenant dans la biologie du plaisir au niveau cérébral. La dopamine, neurotransmetteur responsable des sensations de plaisir et de récompense, intervenant également dans les comportements orientés vers un but particulier, peut en effet varier dans sa disponibilité ou dans son efficacité selon qu'un individu porte ou non de subtiles variations au sein des gènes responsables de sa synthèse, de sa dégradation ou de la puissance de son effet. Le contrôle des impulsions et la vulnérabilité au stress peuvent également être affectés par des variations génétiques touchant d'autres

4- L.H. Chusmir et B. Parker, « Dimensions of need for power: Personalized vs. socialized power in female and male managers », *Sex Roles: A Journal of Research*, 11 : 759–769, 1984

neurotransmetteurs, notamment la sérotonine ou la noradrénaline.

Des individus exposés à un contexte singulier, ayant progressivement acquis un profil de personnalité particulier, mais également porteurs des spécificités génétiques pouvant moduler leur impulsivité, leur besoin de sensations ou leur sensibilité, seront donc plus susceptibles que d'autres de développer une dépendance. En d'autres termes, devenir dépendant à une substance ou au pouvoir fait intervenir toute une série de facteurs internes et externes qui, en se conjuguant, peuvent entraîner un individu vers la perte de contrôle. Mais c'est bien l'impact de ces éléments et l'effet répété de la drogue ou du comportement sur le cerveau qui vont progressivement déterminer l'apparition d'une dépendance chez un individu.

Vers l'illusion de contrôle

Prenons dès lors notre connard dirigé par son plaisir personnel et par la recherche de sensations, peut-être frustré ou molesté dans son enfance (ou au contraire encensé) et supposons qu'il soit, de surcroît, porteur d'une variation génétique le rendant plus impulsif et diminuant quelque peu l'efficacité de son système dopaminergique. Adulé par la foule après avoir battu ses adversaires, loué par un entourage flatteur, les leviers de commande d'un pays entre ses mains, son cerveau va certainement être inondé de dopamine. Après avoir goûté un tel plaisir, il ne pourra le reproduire qu'en se maintenant dans les conditions qui l'ont généré : donc seul le pouvoir et son exercice seront susceptibles de réactiver ces sensations aussi intenses.

Mais comme le suggèrent des observations réalisées tant chez l'homme que chez l'animal[5], la bataille pour le pouvoir peut également en soi devenir addictive. Il est en effet démontré que dans des situations de compétition (par exemple lors d'un tournoi d'échecs ou lors d'investissements boursiers à risque), les vainqueurs présentent des pics de sécrétion de testostérone plus élevés avant et, surtout, après leur victoire, que les vaincus. Plus les vainqueurs sont soumis à des compétitions successives et plus ils deviennent agressifs, en parallèle à un accroissement de la testostérone… dans le circuit de la récompense !

Or, comme dans la sexualité, la libération de testostérone dans cette région du cerveau induit la sécrétion de dopamine. Henry Kissinger considérait que le pouvoir était le plus puissant des aphrodisiaques, potentialisant un fantasme de puissance sexuelle, de toute-puissance et d'impunité (ce que peuvent décrire les consommateurs de certaines drogues). Au regard de ces expériences, on comprend mieux d'un point de vue neurochimique le lien qui peut exister entre pouvoir et plaisir et combien la compétition, la victoire et l'exercice du pouvoir peuvent être addictifs, comme

5- M. Fuxjager et al., « What can animal research tell us about the link between androgens and social competition in humans ? », *Hormones and Behaviour*, 92 : 182-189, 2017

n'importe quelle substance susceptible de déclencher une forte sécrétion de dopamine.

Comme les toxicomanes, les politiciens devenus dépendants entretiennent longtemps l'illusion de garder le contrôle sur leur fonctionnement. Des expériences montrent d'ailleurs que plus l'on se sent puissant, plus l'objectivité du jugement s'altère et plus l'on a le sentiment de contrôler les événements, parfois jusqu'à la folie[6]. Nombre de dictateurs ont ainsi progressivement développé l'illusion d'une puissance infinie et précipité leur propre chute en prenant des décisions irrationnelles[7]. À cet égard, le parallèle peut être fait entre l'apparition de délires paranoïaques chez

6- N. J. Fast et al., « Illusory control: a generative force behind power's far-reaching effects », *Psychological Science*, 20 : 502-508, 2009

7- I. Robertson, *The winner effect*, Bloomsbury, 2012

les usagers de cocaïne ou autres psychostimulants et la tendance progressive à la méfiance et au sentiment de persécution chez des politiciens en position de pouvoir absolu. Les pics dopaminergiques à répétition sont peut-être en partie responsables de l'émergence de ces symptômes délirants, à l'instar de ce qui sous-tend d'un point de vue neurochimique les hallucinations dont souffrent les personnes atteintes de psychose.

La quête et l'exercice du pouvoir semblent donc, par bien des aspects, s'apparenter au parcours des individus développant petit à petit un syndrome de dépendance à une substance. On peut dès lors considérer que certains politiciens, parfois de vrais connards ou seulement peut-être un peu cons ou en souffrance au départ, s'abîment dans l'addiction une fois qu'ils ont éprouvé le plaisir du pouvoir. Sans entrer dans la caricature, on peut ainsi estimer que, comme François Mitterrand l'avait confié à Franz-Olivier Giesbert, souvent, « ce qui intéresse l'homme politique (…) ce n'est pas l'argent. C'est le pouvoir. Il ne pense qu'à ça tout le temps, jour et nuit. S'il passe ses dimanches à serrer des mains, écouter des raseurs ou faire de la route, c'est pour le pouvoir. S'il sacrifie tout, sa famille, sa santé, sa dignité, c'est toujours pour le pouvoir. Il gâche sa vie pour être conseiller général ou président de la République. » Et il y a près de 200 ans, Napoléon, qui s'y connaissait bien lui aussi, avait pu écrire que « la manie de régner sur les esprits est la plus puissante de toutes les passions ».

POUVOIR ET DÉPENDANCE, OU LA DROGUE POUR TENIR BON EN POLITIQUE

Tania Crasnianski

Ancienne avocate pénaliste
inscrite au barreau de Paris.

« L'on doit se taire sur les puissants : il y a presque toujours de la flatterie à en dire du bien ; il y a du péril à en dire du mal pendant qu'ils vivent, et de la lâcheté quand ils sont morts. »

La Bruyère, *Caractères*, IX, 56

Le con a toujours raison, il ne se nourrit pas de réflexions ! Nous connaissons tous cette maxime. Même chez des hommes de pouvoir ayant bâti (ou détruit) le XXe siècle, on trouve des imbéciles d'exception qui font fi des conséquences de certaines de leurs actions et décisions, dès lors que leur santé, synonyme de pouvoir et de secret d'État, est en jeu. Si l'intelligence est relative, on ne saurait suspecter ces hommes, qui ont su s'imposer par stratégie politicienne, malice ou violence, d'en être dénués, aussi funeste soit-elle. Même non exhaustif, un tour du monde des hommes atteints de maladies physiques ou psychiques ayant exercé des fonctions présidentielles ou ministérielles au cours du XXe siècle, est impressionnant : Erich Honecker (Allemagne), Woodrow Wilson et Franklin D. Roosevelt (États-Unis), Georges

Pompidou et François Mitterrand (France), Mohandas Karamchand Gandhi (Inde), Golda Meir (Israël), Hafez al-Assad (Syrie), Mohammad Reza Pahlavi (Iran), Anthony Eden (Royaume-Uni), Ferdinand Marcos (Philippines), Leonid Brejnev et Boris Eltsine (URSS)… Sans oublier les huit politiciens évoqués dans mon ouvrage *Le Pouvoir sur Ordonnance*, tels Hitler, Mussolini, Pétain, Franco, Kennedy, Mao, Staline et Churchill.

Nul doute que de tels politiques ont fait preuve d'un savoir aguerri de la stratégie et du maniement des foules. Là, impossible de les qualifier de « cons-bêtes » ! Mais lorsqu'ils se pensent immortels et témoignent une confiance aveugle à un praticien incompétent qui tient du gourou, du dealer, ou doté d'une influence dangereuse, en tout cas limité dans sa pratique médicale en raison de son patient, une autre forme de connerie n'est jamais loin. Dans le cas de cette relation patient-médecin personnelle, elle est réciproque. Car si un praticien se doit en temps normal de soigner dans le respect, la dignité et le secret, comment agir face à un malade qui estime impossible que sa santé affecte ses fonctions et qui souhaite la contrôler, au risque d'exiger de la médecine une obligation de résultat ? À l'instar de leur illustre patient, les praticiens concernés présentent une ambition sans faille, ainsi qu'une personnalité charismatique, compétitive et narcissique. Ils accèdent à ce poste envié de tous en raison de liens quasi filiaux, de talents de charlatans séducteurs dans la lignée d'un

Raspoutine, plus rarement grâce à leurs compétences, ou à une contrainte sous peine de privation de liberté, de torture, voire de mort. Tous savent qu'ils n'ont qu'un seul cap à respecter, et c'est là que le danger est patent : il leur faut maintenir à tout prix leur unique patient au sommet de l'État. Et ce, aussi longtemps que possible, quelles que soient ses défaillances psychiques ou physiques et sa dangerosité pour l'humanité, *a fortiori* en période de conflits, de crises nucléaires ou sanitaires[1]. Honorés de se retrouver spectateurs privilégiés de la gouvernance, de tels médecins sont prêts à tout pour demeurer à leur poste, sans souci de l'éthique et du devoir. Laissant place à la connerie qui se niche en chacun de nous !

Les médecins gourous des génocidaires

Adolf Hitler, par exemple, ne jure que par le docteur Theodor Morell, un homme obèse, servile, aux habitudes d'hygiène d'un porc, qui a su gagner sa confiance de paranoïaque hypocondriaque en puissance par la clarté et la simplicité de ses propos lors d'un traitement d'eczéma et de crampes d'estomac. Morell gave Hitler sans retenue de Vitamultin Fortes (méthamphétamines psychostimulantes et hautement addictives), d'hormones de jeunes taureaux, de stéroïdes, ou de substituts morphiniques proches de l'héroïne[2]. Sans oublier les barbituriques à usage vétérinaire, les médicaments

1- T. Crasnianski, *Le pouvoir sur Ordonnance*, Grasset, 2018.

2- T. Morell, Archives BArch-Koblenz.

contre les troubles bipolaires, et les pilules à base de mort aux rats. Il faut au Führer des stimulants, et son médecin n'en est pas avare. La cocaïne, suite à l'attentat manqué de 1944, vient parachever une consommation qui ne fait que croître au fil de la déroute du IIIe Reich, amplifiant sa politique génocidaire, ses erreurs stratégiques et son déni total sur l'issue de la Seconde Guerre mondiale. Dans l'Axe, il n'est pas le seul : Hitler souhaite remettre sur pieds son acolyte, Benito Mussolini, « le grand chauve aux nerfs d'acier », comme il l'a un temps qualifié avant de l'aider dans sa déroute et de l'isoler dans sa république de Salò. Pour le soigner de sa dépression, il lui impose un guérisseur allemand, Georg Zachariae, qui, sous la houlette de Morell, le soigne avec les mêmes produits à base de stimulants hormonaux, quitte à ce que ces deux soi-disant végétariens se retrouvent traités à base de substances d'origines animales[3]. La connerie se niche dans le pouvoir… et la déchéance ! Mussolini, dans sa bêtise crasse, croit que Zachariae est un médecin de « génie », qui le remet sur pieds et le soigne d'un ulcère… qu'en réalité il n'a pas ! Dans l'ombre d'un Philippe Pétain sénile, incapable de faire face à la barbarie nazie, qui souhaite avoir à ses côtés une béquille médicale et psychologique, on rencontre par ailleurs le Dr Bernard Ménétrel qui le traite uniquement en lui faisant des massages et en lui insufflant… de l'air ! On ne retrouvera jamais trace d'autres

3- G. Zachariae, *Mussolini si confessa*, BUR, 2013.

prescriptions de ce praticien qualifié « d'éminence grise[4] ».

Le grand Timonier Mao, lui, mène son peuple vers la mort depuis son immense lit, entouré successivement de milliers de jeunes concubines, obsédé par le sexe et bourré de toutes sortes d'aphrodisiaques par son médecin, Li Zhisui[5]. Li consacre sa vie à un homme qu'il a vénéré, puis haï. Du Grand bond en avant à la Révolution culturelle, il a analysé tous les aspects de « l'empereur qui ne pouvait se tromper »: son patient est neurasthénique, il n'a aucune notion ni du temps ni des horaires, n'hésite pas à prendre des quantités impressionnantes de barbituriques pendant que près de soixante-dix millions de gens meurent… mais Li se doit de le faire survivre en satisfaisant ses désirs. Quant à Staline, dont la paranoïa, un modèle du genre, finira par le tuer (car nul dans son entourage ne souhaitera prendre le risque d'appeler des praticiens lors du malaise qui lui sera fatal), il ne laisse que peu de marge à ses médecins personnels… dont Vladimir Vinogradov, qui en a conscience. Son prédécesseur a été exécuté. Lui-même, peu avant la mort du Vojd (le guide, surnom donné à Staline) se voit privé de sa liberté et torturé en réponse au soi-disant complot des « blouses blanches », avec d'autres éminents professeurs

4- B. Vergez-Chaignon, *Le docteur Ménétrel, éminence grise et confident du Maréchal Pétain*, Perrin, 2001,

5- Z. Li, *La Vie privée du président Mao*, collaboration éditoriale d'Anne F. Thurston, Plon, 1994.

souvent juifs, pour ses prétendues indiscrétions[6]… Il a eu le malheur de conseiller à son patient de se reposer en raison de sa santé défaillante : de ce fait, il a rejoint ses collègues à la « Loubianka », la prison des services secrets à Moscou. Incarcéré sur ordre de Staline, il ne peut évidemment se rendre au chevet de celui-ci, sans parler des difficultés à le traiter notamment de son artériosclérose qui exacerbe sa colère, sa paranoïa et son amnésie… Quant à le modérer sur sa consommation d'alcool[7] !

Démocrates sous amphétamines

Mais la connerie en la matière n'est pas l'apanage des plus grands génocidaires du siècle dernier. John F. Kennedy, politiquement aux antipodes, rencontre son docteur dealer Max Jacobson sur fond du premier meeting télévisé, face à Richard Nixon. Il est éreinté par la campagne présidentielle, alors qu'il se veut le candidat du sang neuf. Or, depuis sa prime enfance, il est rongé par la maladie d'Addison, qui entraîne une destruction progressive des glandes surrénales, son corps n'étant plus en mesure d'assurer la synthèse habituelle des hormones. Une affliction dont le diagnostic est difficile, et qui porte parfois le nom de « maladie du bronzé » car elle engendre une hyperpigmentation, outre une asthénie, une hypertension artérielle et un amaigrissement[8].

6- J. Rubenstein, *The last days of Stali*n, Yale University press, 2016.
7- S. Sebag-Montefiore, *La cour du tsar rouge, 1941-1953*, Tempus, 2010.
8- R. Dallek, *John F. Kennedy, an unfinished life*, Penguin Books, 2003.

Kennedy, depuis longtemps, est accro aux analgésiques et aux drogues en tout genre, et c'est un féru de l'automédication ! Si, pour Hitler, il importe que nul ne sache ce que lui administre son praticien, pour Kennedy, l'existence même de cet homme doit demeurer occulte[9]. Les femmes sont un secret de polichinelle, pas Jacobson ! Ce super « moustique Allemand », athlétique, aux mains constellées de traces de piqûres, est un pourvoyeur de drogues notoire, or Kennedy veut

9- FBI Files number 62-HQ-84930 (Max Jacobson), 18 août 1972.

être transformé en « Superman », comme le surnomme l'écrivain Truman Capote. « Miracle Max », dont les potions magiques à base d'amphétamines permettent de travailler soixante-douze heures d'affilée, lui a été présenté par celui qui deviendra le photographe officiel de sa présidence. C'est donc sans effort que ce praticien, qui sera par la suite radié de l'Ordre des médecins, exploite la connerie du fringant Kennedy en pleine Guerre froide, lui injectant des molécules similaires à celles dont Muller avait gratifié le Führer.

« Je me fiche que ce qu'on m'injecte soit de la pisse, ça marche ! »

John F. Kennedy

Kennedy rétorque à son frère Robert, qui s'en inquiète et tente de faire barrage aux visites de Jacobson : « Je me fiche que ce soit de la pisse, ça marche[10] ! » Pour le président, peu importe ce qui lui est injecté. Ce qu'il souhaite : rester en fonction, et avoir le moins de douleurs possibles. Certes Hitler a été responsable de cinquante à soixante-dix millions de morts selon les estimations, mais Kennedy a le doigt sur le bouton rouge nucléaire, ce qui le rend susceptible d'en faire autant… Si évidemment le parallèle est délicat entre un dictateur sanguinaire et un démocrate bon teint, trente-cinquième

---

10- R. A. Lertzman,. W. J. Birnes, *Dr Feelgood*, Skyhorse publishing, 2013.

président des États-Unis, convaincu des droits civiques, une chose est sûre : aucun de ces hommes n'aurait dû recourir à de telles substances à la tête d'un État !

Enfin, le grand Winston Churchill n'a pas été avare de conneries s'agissant de sa santé, alors qu'il est incontestable que le monde sans lui aurait été bien différent ! On lui prête une consommation de près de trois mille bouteilles d'alcool par an, outre huit à dix gros cigares cubains par jour. Lord Moran, son médecin personnel, ne parvient guère à le modérer et lui prescrit de nombreux somnifères. Un épisode illustre parfaitement cette consommation.

Lord Moran indique en effet avoir assisté, le 9 octobre 1944, à la conversation suivante entre son patient et le prometteur politicien conservateur Anthony Eden[11], son successeur naturel, aux allures de playboy :

« Vous, Anthony, que prenez-vous pour dormir ?

– Je prends toujours une pilule rouge, lui répond Eden.

– Moi, j'en prends deux. Je suis beaucoup plus endurci », lui rétorque Churchill[12].

Les somnifères seront pour Eden un prélude à sa dépendance aux amphétamines, très prisées à l'époque.

À l'aube de ses quatre-vingts ans, Churchill dit encore à Moran : « C'est le délabrement de mon esprit

---

11- Anthony Eden succèdera à Churchill et sera Premier ministre du 6 avril 1955 au 10 janvier 1957.

12- Lord Moran, *Winston Churchill, The struggle for survival*, Basic Books, 2006

qui me tourmente. Vous qui avez étudié ces questions, vous devriez être en mesure d'y remédier? » Le médecin lui confectionne alors du *speed*, des amphétamines mélangées à des barbituriques aux effets calmants[13]. Ce médecin, qui connaît les problèmes de santé de son patient, en particulier ses nombreux accidents vasculaires cérébraux, ne souhaite surtout pas être écarté du pouvoir: pour cela, il se soumet à la volonté de Churchill de continuer à diriger le Royaume-Uni! Et puis, Churchill raffole de l'effet stimulant desdits stupéfiants, lors de ses discours…[14]

Dicter son propre bulletin de santé…

Nul doute que ces médecins, complices de ceux dont l'*hubris* est à son paroxysme, sont eux-mêmes aveuglés par leurs propres ambitions: Morell se rêve en magnat de l'industrie pharmaceutique, Lord Moran en écrivain de renom, Ménétrel en homme d'influence, Jacobson en chimiste de génie, Zachariae en grand professeur, et Gill, médecin de Franco, en conseiller politique. Li, celui de Mao, et Vinogradov, celui de Staline, sont convaincus d'être devenus des hommes d'exception. Tous et à tout prix, même celui de la connerie, ils ne souhaitent qu'une chose: rester dans l'Histoire! Quitte à laisser un pays, le monde

13- W. Attenborough, *Churchill and the "Black Dog" of Depression: Reassessing the Biographical Evidence of Psychological Disorder*, Palgrave MacMillan, 2014.

14- R. Lovell, *Churchill's Doctor: A Biography of Lord Mora*n, Royal Society of Medicine Services Ltd, 1994.

même, dirigé par des hommes inaptes, alors que gouverner requiert une parfaite forme physique et psychique. Aucun de ces médecins n'estime être con ! Bien au contraire ! Mais c'est le propre du con de ne pas douter !

Une étude, publiée aux États-Unis en 2006, dresse le constat suivant : on peut diriger la première puissance du monde avec une santé mentale vacillante. Sur trente-sept présidents en poste de 1776 à 1974, dix-huit d'entre eux (49 %) présentaient un trouble psychiatrique au sens large : principalement une dépression (24 %), de l'anxiété (8 %), des troubles bipolaires (8 %) ou une dépendance à l'alcool (8 %)[15]. Dommage que cette recherche ne se prolonge pas dans le temps… Surtout s'agissant de Donald Trump, le 45e président des États-Unis. Son bulletin de santé pré-élection établi par le haut en couleur Dr Bornstein – dont les cartes de visite portent la mention en italien : « *Dottore molte famoso* » (médecin très célèbre) –, n'aurait eu d'autre but que de satisfaire son patient, qui l'aurait dicté, et qui se résume ainsi : « M. Trump sera l'individu en meilleure santé jamais élu à la présidence » ! Cet être effrayant de connerie a pourtant su transformer la présidence en télé-réalité, et son vocabulaire se résume à deux mots : « *great* », « *amazing* » ! Que son médecin fait siens dans son « rapport médical » de quelques lignes.

15- J.R. Davidson, K.M. Connor, M. Swatz, « Mental illness in U.S. Presidents between 1776 and 1974 », Duke University Medical Center, *Journal of nervous and mental disease*, 2006.

Il serait néanmoins dangereux, voire idiot, d'écarter le secret médical au nom d'une société de la toute transparence sans risquer de commettre une connerie de plus ! Car nulle grande figure de pouvoir n'accepterait plus de s'en remettre à son praticien.

Vérité et politique

Myriam Revault d'Allonnes

Philosophe, Professeure émérite des universités
à l'EPHE, chercheuse associée au CEVIPOF.

« La politique est l'art de mentir à propos. »

Attribué à Voltaire

Aux fondements de ce qui habite aujourd'hui très largement notre représentation du pouvoir et de la politique, on trouve cette idée « paranoïaque » selon laquelle ceux qui l'exercent doivent constamment être suspectés de mentir et de dissimuler la vérité. Cette idée a aujourd'hui atteint un degré tel qu'elle affecte non plus seulement les individus (les hommes politiques) mais l'exercice même de la politique, l'activité politique qui se voit récusée en tant que telle au motif qu'elle est investie par le mensonge, la tromperie et la manipulation. On ne peut s'empêcher d'évoquer à ce propos l'un des sujets proposés aux candidats à l'épreuve de philosophie du baccalauréat en juin 2015 : « La politique peut-elle échapper à l'exigence de vérité ? » Il semble que cette question ne relève pas seulement de l'exercice du soupçon philosophique (ce qui est normal et légitime) mais que son actualité tient aussi à une suspicion fortement inscrite dans l'air du temps. Trois questions seront successivement abordées ici : les difficultés du rapport entre vérité et politique ; l'ambivalence et fragilité du langage et du discours politique ; la revendication de transparence face au secret : principe de publicité et volonté de transparence.

Le mensonge, un mal pour un bien ?

En réalité, le rapport difficile entre vérité et politique n'est pas seulement conjoncturel, inscrit dans notre actualité. Ce n'est pas d'aujourd'hui que les deux ne font pas bon ménage. Lier la politique et le mensonge est à la fois une idée très ancienne, un lieu commun et un propos qui nous délivre quelque chose de la représentation implicite qu'on se fait de la politique et du pouvoir : à savoir l'identification de la politique et du mal. Cette identification a habité (et habite encore) un certain nombre de représentations collectives, de fantasmes ou de peurs (ce dont témoigne par exemple le mythe du « machiavélisme » qui, à l'orée de la modernité, a fait de la politique une sorte d'incarnation hyperbolique du mal). Ce n'est pas seulement dans la conscience commune mais aussi dans la tradition philosophique, que la politique a été déclarée mensongère, trompeuse et quasi maléfique, vouée de ce fait à la déchéance et à la destitution.

Platon mène contre la politique (et au premier chef contre la démocratie) une critique radicale, au motif essentiel qu'elle s'exerce au moyen de la rhétorique, autrement dit d'un langage trompeur qui tente de persuader par n'importe quel moyen. Il s'en prend évidemment à l'exercice de la politique dans la cité grecque, dans la cité démocratique dont on sait qu'elle a lié de façon indissoluble le pouvoir et la parole. Non seulement parce que le système de la *polis* (démocratie directe) impliquait la puissance de la parole devant le peuple assemblé et donc le risque permanent de la démagogie mais surtout parce que le « peuple » – et c'est encore Platon qui parle – est ce « gros animal » crédule et manipulable (*République*, VI) dont on peut à loisir flatter les instincts et les entraînements du moment. Pourquoi le pouvoir est-il nécessairement trompeur si ce n'est parce que la vérité est impuissante ?

La suspicion portée sur la politique est donc à double face : elle porte d'une part sur le rapport pervers entre le pouvoir et la parole (la tyrannie du langage, la connivence de la tyrannie et du mensonge sophistique, la falsification de la parole muée en instrument de pouvoir). Mais ce mensonge du pouvoir n'existerait pas s'il n'y avait pas, en répondant, en symétrique, un pouvoir du mensonge. Et si ce pouvoir du mensonge a une telle portée, c'est qu'il s'exerce sur une masse crédule, manipulable, gouvernée par ses passions et ses instincts. Cette représentation de la multitude conduit par exemple Platon, pourtant philosophe épris de vérité, à justifier l'usage du mensonge chez les gouvernants : il écrit ainsi au livre III de la *République* (388), que

« s'il appartient à d'autres (qu'aux médecins) de mentir, c'est au chef de la cité, pour tromper, dans l'intérêt de la cité, des ennemis ou des citoyens. À toute autre personne, le mensonge est interdit ».

Si le mensonge est nécessaire, c'est bien pour domestiquer, canaliser voire recouvrir les aléas et les désordres potentiels d'un peuple incontrôlable. Il est caractéristique que le mythe du « machiavélisme » (auquel la pensée de Machiavel ne se réduit évidemment pas) soit ainsi entré dans l'imaginaire collectif au titre d'incarnation hyperbolique du mal politique en conjuguant de manière fantasmatique les deux versants traditionnels de ce mal : d'un côté la perversité du pouvoir (ses mensonges, ses procédés trompeurs, ses ruses) et de l'autre la méchanceté humaine qui, en dernier ressort, est censée la justifier. La maîtrise du « machiavélique » (qui, encore une fois n'est pas le machiavélien) est une maîtrise absolue qui doit absorber l'usage de tous les procédés, de toutes les technologies (la violence, la ruse, la séduction) car face à elle, en dépit des apparences, ne se tiennent pas des victimes sans défense mais des sujets susceptibles, virtuellement, de la pire malfaisance. Les maléfices du pouvoir sont donc au miroir de la condition humaine dont il faut prévenir les agissements.

Fragilité du discours politique et de son rapport à la vérité

Mais de quelle vérité s'agit-il ? Platon dénonce la falsification de la parole, la perversion du langage qui est au cœur même du mode de vie politique : c'est un instrument de persuasion qui n'est pas orienté vers la recherche de la vérité, qui n'est pas un « dire vrai » mais un savoir-faire qui vise à manipuler les désirs et les volontés. On peut considérer que ce type de « démagogie » habite encore aujourd'hui, sous des formes évidemment renouvelées, notre existence démocratique.

Mais plutôt que de procéder, comme le fait Platon, à cette condamnation sans appel, il est possible (c'est ce que fait notamment Aristote) de prendre en compte cette fragilité inhérente au fonctionnement rhétorique du langage politique et de chercher à déterminer, à circonscrire les usages légitimes de la parole puissante. Aristote ne condamne pas le mensonge du pouvoir et les risques de la parole puissante au nom de la vérité philosophique (abstraite, théorique). Il pose les questions différemment : qu'est-ce que persuader ? En quoi la persuasion se distingue-t-elle de la flatterie, de la séduction, de la menace ou du mensonge, c'est-à-dire des formes les plus subtiles de la violence ? Il sait que la logique du vrai, liée au savoir théorique et à la science, n'est pas la logique du vraisemblable et du probable, liée aux débats de la pratique et de l'expérience. Sa grande idée, c'est que la politique a sa manière propre, spécifique, d'user du langage : ce n'est ni celle de la science, ni celle de la vérité, ni celle de la philosophie. L'animal politique et parlant (celui qui est doué de *logos* : à la fois de raison et de discours) ne peut user du langage que de manière problématique : il parle *à* tout en parlant *de*, il parle *pour* tout en parlant *avec*. La fragilité du langage politique, qui est rhétorique non par vice mais par essence, fait donc à la fois sa limite et sa grandeur et la démocratie moderne se caractérise, elle aussi, par les conflits indépassables et indéfiniment relancés de la délibération publique.

Ainsi, quand nous débattons, dans le débat public, dans le cadre de la démocratie moderne, au sein d'un espace public de discussion, autour de mots-clefs tels que la « sécurité », la « justice », l'« égalité », la « souveraineté », la « croissance », etc., tous ces mots alimentent une discussion fondamentale autour des « finalités » du « bon » gouvernement, de la « bonne » société (à supposer qu'il n'y ait qu'une seule forme de « bon » gouvernement ou de « bonne » société). Mais le problème essentiel, c'est que ces termes emblématiques non seulement ne sont pas univoques – ils sont sujets à débats et à conflits d'interprétation – mais qu'ils portent aussi une charge émotionnelle qui favorise la manipulation et la propagande plutôt que la discussion. Ce sont à la fois et indissolublement des concepts fondamentaux (philosophiques, politiques) et des termes susceptibles d'être sans cesse infléchis et pervertis par leurs usages idéologiques.

Transparence et opacité

Que faut-il penser, dans ces conditions, de la revendication de « transparence » si souvent invoquée (sous de multiples formes) face à cette « opacité » du pouvoir et des mensonges auxquels il est supposé avoir recours ?

L'exigence de « transparence » n'est pas nouvelle : elle a été une revendication essentielle de la philosophie des Lumières non seulement chez Rousseau mais pour les acteurs politiques de la Révolution française qui, contre l'opacité du « despotisme » (les *arcana imperii*, les secrets de la domination) ont voulu installer un nouveau modèle de réciprocité sociale, une forme de reconnaissance de soi à soi et de soi à autrui. Michel Foucault, dans *L'œil du pouvoir*[1], insiste sur cette « peur qui a hanté la seconde moitié du XVIIIe siècle : c'est l'espace sombre, l'écran d'obscurité qui fait obstacle à l'entière visibilité des choses, des gens, des vérités. Dissoudre les fragments de nuit qui s'opposent à la lumière, faire qu'il n'y ait plus d'espace sombre dans la société, démolir ces chambres noires où se fomentent l'arbitraire politique, les caprices du monarque, les superstitions religieuses, les complots des tyrans et des prêtres, les illusions de l'ignorance, les épidémies ». Alors s'impose l'exigence de « transparence » telle que la conçoit notamment Rousseau et que Foucault décrit comme le rêve d'une « société transparente, à la fois visible et lisible en chacune de ses parties » de sorte « qu'il n'y ait plus de zones obscures, de zones aménagées par les privilèges du pouvoir royal ou par les prérogatives de tel ou tel corps, ou encore par le désordre ; que chacun, du point qu'il occupe,

1- « L'œil du pouvoir », *Dits et Écrits*, t. III, Gallimard, 1994, p. 190-207.

puisse voir l'ensemble de la société, que les cœurs communiquent les uns avec les autres, que les regards ne rencontrent plus d'obstacles, que l'opinion règne, celle de chacun sur chacun[2]. »

On voit donc émerger dans le champ de l'action politique l'impératif de clarté et de transparence que les Lumières mobilisent contre l'arbitraire du pouvoir à travers l'idée d'« espace public ». C'est alors un autre lieu commun – apparemment inverse de celui par lequel nous avons commencé – qui consiste à soutenir que le débat public est la condition de la vie démocratique et que la lumière du public est la meilleure garantie des libertés individuelles. C'est évidemment incontestable. Mais il importe alors de distinguer l'exigence de « publicité » (la présence des débats dans l'espace public) et un certain impératif de transparence essentiellement ordonné à la visibilité, à l'immédiateté, à la rencontre fusionnelle des cœurs.

> **« Que l'opinion règne, celle de chacun sur chacun. »**
>
> **Michel Foucault**

Le « principe de publicité » qu'ont revendiqué les Lumières s'oppose précisément au secret associé au pouvoir despotique : contre le secret, il garantit la justice contre l'arbitraire du pouvoir par « l'usage public de la raison » (Kant) et la libre circulation des idées et des opinions.

2- *Ibid*, p. 195.

Habermas, dans *L'Espace public*, insiste sur deux points : d'une part la pratique du secret sert un pouvoir fondé sur l'arbitraire et d'autre part la publicité est « au service d'une législation qui cherche à s'imposer en prenant pour base la raison[3] » ; le principe de publicité exprime, énonce la revendication d'une législation rationnelle contre le secret du pouvoir arbitraire du Prince.

Mais si, comme l'a montré par exemple Bernard Manin[4], la démocratie représentative s'est construite contre l'arbitraire et le secret (en invoquant notamment le vieux principe d'origine romaine *Quod omnes tangit, ab omnibus tractari et approbari debet*, « ce qui touche tout le monde doit être considéré et approuvé par tous »), nul n'ignore également que le secret est, dans de nombreux cas, une condition essentielle de l'action : pas seulement le secret-Défense mais le secret des sources pour les journalistes ou le secret qui concerne les droits et la vie privée des citoyens. Il existe donc des « secrets » qui sont garantis par la loi : « si la démocratie s'est construite contre le secret, elle lui a aussi donné un cadre juridique

3- J. Habermas, *L'Espace public : archéologie de la publicité comme dimension constitutive de la société bourgeoise*, Payot, 1997, p. 63. Cf. Kant « Toute action dont la maxime n'est pas compatible avec la publicité, n'est pas de droit » car « une maxime, en effet, que je ne peux pas divulguer sans faire échouer par là mon propre dessein, une maxime qu'il faut absolument garder secrète, pour qu'elle réussisse et que je ne peux pas avouer publiquement sans susciter par là, immanquablement, la résistance de tous à mon propre projet, ne peut devoir cette opposition de tous contre moi, opposition nécessaire, universelle et par conséquent qu'on doit considérer comme *a priori*, qu'au tort dont elle menace chacun. », *Projet de paix perpétuelle*, GF, 2006, p. 124-125.

4- *Principes du gouvernement représentatif*, Champs-Flammarion, 2012, p. 117.

et éthique, dont la délimitation nous renseigne sur les valeurs et leur représentation d'une société à un moment historiquement daté[5]. »

Or, précisément, cette exigence de publicité n'est pas la transparence. La publicité requiert des médiations, des relais (débats, diffusion de l'information dans l'espace public) alors que la « transparence » se veut visibilité de part en part immédiate, totale. Il n'est pas indifférent que la transparence soit une métaphore qui renvoie à la lumière, à l'opposition de la lumière et de l'obscurité. L'effacement de toutes les zones d'ombre (y compris à l'intérieur de soi-même, dans le for intérieur) semble accompagner l'exigence de transparence.

On sait combien les concepts de « transparence » et de « visibilité » ont été des motifs récurrents pour les acteurs politiques de la Révolution française : contre l'opacité du « despotisme », les révolutionnaires prétendaient instituer un nouveau modèle de réciprocité sociale, une nouvelle forme de reconnaissance de soi à autrui et de soi à soi. Cette transparence revendiquée de la société à elle-même reposait sur la coïncidence des actes et du for intérieur, sur leur conformité aux intentions de la volonté morale. D'où cette incessante fuite en avant qu'a été la chasse aux hypocrites, d'où la disposition à soupçonner partout et chez tous (y compris en soi-même) la duplicité et la traîtrise. C'est ce qui a conduit à l'emballement de la machine terroriste :

5- É. Duhamel, « Secret et démocratie », in *Matériaux pour l'histoire de notre temps*, vol. 58, nº 1, 2000.

en voulant arracher à l'ennemi, pourchassé jusqu'au tréfonds de soi, le masque qui dissimulait ses vices, la vertu se mua en terreur…

On sait aussi que les systèmes totalitaires ont précisément cherché à instituer une société qui se voulait transparente à elle-même. Cette idée est une idée redoutable : elle est ce pur fantasme qui voudrait précisément réduire l'immaîtrisable, abolir la distance entre l'être et le devoir être, annuler les conflits et les divisions du social et figurer une société pleinement accordée avec elle-même. Le mirage de la transparence ne se réfère pas en l'occurrence à la lumière du public, lumière où le clair-obscur n'est pas absent : il entretient l'illusion d'une maîtrise totale sur autrui et d'un savoir absolu de soi. Ce type de société, habité par la recherche de la transparence, vise au contrôle total des actes et des pensées des citoyens dans la collaboration elle-même transparente de la société civile, des médias et de l'appareil d'État.

Certes, la société démocratique n'est pas exempte de modalités de surveillance qui relèvent précisément de la volonté de transparence : tel le modèle du panoptique (emprunté à Jeremy Bentham) analysé par Michel Foucault dans *Surveiller et Punir*, où une multitude d'hommes vont être surveillés d'en haut par quelqu'un qui sera une espèce d'œil universel. Le panoptique est l'emblème de la nouvelle société de surveillance, contrainte d'inventer à un certain moment de nouvelles formes de contrôle des populations.

Par ces nouvelles modalités, c'est le pouvoir lui-même qui s'arme de la « transparence » non plus tellement pour réprimer les individus (dans l'hypothèse d'un pouvoir essentiellement répressif) mais pour instaurer une « discipline » destinée à orienter les comportements. Le jeu de la visibilité universelle est essentiel à ces procédures de contrôle et on pourrait remarquer qu'aujourd'hui, ce n'est plus tant le modèle du panoptique qui fonctionne dans nos sociétés contemporaines mais de nouvelles formes de transparence, liées à l'âge du numérique ou encore à la traçabilité. Et donc, quels que soient les éventuels désaccords que l'on peut avoir avec Foucault sur sa conception du pouvoir (qui a d'ailleurs considérablement évolué au cours de son œuvre), le fait que la transparence puisse devenir un instrument du pouvoir montre bien l'ambiguïté de la notion. Au départ contestation de l'opacité du despotisme, elle peut aussi devenir le meilleur principe de fonctionnement d'une nouvelle « gouvernementalité rationnelle », pour reprendre l'expression de Foucault. Il y a donc une face cachée, une face obscure de la transparence qu'il faudrait peut-être interroger à travers ses revendications aujourd'hui souvent exacerbées.

On pourrait parler en effet d'une véritable idéologie de la transparence qui aujourd'hui vient en lieu et place d'un principe de publicité, d'un exercice du débat public qui a de plus en plus de mal à s'exercer. C'est une difficulté que pointe par exemple Pierre Rosanvallon dans son ouvrage sur *La Contre-démocratie. La politique à l'âge de la défiance*[6] : l'exigence de transparence aurait selon lui une nouvelle fonction morale et politique, consécutive à la désidéologisation du politique et aux désenchantements qu'elle a entraînés. Cette idéologie de la transparence est invoquée comme une « vertu » qui se substituerait à la vérité ou à l'intérêt général dans un monde habité par l'incertitude. « La nouvelle utopie de la transparence devient de la sorte le moteur même du désenchantement qu'elle entendait conjurer. » Avec elle, « sont supposées se dissoudre, sur un mode platement métaphorique, les tensions et les difficultés du monde[7]. »

Dans cette perspective (l'idée d'une idéologie de la transparence qui est une idéologie de substitution, de comblement d'un manque), il ne s'agit pas seulement de remarquer l'ambivalence, l'ambiguïté de la notion mais de pointer, à travers cette injonction généralisée de transparence, les déficits du débat démocratique, de la discussion publique, bref la difficulté à produire aujourd'hui du commun. D'où l'inflexion morale voire moralisante que réactive aujourd'hui la notion : la transparence devenant en quelque sorte la garantie d'une moralisation du politique, sans que l'on s'interroge sur le type de « morale » ou d'« éthique » qui caractérise la sphère de l'action politique.

De ce point de vue, il faudrait d'abord se demander quel est le contenu « moral » qui convient à la

6- Seuil, 2006.

7- *Ibid*, p. 262.

politique. Ce n'est pas la considération des motifs mais l'observation des conduites qui règle les normes de l'action politique : située à sa juste place, la moralité publique n'a pas à être évaluée à l'aune des intentions et de la volonté bonne. La confrontation entre l'être et l'apparaître, la profondeur et la surface, le caché et le visible, le secret et le public, est à la fois interminable et stérile. Et, faute de pouvoir en sortir, il n'est d'autre issue que de soupçonner *a priori* les politiques et de porter sur eux le discrédit : du « tous suspects » au « tous pourris », le pas est vite franchi…

Pour situer le problème de façon plus adéquate, on dira plutôt qu'on ne demande pas aux hommes politiques d'être spontanément et intimement vertueux mais qu'ils sont pourtant comptables de leurs comportements et de leurs actes, dans la mesure où ceux-ci s'inscrivent dans l'espace public. Il n'y a aucune raison de considérer qu'ils doivent – contrairement aux autres citoyens – être dessaisis de leur vie privée, de l'espace qui abrite leur intimité pour être tout entiers exposés au grand jour de la visibilité publique : leur exemplarité ne se rapporte qu'à l'espace ouvert à tous, déterminé par certaines limites et au sein duquel ils doivent rendre des comptes. Mais à partir du moment où ils entrent dans ce régime du visible, ils sont comptables devant les autres de ce qu'ils ont choisi de présenter : ils composent une certaine image du pouvoir.

La vérité, « antipolitique » par nature

Ce texte n'est nullement un plaidoyer pour l'opacité et la pratique des mensonges et du secret nécessaire à la domination. Deux idées fondamentales ont inspiré notre réflexion.

La première c'est que l'idéologie de la transparence qui a envahi aujourd'hui nos sociétés contemporaines vient en lieu et place des conditions d'un débat démocratique réglé par l'exigence de « publicité », ce qui n'est pas la même chose. Il faut soigneusement les distinguer et insister sur le fait que la publicité du domaine public implique à la fois des médiations et la présence d'un domaine qui échappe à la visibilité. L'exigence de publicité à la fois fixe les limites du secret et donne ses limites au secret. L'injonction de transparence, par sa visée totalisante, récuse les médiations et abolit ces mêmes limites.

La seconde a été que la volonté de considérer la politique du point de vue de la vérité est antipolitique, qu'elle revient à se placer, comme le disait Hannah Arendt, en dehors même des conditions de la politique. Arendt souligne que la vérité porte en elle-même un élément de coercition : on ne discute pas des affirmations comme « la somme des angles d'un triangle est égale à deux angles droits » ou « la Terre tourne autour du Soleil ». Ce sont des « vérités de raison », des vérités rationnelles. Il en va de même pour les vérités de fait, les vérités historiques qui ont ce même caractère contraignant (la bataille de Marignan a eu lieu en 1515).

Or c'est précisément avec la publicité des idées, la communication des pensées et des opinions que la vérité rencontre la politique : quand elle entre dans l'espace public, quand elle se mêle et se confronte à d'autres contenus et formes de pensée. Quand elle apparaît sur l'agora, la vérité philosophique change de nature et devient opinion[8] : elle devient un point de vue parmi d'autres, parce qu'elle change de régime d'existence. Ce n'est pas simplement que se produit une transformation d'une sorte de raisonnement à une autre, c'est qu'on passe d'un mode d'existence à un autre. En politique (domaine où les hommes parlent et agissent ensemble) la décision finale procède d'une élaboration collective alors que l'établissement de la vérité obéit à des conditions logiques et épistémologiques qui la placent en dehors de tout débat et de toute dispute.

La vérité est *antipolitique* par nature, parce qu'elle relève d'un régime de rationalité différent de celui qui régit l'espace commun voire incompatible avec lui : d'un côté la vérité s'impose en tant que telle, de l'autre prévalent l'échange et le partage, la discussion, l'élaboration collective.

Il faut nous souvenir, écrit Hannah Arendt, que lorsque « nous parlons de mensonge, et particulièrement du mensonge chez les hommes d'action, [...] celui-ci ne s'est pas introduit dans la politique à la suite de quelque accident dû à l'humanité pécheresse.

8- Voir « Vérité et politique », *in* H. Arendt, *La Crise de culture*, Gallimard, coll. « Idées », 1972, p. 303.

De ce fait, l'indignation morale n'est pas susceptible de le faire disparaître. La falsification délibérée porte sur une réalité contingente, c'est-à-dire sur une matière qui n'est pas porteuse d'une vérité intrinsèque et intangible, qui pourrait être autre qu'elle n'est. L'historien sait à quel point est vulnérable la trame des réalités parmi lesquelles nous vivons notre existence quotidienne ; elle peut sans cesse être déchirée par l'effet de mensonges isolés, mise en pièces par les propagandes organisées et mensongères de groupes, de nations, de classes, ou rejetée et déformée, souvent soigneusement dissimulée sous d'épaisses couches de fictions, ou simplement écartée, aux fins d'être ainsi rejetée dans l'oubli. Pour que les faits soient assurés de trouver durablement place dans le domaine de la vie publique, il leur faut le témoignage du souvenir et la justification de témoins dignes de foi. Il en résulte qu'aucune déclaration portant sur des faits ne peut être entièrement à l'abri du doute – aussi invulnérable à toute forme d'attaques que, par exemple, cette affirmation : deux et deux font quatre.

C'est cette fragilité qui fait que, jusqu'à un certain point, il est si facile et si tentant de tromper. La tromperie n'entre jamais en conflit avec la raison, car les choses auraient pu se passer effectivement de la façon dont le menteur le prétend. Le mensonge est souvent plus plausible, plus tentant pour la raison que la réalité, car le menteur possède le grand avantage de savoir d'avance ce que le public souhaite entendre ou s'attend à entendre. Sa version a été préparée à l'intention du public, en s'attachant tout particulièrement à la crédibilité, tandis que la réalité a cette habitude déconcertante de nous mettre en présence de l'inattendu, auquel nous n'étions nullement préparés[9]. »

Cette position n'interdit pas, bien au contraire, de condamner les mensonges d'appareil et les mensonges de masse liés à la manipulation, à la propagande et au règne de l'image. Mais ils sont condamnés du point de vue du contenu réel de la vie politique qui consiste à agir et parler ensemble dans un monde commun. La vérité ne disparaît pas pour autant : elle est, selon Arendt, la principale force stabilisatrice de la vie politique qui, quelle que soit sa grandeur, n'enveloppe pas le tout de l'existence humaine. C'est la fonction de la vérité – qui est métaphoriquement « le sol sur lequel nous nous tenons et le ciel qui s'étend au-dessus de nous[10] » – de limiter le champ de l'agir politique et de faire en sorte qu'il ne transgresse pas son propre domaine. Une telle position devrait inciter à se garder de l'angélisme, à ne pas confondre morale privée et éthique publique et à considérer avant tout dans quelles conditions une action politique, réglée par l'éthique de responsabilité autant que par l'éthique de conviction, peut être considérée comme légitime.

9- H. Arendt, *Du mensonge à la violence*, Agora Presse Pocket, 1972, p. 10.
10- « Vérité et politique », *op. cit*, p. 336.

La mauvaise foi en politique

Charles Haroche

Enseignant en rhétorique à Sciences Po Paris
et à Eloquentia.

« Comme un homme politique ne croit jamais ce qu'il dit, il est étonné quand il est cru sur parole. »

Charles de Gaulle, *Traits d'esprit choisis par Marcel Jullian*, Le Cherche Midi, 2000.

Il y a sans doute quelque chose de rassurant dans l'idée que le procès en mauvaise foi des hommes et femmes politiques ne date pas d'hier. Dès lors que la parole est devenue un outil de conquête et de conservation du pouvoir, il s'est trouvé des voix pour dénoncer le caractère artificiel des postures politiciennes.

Pour s'en convaincre, il suffit d'observer les critiques formulées à l'encontre de la rhétorique du temps de la démocratie athénienne, au Ve siècle avant notre ère. Déjà à l'époque, Platon estimait que les techniques mises au point par les rhéteurs n'avaient pour but que de flatter l'auditoire. L'orateur qui utilisait la rhétorique ne cherchait, selon lui, qu'à imposer ses opinions au détriment de l'idéal de vérité. En clair, la parole politique n'était, et ne serait toujours, qu'un art élaboré du mensonge. Aujourd'hui encore, le mot « rhétorique » symbolise, dans le langage courant, le discours creux ou lyrique de l'homme politique qui cherche à dissimuler quelque chose (le fameux « tout ça, ce n'est que de la rhétorique »). Voilà comment une idée instillée dans le *Gorgias* de Platon se retrouve, 2 500 ans plus tard, dans nos conversations de bistrot : le discours politique serait l'empire de la mauvaise foi.

Aristote, pour sa part, en faisait un tableau plus nuancé : la rhétorique ne serait pas immorale, mais amorale. Autrement dit, les orateurs politiques pourraient utiliser les techniques de persuasion aussi bien pour tenir des discours sincères que pour manipuler les foules. Enfin, lorsque la rhétorique arriva dans la République romaine, le débat fut rapidement tranché par Cicéron : l'orateur parfait devait être un homme de vertu, incapable d'utiliser le mensonge considéré comme « inacceptable sur le plan moral ».

Voilà donc pour les principes et les idéaux : la rhétorique, les discours et la politique devraient, en théorie, être réservés aux gens de bien. Pourquoi, alors, les philosophes de l'Antiquité se sont-ils aussi longtemps interrogés sur le caractère moral ou non du discours en politique ? Sans doute parce qu'ils furent les premiers témoins de l'efficacité ou des dégâts de la mauvaise foi sur la vie d'une cité. Après tout, si Cicéron défend son concept « d'orateur idéal », c'est qu'il est bien placé pour savoir que la fin de la République romaine n'a été qu'une succession de complots, où des hommes politiques affirmaient la main sur le cœur défendre untel avant de le poignarder dans le dos (parfois même au sens propre)…

Partons donc du postulat défendu par Benjamin Constant, partisan du « droit au mensonge » en politique, selon lequel « personne n'est tout à fait sincère ni tout à fait de mauvaise foi ». Plutôt que de nous interroger sur le caractère moral ou non de la mauvaise foi, intéressons-nous plutôt à ses formes et à son éventuelle efficacité en politique. Pour poser la question simplement : la mauvaise foi est-elle utile ou dangereuse dans la conquête et la conservation du pouvoir ? Et pour dire les choses encore plus simplement : la mauvaise foi est-elle une « connerie » en politique ?

Les deux versants de la mauvaise foi

Avant toute chose, le terme de « mauvaise foi » mérite un effort de définition :

- Il existe une définition presque juridique de la mauvaise foi. C'est celle qui désigne l'attitude ou le comportement de celui qui manque de loyauté envers autrui en faisant preuve de duplicité ou en tenant un double discours. On se rapproche ici de la notion de la *mala fides* du droit romain. En politique, c'est l'exemple du chef de parti qui engage des pourparlers en vue d'une alliance avec une autre formation entre deux tours d'une élection, tout en sachant qu'il n'a aucune intention de le faire. Il procède ainsi dans le seul but d'affaiblir ses adversaires ou de gagner du temps.

– Mais il y aussi un autre versant de la mauvaise foi qui touche à ce que certains appellent « la comédie du pouvoir ». C'est le comportement du politique qui se ment à lui-même et qui va devoir s'auto-convaincre de la véracité d'une idée qu'il sait, au fond, pertinemment fausse. On se rapproche ici de la notion de mauvaise foi défendue par Sartre : tel le garçon de café qui « va jouer au garçon de café », l'homme ou la femme politique de mauvaise foi va « jouer au politicien » (et parfois, il joue mal). C'est par exemple le cas du candidat qui surjoue l'offense lorsqu'on ose lui demander pour qui il votera en cas d'élimination au premier tour (et ce, alors même que les intentions de vote en sa faveur frisent le zéro absolu).

Faut-il considérer que ces deux conceptions de la mauvaise foi constituent des atouts ou des faiblesses ? Pour répondre à cette question, observons différents cas de mauvaise foi caractérisée.

En politique, est-il indispensable de savoir tromper les autres ?

Quelles sont les qualités que l'on doit attendre d'un politique ? Pour répondre à cette question, passons de l'Antiquité à la Renaissance, en observant le constat pragmatique de Machiavel dans *Le Prince*. Le chapitre XVIII s'attaque à un sujet sensible : « Comment les princes doivent tenir leur parole ». Pour Machiavel, tout dirigeant se devrait d'atteindre un idéal où « chacun comprend combien il est louable pour un prince d'être fidèle à sa parole et d'agir toujours franchement et sans artifice. » Certes, mais voilà : un leader ne cherche pas nécessairement à être loué, mais à diriger. Comme le souligne l'auteur, « nous avons vu de grandes choses exécutées par des princes qui faisaient peu de cas de cette fidélité et qui savaient en imposer aux hommes par la ruse. Nous avons vu ces princes l'emporter enfin sur ceux qui prenaient la loyauté pour base de toute leur conduite. » En d'autres termes, une conduite sincère et honnête, c'est bien, mais malheureusement ça ne paie pas à tous les coups.

Un outil nécessaire

Pour Machiavel, un dirigeant ne doit pas simplement avoir des qualités, il faut également « qu'il paraisse les avoir ». Mais surtout, son esprit doit être « assez flexible pour se tourner à toutes choses, selon que le vent et les accidents de la fortune le commandent. » Puisque l'efficacité est la première qualité que l'on attend du dirigeant, on perçoit bien l'idée selon laquelle la mauvaise foi doit être un outil au service du politicien. Même un politicien sincèrement convaincu de la justesse de son combat peut se laisser aller en chemin à des tactiques de mauvaise foi. Cette conception du pouvoir se retrouve dans la manière de gouverner du Maire de Springfield, Joe Quimby, dans *Les Simpsons*, lorsque ce dernier fonde ses décisions non pas sur des convictions profondes, mais sur les mouvements d'humeur de l'opinion : « Si le vent souffle dans cette direction, il ne sera pas dit que je ne souffle pas moi aussi[1]. » Machiavel fait donc ici appel à une conception de la mauvaise foi qui vise à tromper autrui. Le politicien habile serait celui qui parviendrait à jouer avec les apparences et la vérité.

La mauvaise foi, une rhétorique *low-cost*

Mais pourquoi la mauvaise foi est-elle à ce point utile ? Dans une société, les lois et la justice dépendent du langage : une phrase, un mot ou une virgule peuvent rapidement changer le sens ou l'interprétation d'un texte normatif ou d'un discours. Pour Yuval Noah Harari, si l'*Homo sapiens* est parvenu à devenir l'espèce dominante, c'est en raison de sa capacité à construire et à croire en des fictions communes. Après tout, les nations, l'argent, les personnes morales sont des fictions humaines qui permettent la collaboration et l'organisation à grande échelle.

Les mots sont au cœur de l'action. Et c'est sans doute ce qui a permis à Cicéron d'affirmer, il y a vingt siècles déjà, la supériorité de la parole sur la force brute : « Que les armes cèdent à la toge, les lauriers à l'éloquence. » En politique, c'est donc la maîtrise du langage qui permet le contrôle des évènements et des apparences. En cela, l'exercice de mauvaise foi consiste généralement en un dévoiement des outils de la rhétorique gréco-latine.

1- Épisode 6 de la saison 5, *Le maire est amer*.

Dans la théorie pure, lorsqu'une personne prend la parole, elle doit savoir jouer sur trois axes de conviction pour défendre une idée sincère. Elle va devoir tout d'abord faire appel à la raison (logos) et aux sentiments (pathos), mais surtout, elle va devoir prouver qu'elle est une interlocutrice crédible et digne de confiance (ethos). L'orateur idéal se doit donc de chercher à convaincre son auditoire en apportant des preuves pertinentes, et en démontrant son honnêteté et sa vertu. Il s'agit toutefois d'un exercice difficile, long et fastidieux.

L'orateur de mauvaise foi va, pour sa part, s'affranchir de la vérité et de toutes les règles de la bienséance pour obtenir ce qu'il veut rapidement. En clair, l'orateur idéal joue aux dames (et doit éliminer une à une les pièces pour remporter la bataille), tandis que l'orateur de mauvaise foi joue aux échecs (et peut remporter en quelques coups la partie si vous ne prêtez pas attention). On comprend dès lors mieux pourquoi la mauvaise foi constitue un outil efficace pour celui qui veut remporter une joute sans se fatiguer. Prenons un exemple : comment faire pour discréditer un argument soulevé par un adversaire sans même entrer dans les détails ? Tout simplement en lui collant une « mauvaise étiquette ». C'est la stratégie de « l'association dégradante » exposée par Schopenhauer dans son livre *L'Art d'avoir toujours raison*[2]. Il suffit d'observer quelques

2- « Lorsqu'on est confronté à une assertion de l'adversaire, il y a une façon de l'écarter rapidement, ou du moins de jeter l'opprobre dessus en la plaçant dans une catégorie péjorative, même si l'association n'est qu'apparente ou très ténue. »

minutes un débat politique sur une chaîne d'information pour voir à quel point cette tactique peut se révéler efficace sans avoir à fournir de grands efforts. Après tout, puisqu'il est difficile d'attaquer sur le terrain technique une proposition – lire un projet de loi ou un programme, cela demande du travail –, autant court-circuiter le débat en disant d'une réforme qu'elle est, au choix, trop à gauche ou trop à droite. Le plus souvent, l'utilisation des préfixes « ultra » ou « néo » permet d'éviter d'avoir à rentrer dans de pénibles détails. L'exemple type est celui du polémiste qui dira « nous refusons une mesure qui vient directement de l'ultragauche soixante-huitarde » ou encore « c'est typiquement un raisonnement de néo-libéral thatchérien ».

La mauvaise foi pour jouer avec la vérité

Mais à ce stade, il convient de souligner que la mauvaise foi ne doit pas être confondue avec le mensonge bête et méchant. C'est d'ailleurs ce qui fait sans doute la particularité de l'exercice : on peut faire preuve de mauvaise foi, tout en disant la vérité.

En politique comme en droit, la mauvaise foi est souvent un exercice autour du travail de définition. Prenons un exemple célèbre : le 28 janvier 1998, Bill Clinton déclare en conférence de presse la phrase suivante : « Je n'ai pas eu de relations sexuelles avec Monica Lewinsky. » Sans revenir sur les détails de l'affaire (nous laissons le soin au lecteur de faire, s'il le souhaite, un travail de recherche), il est possible d'affirmer que « techniquement parlant » le président américain disait la vérité. Il suffit pour cela d'adhérer à une définition plutôt personnelle et restrictive de la notion de relation sexuelle.

Parfois, le jeu de la mauvaise foi consiste donc à déplacer un débat d'une vérité à une autre (vérité judiciaire, vérité scientifique, vérité économique ou sociale…). Il s'agit également de passer du terrain de la vérité à celui de l'apparence. C'est l'exemple d'un gouvernant qui, pour justifier l'abandon d'une réforme, va expliquer qu'elle n'était pas mauvaise, mais qu'il y a eu un « manque de pédagogie » pour l'imposer.

Mais cette vision de la mauvaise foi est-elle encore aujourd'hui utile ?

En effet, pourquoi se contenter de jouer avec la vérité alors que l'on peut très bien s'en passer ? Certains hommes et femmes politiques ont bien compris qu'il existait une nouvelle voie innovante pour convaincre les électeurs : plutôt que d'apporter ses arguments, le politique va apporter ses propres faits. C'est tout l'enjeu autour de la notion de « post-vérité ». Le concept même fait encore l'objet de vives controverses. Après tout, on pourrait être tenté de dire que le mensonge a toujours plus ou moins existé en politique. Mais la nouveauté tient sans doute au fait que les mensonges ne portent pas sur des promesses ou des engagements, mais bien sur des faits. Désormais, il est possible de dire qu'une situation est « vraie » parce qu'on y « croit ».

On se rapproche ici de la notion de « *truthiness* » défendue par Stephen Colbert aux États-Unis. Pour l'humoriste, la « *truthiness* » ne se rattache pas à la vérité, mais « à quelque chose qui ressemble à la vérité – mais à la vérité que nous voulons voir exister ».

Prenons un exemple récent. Un footballeur reconverti dans la politique partage sur son fil Twitter un graphique contenant des données plus qu'inexactes. Contacté par des journalistes qui démontrent le caractère erroné de sa publication, celui-ci va utiliser une défense surprenante. Plutôt que d'avouer son erreur (ce qu'aurait fait un orateur de bonne foi) ou d'affirmer que ces inexactitudes n'ont pas d'importance (ce qu'aurait fait un orateur de mauvaise foi), ce dernier va soutenir que le graphique était juste, puisqu'il en avait décidé ainsi : « Pour moi, ce visuel fonctionne. Et il a le droit de fonctionner aussi pour les gens autour de moi ».

En d'autres termes : les faits et la démonstration ne servent plus à rien, seule compte la conception de la vérité, qui variera nécessairement d'une personne à une autre.

En politique, est-il indispensable de se tromper soi-même ?

Puisque la société repose sur certaines fictions, il faut, pour que ces fictions fonctionnent, que les gens y adhèrent. Et ce, y compris lorsqu'ils n'y croient pas au fond d'eux-mêmes. Ce mensonge à soi-même peut prêter à sourire, mais il est celui qui permet à des structures politiques d'exister. Prenons la notion de « logique de parti » : pour bénéficier du confort, du soutien et de la logistique d'une organisation politique, des individus acceptent de défendre des positions auxquelles ils n'adhéreraient pas autrement. Ce principe est symbolisé à lui seul dans la formule de *L'aveu* de Costa-Gavras (1970) à propos du parti communiste tchécoslovaque : « Il vaut mieux avoir tort dans le Parti que raison en dehors de lui. »

Un électeur peut-il être de mauvaise foi ?

Sans doute que la notion de « discipline de parti » aurait fait hurler Platon en son temps. Mais c'est aussi cette discipline qui permet à une organisation de prétendre à l'exercice du pouvoir et donc à la réalisation d'un projet politique. Sans ce mensonge à soi-même, pas de victoire dans les urnes.

De ce point de vue, les électeurs eux-mêmes n'échappent pas au procès en mauvaise foi.

Pour qu'un camp puisse compter sur ses supporters, il faut parfois que ceux-ci aient l'esprit souple et se mentent à eux-mêmes. Dans un article publié le 16 mars 2018 dans la revue de statistiques américaine *FiveThirtyEight* intitulé « Les Américains sont partisans à propos de tout, même les scandales sexuels », on apprenait que 82 % des démocrates jugeaient « immorale » la relation supposée entre le républicain Donald Trump et une actrice pornographique. Vingt ans plus tôt, seuls 26 % des démocrates estimaient que la relation du démocrate Bill Clinton avec une stagiaire constituait un manquement à l'éthique…

Lorsque les masques tombent

Mais il arrive aussi que le décalage entre ce que l'on affirme et ce que l'on défend « dans son for intérieur » devienne insurmontable. Et c'est alors que le masque tombe. On se souvient de la formule utilisée par Nicolas Hulot au moment de son départ tonitruant du gouvernement, annoncé à l'antenne de France Inter le 28 août 2018 : « Je ne veux pas continuer à me mentir ». Sur la forme, la déclaration rompait avec les usages républicains en la matière. Mais sur le fond, cette démission constituait aussi un formidable aveu, tant le mensonge à soi-même est l'un des piliers de la mauvaise foi.

C'est peut-être là tout le paradoxe de l'histoire politique récente : l'exercice dans lequel l'orateur politique se révèle le plus sincère serait finalement sa démission ou ses discours de défaites.

À lire

Aristote, *La Rhétorique*, Livre de Poche.

Cicéron, *L'Orateur Idéal*, Rivages.

Machiavel, *Le Prince*, Folio.

M. Meyer, *Histoire de la rhétorique des Grecs à nos jours*, Livre de Poche, 1999.

C. Haroche, *Briller à l'oral pour les nuls*, First, 2019.

C. Haroche, I. Chataignier, G. Prigent, *Petit manuel de mauvaise foi*, First, 2020.

L'emballement médiatique, la rumeur et l'infox comme moyens de noyer le poisson en politique

Entretien avec **Pascal Froissart**

Maître de conférences en sciences de l'information et de la communication à l'université de Paris-VIII.
Chercheur au CEMTI.

« Toujours préférer l'hypothèse de la connerie à celle du complot. La connerie est courante. Le complot exige un esprit rare. »

Attribué à Michel Rocard

• *Parmi les rumeurs qui influent sur le débat public, est-il pertinent de dissocier celles qui viennent d'on ne sait où et celles qui sont spécifiquement lancées par des politiques pour nuire à leurs adversaires ?*

Je ne suis pas convaincu qu'il faille différencier la rumeur ordinaire de la rumeur intentionnelle. Dans tous les cas, la rumeur tire sa force (du moins, c'est mon postulat) de sa circulation, pas de son origine ou de sa véracité. La rumeur, les *fake news*, les *hoax* (ou canulars), les légendes contemporaines et urbaines recouvrent tous cette même idée de circulation massive. Ce qui compte, ce n'est pas que quelqu'un raconte n'importe quoi, mais que son message soit repris instantanément, devienne un sujet d'intérêt collectif, et que celui-ci se retrouve instrumentalisé par les politiques qui ont beau jeu de dire : « Regardez, si tout le monde se plaint de ce problème, c'est qu'il est important ! » Une équation mentale s'établit entre l'espace médiatique accordé à une affaire et sa réalité ou son importance supposée.

• *Une rumeur devient donc elle-même un fait dont les journalistes se sentent obligés de parler parce que tous les autres en parlent ?*

Oui, le propre d'une rumeur, c'est que son attestation de circulation prime sur son contenu. On peut penser que l'omniprésence des statistiques sur les réseaux numériques (les « *metrics* », les « *analytics* ») y est pour quelque chose. En tout cas, le journalisme moderne s'en repaît, et tombe dans le piège de la constatation de constat. Je m'explique. Se borner à constater qu'un sujet rafle 12 345 retweets et en conclure qu'il est donc important à traiter, ce n'est pas du journalisme, c'est de l'attestation : on atteste que le message circule. En soi, ce n'est guère dangereux ; le problème, c'est que, dans un second temps et immanquablement, les acteurs politiques utilisent ces attestations de circulation, avec le nombre de vues, de *like*, d'articles de presse, de minutes passées dans les journaux télé, comme autant de preuves de l'importance d'un problème. On finit donc par se fier moins à la véracité des choses qu'à leur trace.

Dans le milieu des *geeks* du Web, on parle aussi du pouvoir de la trace... de manière détournée et humoristique : c'est le « principe d'asymétrie de la connerie », voire la « loi Brandolini », qui veut que la quantité d'énergie nécessaire pour réfuter les conneries est largement supérieure à celle nécessaire pour les produire ! Et parmi les philosophes, il y en a un, Harry Frankfurt, qui a conçu une « *Bullshit theory* » dès 1986 (publié en français en 2006 sous le titre *De l'art de dire des conneries*) : à l'ère mass-médiatique, dit-il, le vrai et le faux deviennent très accessoires, le contenu du message ne compte plus, les faits non plus ! Ce qui compte, c'est sa circulation, son audience, sa diffusion.

Et pourtant ! Et pourtant, nul ne peut dire quand la circulation d'un message mérite qu'on y prête attention : devient-il important à partir de 10 000 retweets ? Cent mille ? Un million ? Le bon journalisme impose d'enquêter sur le terrain, et mieux encore, de se demander au préalable s'il est intéressant d'enquêter sur le sujet apparu sur les radars de l'actualité.

• *Certains journalistes deviennent alors des commentateurs de commentaires, mais ne fournissent plus d'informations ?*

C'est la glose de la glose. On fait grandir l'attention médiatique pour un sujet qui n'en mérite pas tant. On risque du même coup de nourrir l'emballement médiatique, la rumeur, l'infox, tous ces mouvements d'infos pour qui la circulation est plus importante que le contenu. Pourtant, je dois reconnaître que l'affaire est complexe : en fait, le monde intellectuel fonctionne par emballements et par modes et par à-coups, et ce n'est donc pas le propre de la circulation des conneries en politique. Le monde du livre par exemple, avec ses prix, ses palmarès et ses best-sellers, est la parfaite illustration que les meilleurs essais ou les meilleurs romans ne résistent pas à leurs courbes de vente. Celles-ci durent quelques mois, parfois quelques semaines. Elles entretiennent elles-mêmes un rapport étroit avec le succès : la simple évocation du tirage d'un roman suffit à nourrir une attente, une chronique dans un magazine entraîne une invitation sur un plateau qui entraîne d'autres articles, le cercle vertueux se met en place, les ventes décollent… et puis déjà on interroge l'auteur ou l'autrice sur son prochain travail à venir. À quel moment a-t-on pris le temps de s'interroger sur la qualité de l'ouvrage ?

• *Pour imposer un débat public en politique, on est donc obligé de provoquer un emballement ?*

Ce n'est pas tout d'attirer l'attention médiatique, il faut encore capitaliser dessus… le temps d'un feu de paille, le temps d'un emballement. Je ne suis pas certain que, dans le monde politique, cela ait besoin d'être conceptualisé. C'est vécu, c'est ancré au plus profond de la prise de parole politique :

une personnalité politique ne réfléchit pas à faire le *clash*, elle le fait. Elle sait pertinemment qu'une petite phrase au perchoir de l'Assemblée aura plus de valeur qu'une enquête journalistique, ou qu'un énième rapport commandé uniquement pour éteindre un feu. « Un tigre ne proclame pas sa tigritude. Il bondit », résumait joliment Wole Soyinka, prix Nobel de littérature nigérian.

• *Ce qui revient somme toute à attirer l'attention !*

Oui, mais le problème avec la recherche « à tout prix » de l'attention médiatique, c'est que l'on flirte avec les bas instincts, le bas de gamme… Il ne faut avoir peur ni de la démagogie ni de la laideur. La communication de Donald Trump prouve que c'est extrêmement efficace : « Président ou pas, qu'importe si je rapporte des conneries, je les ai lues (ou plutôt je les ai vues), c'est à chacun de se faire une opinion. » C'est un ethos étonnant mais ça fait parler, c'est entendu, c'est démenti, c'est commenté… Et ça prend au piège les journalistes politiques, qui n'en reviennent pas, et passent leur temps à tenter de ramener la raison dans le débat ! Combien de fois vont-ils répondre de manière symétrique aux « conneries » de Trump et ses affidés, au lieu de faire leur métier d'enquêtes et de reportages… Les journalistes se retrouvent otages de la connerie en politique !

• *De futurs politiques vont-ils jouer de ficelles toujours plus grosses avec toujours plus de succès, ou les électeurs finiront-ils par se dire : « Stop, là, je ne marche plus » ?*

Difficile à dire. En termes de liens entre politique et médias, il me semble que nous en sommes encore à apprendre les règles de la démocratie médiatique. Et c'est normal car la démocratie médiatique est relativement récente : elle date seulement de l'invention de l'imprimerie industrielle dans les années 1860-1870, la première à toucher aussi massivement la population nationale. La diffusion rapide de l'imprimerie industrielle dans le monde occidental, en même temps que le pouvoir parlemen-

taire lui-même, a, très rapidement, rencontré des mouvements d'opinion inédits, tels que le boulangisme qui était lié très nettement à la fabrication d'une opinion publique par les médias de masse. On le voit : cent cinquante ans, c'est tout jeune, quelques générations à peine… Qui plus est, au faible recul temporel, il faut ajouter le fait que les médias changent tout le temps ! On est passé des rotatives aux émetteurs radiophoniques, de la radio à la télévision, de la télévision à Internet, et personne ne sait où ça va s'arrêter. Il ne se passe pas vingt-cinq ans sans que les règles du jeu soient modifiées : il semble normal que nous en soyons encore à apprivoiser les médias, à apprendre comment se forment les opinions politiques, comment les débats politiques se transforment en votes. Les spécialistes en sciences sociales sont, en fait, des observateurs qui découvrent tous les jours.

Pour autant, il ne faut pas penser qu'une tension permanente divise les foules gouvernées par des médias de masse, d'un côté, et des élites menées par la raison, de l'autre.

N'entrons surtout pas dans un tel débat ! Il n'existe aucune définition scientifique d'une partition entre masse et élite : on est toujours dans l'élite par rapport à quelques-uns, et dans la masse par rapport à quelques autres. Parlez-moi, à moi qui ai écrit là-dessus, de rumeurs et de *fake news*, et peut-être que je peux en discuter ; en revanche parlez-moi de centrales nucléaires, et très rapidement je n'y connaîtrai rien. Dans la crise des Gilets Jaunes, cette rhétorique qui oppose schématiquement élite et vrais gens a été trop souvent reprise ; elle n'est pas plus intelligente que la dichotomie maurassienne qui distinguait « le pays légal » et « le pays réel », ou les vues de quelques autres encore qui parlaient de « France d'en bas » pour mieux la mépriser. Les sciences sociales nous ont appris à ne pas céder au simplisme de ce formalisme géométrique.

• *Hormis la « petite phrase », quelles sont les méthodes actuelles permettant de fabriquer de l'emballement médiatique ?*

Je ne suis pas un bon vendeur de techniques de com' pol' (ou communication politique) qui naviguent en eaux troubles, et il n'y a sans doute aucune recette magique. Mais on parle beaucoup en ce moment de la technique d'*astroturfing*, dont le nom est dérivé de l'entreprise Astroturf qui vend du gazon synthétique et que l'on prend de loin pour du « vrai » gazon. On peut parler d'astroturfing par exemple quand une agence de com' lance un sondage avec des intentions de manipulation politique. Voici un scénario de politique-fiction : comme le prix d'un sondage dans la population française représentative par un institut ayant pignon sur rue est devenu très abordable (1 500 € à peine), vous et moi, nous pouvons nous associer, verser 750 € chacun, créer un institut avec un nom ronflant, et publier un communiqué de presse disant : « Sensationnel ! Dans un sondage de l'IFOP, exclusif pour notre institut, les Français sont 20 % à répondre oui à la question : "Pensez-vous qu'il y ait trop de protestants dans les médias français ?" La guerre de religion est-elle relancée ? » Et, si quelques années plus tard, on pose la même question avec des religions différentes, on va tomber sur 30 % ou 40 % qui répondront oui. Surtout si on a emberlificoté la question : « Pensez-vous qu'il y a trop de personnes de confession israélite », ou « trop de personnes non catholiques… ? » Encore mieux, on pourrait poser une question à double négation : « Ne pensez-vous pas que… ? » Tout résultat sera bon à créer un événement médiatique. Et voilà Marmion et Froissart qui s'écrient : « Comment se fait-il qu'un tiers des Français soient antisémites ? » En fait, ils ne sont pas forcément antisémites, mais nous avons réussi à donner l'apparence d'une controverse grâce à un sondage commandé à dessein. L'*astroturfing* a permis de mettre un non-sujet sur le devant de la scène médiatique, a donné quelques arguments factuels à mâchonner… et montre ainsi que ça marche malheureusement bien, et à peu de frais.

Autre méthode peu recommandable et pourtant utilisée, la manipulation des statistiques de notoriété. Il est extrêmement facile d'acheter un nombre de vues sur Internet ou sur les réseaux sociaux, des « J'aime » sur Facebook, des abonnés sur Instagram ou sur TikTok… Par exemple, cela ne coûte que 2600 € pour acheter un million de « vues » sur YouTube (je ne vous donne pas le nom du prestataire, vous le trouverez facilement sur Internet). Imaginez un peu. Si je suis membre d'un parti politique et que je trouve une vidéo qui m'énerve, je peux acheter des vues et m'écrier : « Regardez, il y a un sujet qui monte, un million de personnes sont déjà concernées ! » C'est une manière aisée d'attirer l'attention sans paraître soi-même à l'origine de la manip'… Ça se pratique plus souvent qu'on pense, pour lancer un bouquin, un clip, un film. Voire un restaurant, au point que l'une des agences de recommandation les plus connues sur le Web a mis en place des contrôles automatiques de la « qualité des commentaires » et a débusqué dans la foulée 1,4 million d'avis frauduleux ou litigieux…

• *Vous me donnez une idée !*

Méfiez-vous tout de même, on commence à pouvoir repérer d'où viennent les millions de vues… Et si elles sont originaires d'Inde ou de Chine alors que le sujet est franco-français, vous avez l'air d'une quiche… C'est pourquoi, les sites d'achat de vues indiens ou chinois proposent maintenant des vues qui semblent venir d'ailleurs, dans un jeu du chat et de la souris incessant… Méfiez-vous aussi de vos amis, il ne faudrait pas qu'une fuite dans la presse mette en cause la campagne que vous avez lancée… Bref, ces outils de manipulation et de *fake activism* peu onéreux et très efficaces font partie de la panoplie des personnalités politiques… sans moralité. Ce n'est pas nouveau (on parlait au siècle dernier des « officines »), mais on dirait qu'on a franchi une étape dans la désinhibition. Même quand la manip' est éventée, même quand on expose sur la place publique le cynisme et l'atroce laideur des « plans de com' », la vie continue et « *the show must go on* ». Je rumine encore la bonne fortune de l'agence Hill+Knowlton mondialement réputée qui, à partir de 1990 et en échange de millions de dollars du Pentagone, a « vendu » l'entrée en guerre en Irak… y compris en inventant cet épisode épouvantable d'une jeune femme en pleurs racontant comment de méchants Irakiens avaient assassiné des bébés en les arrachant des couveuses du Koweït. Tout était faux, et rémunéré. Cela n'a certes pas déclenché la guerre, mais ça l'a validée dans l'opinion publique. Et l'agence continue de conseiller aujourd'hui les entreprises et les gouvernements…

• *Quel rôle jouent les personnalités charismatiques dans les rumeurs et les* fake news ?

Il ne suffit pas d'être connu ou reconnu pour être cru dans les médias, et pas davantage dans la vie ordinaire d'ailleurs. Pourtant l'effet de légitimité est important. Traditionnellement, une information sans signature pertinente (une personnalité, un média, etc.) circule avec un handicap, pas rédhibitoire, mais tout de même… Pour faire passer un message sur les compléments alimentaires, il vaut mieux être médecin que simple amateur de diététique. Mais la « popularité » vient brouiller l'analyse : les « influenceurs » suivis par plusieurs milliers d'abonnés parviennent à placer des produits à coups de coupons de réduction, de photos stylées, de tests plus ou moins bidons. Et comment les influenceurs parviennent-ils à obtenir ce statut ? Par leur popularité ! Tautologie médiatique, la même qu'avait repérée Lucien Sfez bien avant les réseaux sociaux, en 1988, dans *Critique de la communication*.

• *Si je comprends bien, si l'on prend l'exemple de la gestion du coronavirus par le gouvernement français en 2020, la figure médiatique de Didier Raoult a brouillé la communication et agrégé toutes les colères disparates suscitées par les événements.*

Fort probablement : le charismatique et fort-en-gueule Didier Raoult a cristallisé la colère populaire et s'en est servi pour promouvoir sa propre vision des solutions. Je voudrais en profiter pour évoquer le problème de l'expertise scientifique car, quand cette dernière se mélange aux médias, elle n'est pas en bonne compagnie.

La science est en effet la proie de ceux qui n'ont que la pudeur des mercenaires, celle de l'appât du gain et le mépris du bien. La stratégie est la suivante : en rapportant adroitement la rumeur et les demi-vérités, on parvient à instiller le doute et la confusion. En se servant de l'audience et de l'écho, la rumeur donne vie à de faux problèmes ou, inversement, noie de vrais problèmes dans un flot d'ignorance. On parle aujourd'hui de confusionnisme pour qualifier cet effet de la « mésinformation », qui est de moins en moins aléatoire, et de plus en plus organisée, voire théorisée. Des « semeurs d'ignorance », comme les nomme Normand Baillargeon, commencent à proposer leurs services pour lutter contre des actions politiques qui nuiraient à leurs clients. Ce n'est pas tout à fait nouveau : à peine les premières études qui établissaient un lien entre tabac et cancer paraissaient dans les années 1950, que les industriels du tabac finançaient d'autres études pour relativiser le phénomène, pour montrer qu'il était multi-factoriel, etc. Aujourd'hui, le confusionnisme s'est industrialisé et conceptualisé au sein même des agences de communication. On trouve des scientifiques qui acceptent d'écrire que les dangers des perturbateurs endocriniens (vous savez, ces produits chimiques en quantité négligeable qui finissent pourtant par perturber nos systèmes hormonaux) sont de simples « légendes urbaines », par exemple. On trouve des chercheurs qui signent des articles de leur nom alors qu'ils ont été rédigés par le service de communication d'une grande entreprise. Et on trouve de grandes entreprises qui fabriquent des instituts créés de toutes pièces, des cercles d'études scientifiques au nom pompeux, des pseudo-syndicats professionnels…

• *Des scientifiques* a priori *crédibles sont donc payés pour faire douter ?*

Le monde scientifique est pris au piège, puisque les semeurs de doute, qui sont généralement de vrais chercheurs, utilisent tous les codes de publication légitimes. Même la règle des « liens d'intérêts » qui a été mise en place il y a peu, obligeant les chercheurs à rendre publics leurs liens d'intérêt avec leur sujet d'étude, est détournée. Les conflits d'intérêts ne sautent pas toujours aux yeux : si vous avez reçu des millions de dollars voici dix ans, êtes-vous encore lié à cette généreuse entreprise ? Jusqu'où faut-il remonter pour démontrer l'absence de conflit d'intérêt ? Si vous répondez que vous n'avez aucun lien avec le grand capital, mais que vous en avez pourtant, comment voulez-vous que je vérifie ?

• *Mais si certains scientifiques sont payés pour semer du doute, comment se fait-il qu'on n'entende pas parler de gens qui ont refusé ? « On m'a proposé de l'argent pour dire tout haut ceci ou cela, mais j'ai dit non » ?*

Ça laisse songeur en effet. Peut-être parce que les scientifiques n'ont pas l'habitude de faire la une des journaux, et quand ils la font, on en tire des films, *La Fille de Brest* (2016, sur le rôle d'Irène Frachon dans l'affaire du Médiator, un coupe-faim meurtrier), ou *Erin Brockovich* (2000, sur le rôle d'une jeune juriste autodidacte qui dénonce un empoisonnement massif de l'eau potable par une entreprise locale). Mais c'est très rare. Il est possible aussi que ce soit très rare parce que les gens ne refusent pas ! Quel est votre degré de résistance si je vous mets dix millions sur la table en petites coupures…

• *Mmh, ça dépend pour dire quoi !… On vous l'a proposé, d'ailleurs ?*

Oui, une fois. On m'a demandé si je pouvais publier une tribune pour dénoncer les rumeurs sur une entreprise cotée en Bourse, et qu'ensuite on penserait à moi. C'était très clair. Estomaqué, j'ai poliment décliné. Quelqu'un a dû la faire à ma place, cette tribune, en tout cas, pas moi !

Pourtant, dans leur livre, *Les Marchands de doute*, les historiens des sciences Naomi Oreskes et Erik M. Conway montrent que les experts en question sont souvent leur propre dupe. Ils se trouvent pris dans un jeu politique qui les dépasse, en particulier l'anticommunisme dans le contexte des États-Unis : lorsqu'on leur parle de dérèglements climatiques, ils voient aussitôt apparaître le spectre du communisme, et se mettent à caricaturer les écologistes comme des pastèques, verts à l'extérieur et rouges à l'intérieur. Il n'y a pas besoin de gros levier financier. Pour certains experts qui ont été jeunes au temps du mur de Berlin, quoi de plus naturel que de vouloir joindre l'utilité à la conviction, prêter main-forte à ce qui est vu comme une invasion de la pensée unique, et croiser le fer avec ces institutions transnationales comme le GIEC ou l'ONU... ? Après tout, l'expertise n'exclut pas les hypothèses et les partis pris ; encore faut-il qu'ils soient posés de bonne foi.

Autre institution scientifique que les techniques de confusion utilisent : les revues scientifiques, plus précisément les « revues prédatrices ». Ces dernières reprennent tous les codes des revues scientifiques, avec un comité de lecture, et le formalisme qui va avec. Mais les revues prédatrices acceptent de publier n'importe quel article signé par n'importe qui... à condition que la facture soit honorée. C'est ainsi que les revues prédatrices sont abondamment utilisées par les instituts bidons fabriqués par les grandes firmes pour défendre leur cause : ils publient des articles mélangeant faits attestés et contre-vérités, puis s'en servent en disant : « Vous voyez, la théorie du réchauffement climatique ne recueille pas le consensus. De nombreux articles disent le contraire. » Là aussi, le monde scientifique est assez démuni devant ces revues. Un bibliothécaire de l'Université du Colorado, Jeffrey Beall, a tenté d'en tenir une liste mais il a été aussitôt attaqué par les éditeurs décidément indélicats... Aujourd'hui, un « collectif anonyme » a repris la liste et la tient à jour : elle compte 1 300 titres, aux noms tous aussi crédibles les uns que les autres ! Cette liste est utile, mais elle reste confidentielle, et n'empêche pas grand-chose. D'autant moins qu'il est important de conserver la « liberté académique », la liberté que n'importe qui puisse publier n'importe quoi, et que ce soit soumis à la critique. C'est tout de même le modèle de la science délibérative tel qu'on l'a conçu au XVIIe siècle ! Mais, quand les articles ont les atours de la science et une intention à sens unique, on est coincé.

De plus, les chercheurs sont sollicités directement par ces revues frelatées. Or, au moment où sa recherche est évaluée, et de manière souvent quantitative (en nombre d'articles par an, cas classique), il est tentant pour un chercheur ou une chercheuse de publier un article rapide dans l'*International Journal of bla bla bla*, moyennant 500 ou 1000 €, et très rapidement… alors que, dans une véritable revue scientifique, on n'est publié que l'année suivante, voire plus tard encore… et si on l'est ! Bref, tout est là pour que les revues prédatrices perdurent, et pour qu'elles soient utilisées à mauvais escient par quelques mercenaires sans foi ni loi.

• *On peut considérer, moi le premier, que parmi les antidotes à la connerie politique figurent le doute et le scepticisme. Et vous êtes en train de m'expliquer que le doute est récupéré pour fabriquer plus de conneries encore, et le plus vite possible !*

Mais oui… Pour empêcher cela, il faudrait une forme de journalisme d'enquête scientifique. Il nous faut des garde-fous : il se peut que le journalisme ait encore quelque chose à dire. Les chiens de garde sont précieux, y compris en science…

On peut espérer aussi une autorégulation par les scientifiques eux-mêmes, ou par des comités d'éthique ou d'évaluation qui ne soient pas obnubilés par le « *publish or perish* ». Le problème est que les comités d'évaluation actuels sont occupés à d'autres tâches, la gestion des carrières, la défense des limites disciplinaires…

• *Encore faudrait-il que les instances de régulation se prononcent aussitôt, et qu'on ait envie de les écouter…*

Et qu'elles puissent infliger des sanctions. Elles n'en ont ni les moyens ni probablement l'envie. On commence néanmoins à voir apparaître des Comités d'éthique de la recherche, qui pourraient prendre en charge ces aspects, s'ils ne sont pas immédiatement accaparés par d'autres tâches comme la protection des sujets des expériences scientifiques.

• Il faut donc apprendre à douter des semeurs de doute eux-mêmes, à condition de les identifier…

Exactement. Je suis de tout cœur avec vous pour clamer : « Vive le doute ! » Le problème, c'est que le doute est aussi utilisé pour créer de la confusion et donc retarder des décisions politiques qui viendraient perturber un marché et des valeurs. On n'est décidément pas sortis de l'auberge ! Le professeur que je suis a envie de dire que l'éducation constitue le meilleur des remparts. Or elle ne suffit pas. Il faut certes enseigner le doute méthodique à la Descartes, mais, si on s'arrête là, on voit que le doute peut être appliqué à mauvais escient et mener à des horreurs relativistes, qui autorisent certains par exemple à mettre en doute la réalité du projet génocidaire nazi au motif qu'il y a des zones floues dans son écriture historique. On doit alors avouer que le doute n'est pas le bon outil, ou pas le seul. Il faut lui adjoindre des vertus morales, au premier rang desquelles la prudence, sans aucun doute. Cette bonne vieille *phronesis* mériterait de reprendre du service : elle tempérerait l'ardeur des diseurs de vérité médiatique, et refroidirait les douteurs professionnels qu'on paie pour accomplir les basses œuvres.

Propos recueillis par Jean-François Marmion

Conneries et forgeries : ce que changent les fake news

François-Bernard Huyghe

Docteur d'État et médiologue,
directeur d'études
à l'Institut des Relations Internationales
et Stratégiques.

FAKE
?
!
NEWS

« Je ne crois aux statistiques que lorsque je les ai moi-même falsifiées. »
Attribué à Winston Churchill

La politique se veut l'art du probable ou du souhaitable. Les idéologies lui fournissent des machines à expliquer le réel, et des outils pour le conformer à l'idéal. D'où une certaine propension à la logocratie, c'est-à-dire décrire ce qui est comme cela devrait être, remplacer la chose par les mots. L'exemple le plus terrifiant est le roman *1984*, de George Orwell, où des bureaux modifient le passé, le présent, et la langue même. Le but : conformer toute énonciation, donc toute pensée, à la ligne du Parti.

Conneries politiques et réalité

Quand tout est faux, le pouvoir est illimité ! Faut-il renverser la proposition et en déduire que les pratiques extravagantes résultent toujours de représentations falsifiées ? Pas du tout. La décision politique peut en effet produire force conneries sur la base d'informations exactes : surévaluer la dangerosité d'un risque indiscutable (ou l'inverse), prophétiser catastrophes ou utopies à partir de tendances avérées, fonder une théorie de la conspiration en puisant à des sources sérieuses ou déduire un programme délirant de faits incontestables, trop prolonger les courbes ou mal évaluer les probabilités… Ainsi, pendant la crise du coronavirus en France, le gouvernement put s'entourer des plus hautes sommités scientifiques et prendre des décisions successives contradictoires (masques, frontières, dépistage, etc.). Au moins une sur deux était, de fait, une connerie. Pour les justifier, il fallut des mensonges – pardon, de la com de crise –, ce qui engendra méfiance, rumeurs, thèses alternatives… et conneries en chaîne (théories complotistes, périls cachés, remèdes miracles, etc.).

En sens inverse, des décisions cohérentes (en termes de rationalité instrumentale) peuvent se baser sur des informations illusoires. Notamment durant les guerres. La dépêche d'Ems (texte provocateur de Bismarck qui déclencha un incident diplomatique et la guerre de 1870), l'attaque du cuirassé Maine (qui servit de prétexte à la guerre hispano-américaine de 1898), la probabilité de gagner au Vietnam (sciemment exagérée, comme en attesta la publication des « papiers du Pentagone »), les charniers du Kosovo ou les armes de destruction massive de Saddam, ont amené des gens compétents à déconner par obus interposés. Ils croyaient empêcher des crimes, libérer des peuples, répandre la démocratie. Donc, si une bonne dose de connerie rend plus réceptif à une bonne désinformation, les deux restent distinctes mais cumulables. Convictions, souhaits pieux, mépris des adversaires, biais cognitifs, oubli des objections ou de la psychologie d'autrui… La connerie politique pèche aussi par indifférence aux faits (pour convaincre ou se convaincre), et négligence des contraintes. Résultat : on perd une guerre ou une élection, un allié ou l'opinion.

Si la connerie est souvent auto-illusoire, une fausse nouvelle, elle, est fabriquée, conçue par quelqu'un (photo truquée ou mal légendée, déclaration imaginaire, événement inventé), pour agir sur autrui : en l'occurrence le naïf qui répercutera, le décideur qui se prononcera en fonction, et le peuple qui doutera de ses dirigeants ou se trouvera un bouc émissaire. La connerie, souvent venue d'en haut, lance un cycle de sottes conséquences et bêtes contre-décisions ; la fausse nouvelle, plutôt propagée d'en bas, comme les rumeurs, sape la confiance et engendre d'autres délires. Notre époque ne cesse de nous mettre en garde ! Il faudrait, dit-on, davantage d'expertise, plus de modération, de la pédagogie au service des citoyens, combattre tout ce qui éloigne du cercle de la raison. Quant au faux, dont on attribuera la responsabilité suivant le cas aux services russes, aux réseaux sociaux, aux errances de la facho et gauchosphère, ou à l'abaissement de l'esprit public (selon la théorie de la post-vérité), il serait urgent d'y faire barrage, par des lois, par du *fact-checking*, en coopérant avec les GAFAM, par de la formation pédagogique. Nous ne pouvons qu'applaudir d'aussi vertueuses propositions. Et pourtant… L'idée que l'activité politique consiste à identifier des problèmes et à leur apporter des solutions entraînant consensus est relativement récente, assez technocratique, vaguement héritée du gouvernement des choses plutôt que des hommes théorisé par Saint-Simon. Or la politique n'est pas une science qui établit des vérités reproductibles. Une fois dans l'action, les citoyens, au fil de leurs situations diverses, ont des projets différents, et des intérêts divergents. Ils ne désirent pas le même monde. En même temps, ils doivent se contenter sur la plupart des choses d'une *doxa*, de vagues avis sur le bien et le vraisemblable…

Conneries politiques et réalités… alternatives

Tout ce qui précède, banal depuis Aristote, suppose pourtant que nous formions nos opinions imparfaites à partir d'une réalité irrémédiable : c'est-à-dire ce qui fut, et persistera à avoir été, en dépit de nos convictions. En politique, il faut sans cesse référer à des événements contingents qui se sont bel et bien produits, mais auraient pu ne pas advenir : la récolte a été mauvaise ; nous avons gagné la guerre contre le Dégueulistan ; il y a eu une émeute en janvier… Nous avons rarement pu constater tous ces faits par nous-mêmes et les tenons le plus souvent de témoignages concordants ou d'autorités incontestées. D'où la tentation stratégique de

fausser les représentations pour gagner l'approbation. Ou (variante) pour affaiblir la confiance de l'opinion en un pouvoir ou une parole. Sans accord sur le fait que le Goulag a existé ou que le chômage monte ou descend, notre raison politique ne nous sert guère. Si l'affirmation que l'homme a débarqué sur la Lune, ou (pour reprendre un mot de Clemenceau) que c'est l'Allemagne qui a envahi la Belgique en 1914 et non l'inverse, relèvent de la simple opinion, alors aucune communauté politique n'est possible.

La méthode des totalitarismes est de contraindre témoins et experts à proclamer qu'il s'est produit A et non B, d'obliger les citoyens à le répéter, et de punir ceux qui continuent à attester B. La contrainte donne tort aux faits contre la doctrine, et impose une réalité alternative. Cela fonctionne entre deux limites :

crédulité des trompeurs (qui finissent par s'auto-persuader de ce qu'ils racontent au peuple), et conscience du citoyen de vivre en régime de mensonge imposé. Comme le notait Alexandre Soljenitsyne, si les États socialistes tenaient, ce fut longtemps parce que chacun savait qu'on lui mentait constamment, mais pensait qu'on ne pouvait rien y changer.

À cette stratégie politique *hard*, on peut opposer des méthodes *softs*, indirectes. Elles consistent à introduire des éléments truqués dans le système informationnel de l'adversaire (notamment via ses médias) pour altérer ses décisions ou perturber l'opinion. À des degrés divers, la ruse et la feinte, la rumeur et le bobard, le canard et le canular, l'intoxication destinée aux dirigeants et la désinformation touchant le public, participent du même processus. Les *fake news* sont attestées depuis Procope de Césarée, historien byzantin qui livra au VIe siècle une version officielle des événements dans *Les Guerres de Justinien*, et une autre, officieuse et destinée à une publication posthume dans *Histoire secrète de Justinien*. Elles sont de nos jours bien stimulées par les *chatbots* de Facebook (logiciels donnant l'illusion d'une conversation humaine), et font partie de l'arsenal de la désinformation, souvent rénovées par un peu de *hacking* numérique.

Les trois dimensions des *fake news*

L'anglicisme *fake news* a explosé avec les élections de 2016 (Brexit, USA, Catalogne). Il est popularisé par

Donald Trump qui en accuse autant qu'il en est accusé. Le terme se réfère surtout à trois dimensions :

– La prolifération, hors des mass media, de révélations sur les turpitudes des élites, ou des choses qu'elles nous cacheraient. Il semble probable que tout mouvement réputé populiste ou antilibéral doive appeler à une lutte pour une contre-information, souvent en ligne, pour établir ou contester des faits bruts. Les soupçons « d'en bas » s'opposant aux vérités des médias classiques comme aux opinions des élites.
– L'importance, parallèlement aux *fake news* au sens strict (données truquées), de phénomènes liés à la technologie numérique : le piratage (notamment le *hack and leak*, qui consiste à dérober des données compromettantes pour les mettre sur la place publique), le *trolling* (pourrir les débats), le sabotage informatique, l'*astroturfing* (création en ligne d'un pseudo-mouvement militant par exemple), le *revenge porn* (publier des vidéos très intimes), le *hoax* ou canular délibéré… Mais aussi, l'influence idéologique hors frontières de médias comme *Russia Today* (retour à l'envoyeur de la *public diplomacy* américaine des années soixante), le succès des thèses dites complotistes… Le lecteur aura noté le nombre d'anglicismes que l'on est obligé d'employer : ils sont hérités du vocabulaire informatique, et surtout des concepts en *globish* (de *global English*, jargon planétaire des non-anglophones). Ces concepts sont

souvent produits par des *think tanks* américains : *fake* et *alternative truths*, dans le cadre d'une *hybrid warfare*, *sharp power*, *weaponization of information*, etc. Le fait que nous soyons obligés de piocher dans un appareil conceptuel américain produit par des professionnels qui y ont un intérêt stratégique relève, sinon de la connerie, du moins de la soumission intellectuelle, mais ceci est une autre question…

– S'ajoute l'invasion par le doute ou les vérités alternatives de domaines non politiques comme la santé (risques épidémiologiques, danger de tel produit courant, vaccins), les acquis scientifiques (ceux du darwinisme, par exemple), le péril écologique, les avancées de la technologie. Et la parole experte, celle sur laquelle nous devrions pouvoir nous reposer sans hésitation pour savoir si le glyphosate doit être remplacé ou s'il faut se faire vacciner, suscite un contre-discours contestant la « vérité officielle », forcément suspecte. Là aussi, l'actualité montre comment des « opinions » sur des réalités médicales (comme l'origine du coronavirus et le choix des remèdes) coïncident souvent avec la fracture politique : populistes versus élites.

Déni des élites, délit des complotistes

Dans ces luttes, les anciennes instances de contrôle semblent dépassées. Le principe même d'autorité ou d'accréditation de la vérité est remis en cause sous toutes ses formes. Ce qui peut s'énoncer inversement : nos sociétés, qui se voulaient de l'information et où l'on prédisait le triomphe de la démocratie par la connexion sans frontières, sont en proie à une crise de scepticisme. Et ceux qui exaltaient hier les réseaux sociaux (tout le monde s'exprimera, tout le monde saura...) les maudissent maintenant comme un danger pour la démocratie.

Une partie de la population croit que les élites sont dans le déni, et le bloc élitaire croit, lui, que les critiques populistes ou complotistes sont dans le délit : une telle conjonction de possibilités techniques et de tensions culturelles est inédite. L'impact d'une *fake news* est fonction de sa crédibilité et du caractère vraisemblable qui lui sera attribué par celui qui y adhérera, selon ses attentes et ses préjugés. Il est évident que, selon que nous votons X ou Y, nous accorderons plus de foi à telle ou telle révélation. Notre attention et notre adhésion dépendent largement de prédispositions idéologiques.

Ce biais de confirmation n'explique pas tout. Sur les réseaux sociaux :

- Le faux est techniquement facilité (essayez sur Photoshop).
- La création de faux émetteurs (comptes, identités, sites d'information...) l'est tout autant.
- La diffusion de pair à pair, par recommandation, au sein de communautés, avec l'attrait d'une information de « gens comme nous », et non pas des médias

manipulateurs, fait que chacun devient média et médiateur à son tour.

– Il se développe une guerre de l'attention : il existe de multiples techniques pour attirer les secondes de cerveau disponible de l'internaute vers le message désiré, soit pour des raisons intéressées (les fameux *clickbaits*, pièges à clics où l'on raconte n'importe quoi pour susciter votre visite revendue à un annonceur publicitaire), soit à des fins idéologiques.

Intervient un facteur inverse : la durée de vie des *fake news* est extraordinairement brève. Elles sont vite signalées par une autorité politique ou judiciaire (éventuellement dans le cadre d'une loi de répression des « infox »), par des médias (qui ont tous créé leur rubrique *fact-checking*), par les grands du Net (GAFAM et plateformes, qui ont tout intérêt à ne pas apparaître comme l'écosystème du mensonge), par des ONG, par de simples internautes. Retirées, déréférencées, signalées, « débunkées », censurées, contredites par des discours autorisés, les *fake news* ne survivent que protégées par leur extraordinaire disponibilité et par la non moins surprenante réticence des convaincus à admettre les démentis.

La connerie, c'est l'erreur de l'autre

En termes de connerie politique, la plus visible est celle du récepteur alpha qui gobe les *fake*, ou qui, même s'il n'y croit pas forcément, les diffuse. Victime d'un canular, d'une opération commerciale déguisée ou d'une manœuvre politique, il se convainc de ce qu'il voudrait croire. Et persiste. En ce sens, c'est autant un symptôme de ses biais que du dysfonctionnement des machines à croyance, en perte d'autorité.

À cette connerie individuelle ou tribale (comme dans les communautés en ligne), s'ajoute la connerie du système : la logique des plateformes en ligne favorise la prolifération de contenus douteux, mais attractifs. L'exploitation de notre attention et de nos appétences par algorithmes interposés fait que chaque individu peut littéralement décider dans quelle réalité il vit.

Quand tout est faux, le pouvoir est illimité !

La troisième forme de connerie, en réaction, n'est peut-être pas la moins redoutable. Elle consiste (en mélangeant des notions comme discours de haine, complotisme, extrémisme, populisme…) à subsumer, comme disent les philosophes, les *fake news*. En faire une catégorie générale et un acteur déterminant de l'Histoire : si le peuple vote mal, s'il y a des extrémistes et des manifestants, s'il y a des pays illibéraux, c'est à cause de la désinformation que subissent ces malheureux. La faute aux faussaires. Rétablissons le vrai, le consensus suivra !

Nous peinons à concevoir qu'autrui pense autrement que nous, surtout en politique, nous tendons à le croire victime de forgeries ou de ses fantasmes.

Ici la connerie politique pèche à la fois en interprétant la vision adverse comme un délire contagieux, et en se croyant indemne. Rien de plus con que croire l'ennemi con et seulement con. Si la ruse du diable est de faire croire qu'il n'existe pas, celle de la connerie consiste à nous persuader qu'elle est l'erreur de l'autre.

À lire

H. Arendt, *Du mensonge à la violence*, Calmann-Lévy, 1972.

N. Baillargon, *Petit cours d'autodéfense intellectuelle*, Lux, 2005.

G. Bronner, *La démocratie des crédules*, PUF, 201.

F.B. Huyghe, *Désinformation les armes du faux*, A. Colin, 2016 et *Fake News La manipulation* en 2019, VA Éditions, 2019.

Médium n° 52-53, *Nouveaux pouvoirs Nouvelles servitudes* article « Globish glossaire », Juillet-Décembre 2017 (disponible sur Cairn).

Médium n° 56, *Qui croire ?*, Juillet-Septembre 2018.

M. Revault d'Allones, *La faiblesse du vrai. Ce que la post-vérité fait à notre monde commun*, Seuil, 2018.

Les sondages : révélateurs ou créateurs de connerie ?

Alain Garrigou

Professeur émérite en science politique
à l'université Paris-Nanterre,
fondateur de l'Observatoire des sondages.

74%
60%
24%

« Les sondages c'est pour que les gens sachent ce qu'ils pensent. »
Coluche, *Pensées et anecdotes,* Le Livre de Poche, 1998.

La connerie n'est pas un objet bien identifié sur lequel l'accord est aisé. On ne saurait éluder la difficulté lorsqu'il s'agit d'évaluer des opinions. Dans les sondages, il est même des sujets qu'on pourrait qualifier de pousse-au-crime, c'est-à-dire qu'ils encouragent l'expression d'opinions suspectes que les sociologues nomment « illégitimes » par écrit… mais que les mêmes qualifient de « conneries » en privé. Si en théorie toutes les opinions se valent, selon le principe des sondages, chacun sait bien que ce n'est pas toujours le cas, quitte à verser dans le jugement normatif: la connerie fera ici référence aux préjugés exprimés sans autre raison que la certitude d'avoir raison et en s'appuyant sur des représentations erronées de la causalité. Ainsi en va-t-il des sujets qui suscitent des thèses conspiratives, où les catastrophes et autres inconvénients de la vie procéderaient de l'intention humaine, de l'entente crapuleuse et du secret que les conspirationnistes auraient le mérite de percer avant ou contre les autres. De telles visions ont suscité quelques enquêtes *ad hoc*.

Les sondeurs se méfient des sondés

Selon une étude de l'Ifop pour la fondation Jean-Jaurès et l'Observatoire du conspirationnisme, Conspiracy Watch, le coronavirus est par exemple « apparu de manière naturelle » pour 57 % des Français, mais 17 % pensent qu'il a été développé « intentionnellement » dans un laboratoire et 9 % qu'il a été fabriqué « accidentellement » en laboratoire, tandis que 17 % ne se prononcent pas. En termes de proximité politique, les sympathisants du Rassemblement National se distinguent puisqu'ils sont 40 % à croire que ce virus a été « intentionnellement » fabriqué en laboratoire, et 15 % « accidentellement ». 29 % pensent qu'il est « apparu de manière naturelle ». Les sympathisants de la République en marche sont, à l'inverse, seulement 2 % à penser que le virus a été fabriqué « intentionnellement » en laboratoire, et 7 % « accidentellement ». Quelque 84 % pensent qu'il est « apparu de manière naturelle ». Aux États-Unis, selon une étude du Pew Research Center, 29 % des Américains pensent que le coronavirus a été fabriqué en laboratoire (23 % « intentionnellement » et 6 % « accidentellement »), contre 43 % qui pensent qu'il est apparu de manière naturelle. 25 % ne se prononcent pas. L'étude confirme aussi d'autres enquêtes qui montraient que « les générations les plus jeunes et les catégories sociales les plus défavorisées demeurent les plus perméables au complotisme ». Ainsi, 27 % des Américains de moins de 35 ans pensent que le virus a été développé « intentionnellement » dans un laboratoire, contre seulement 6 % des plus de 65 ans. Dans les catégories pauvres, 22 % croient que le virus a été fabriqué « intentionnellement » en laboratoire, quand les catégories aisées ne sont que 4 %. On croit atteindre ainsi une mesure précise de la connerie. Est-ce si sûr, alors que des responsables politiques ont paru la partager ? On s'étonne de tels scores, quoique minoritaires, mais la situation est peut-être pire. D'ailleurs, est-il raisonnable de répondre à des questions sur lesquelles on ne sait rien ?

D'autres sujets suscitent volontiers des opinions « illégitimes », comme l'antisémitisme, sur lequel les pires préjugés semblent ne demander qu'à resurgir. Ou encore l'homosexualité, où les clichés homophobes ont la vie dure. Inutile d'allonger la liste, avec l'impression de donner de mauvaises idées… Il suffit d'aborder les sujets qui font émerger ce qu'il y a de plus ignorant, de plus irrationnel, de plus haineux, pour révéler deux choses : l'une négative, l'existence d'une forte minorité « bête et méchante » ; et l'autre, plutôt positive, selon laquelle ce sont souvent les mêmes qui cumulent ces attributs négatifs… Toutefois, on imagine mal un client investir dans une telle enquête. Les sondages ne se multiplient pas sur les sujets délicats, car les sondeurs ne tiennent pas à donner une idée négative de l'opinion qui les fait vivre.

Ainsi ont-ils abandonné la question de la peine de mort après son abolition en 1981, avec des justifications éthiques revendiquées pour certains, mais aussi avec la prescience des réponses. En l'occurrence, le risque était de voir remettre en question l'abolition au nom de l'opinion publique, mais aussi en sachant combien celle-ci est susceptible de varier grandement selon la conjoncture. Ainsi aurait-il suffi d'un crime spécialement odieux pour faire grimper les opinions favorables à la peine de mort. Au passage, cela fait apparaître toute la stupidité d'un gouvernement qui abolirait et restaurerait une loi au fil des sondages…

Il faudrait donc savoir gré aux sondeurs de ne pas poser certaines questions engendrant des pourcentages d'opinions « illégitimes », certes minoritaires mais assez importantes pour sidérer une partie du public et faire pointer le non-respect de valeurs morales souvent sanctionnées par le droit (interdiction des opinions racistes, sexistes, des insultes, de la diffamation ou de la haine). Ce qui est illégal peut-il, sous couvert d'opinion, s'exprimer librement dans un sondage ? Poser des questions n'est en effet pas neutre, mais peut encourager les réponses que l'on cache habituellement par peur d'un jugement social. On peut se féliciter que les sondages, en se prévalant d'un cadre moral, prennent garde à ne pas faire surgir des opinions négationnistes. En somme, les sondeurs se méfient des sondés !

Les sondages inspirent des conneries

Jusqu'ici, nous avons eu affaire à une opinion supposée extérieure aux sondages. Il faut maintenant se préoccuper de la contribution spécifique des sondages à l'émergence de conneries. Certains sujets font ressortir des préoccupations futiles, voire stupides, qui ne risquent pas de déranger, sinon par leur absurdité. On peut ainsi se demander si les sondages ne s'apparentent pas à un jeu lorsqu'on demande à des sondées avec quel homme politique elles aimeraient passer une soirée, quand on imagine de revoter à la présidentielle six mois après, ou encore lorsqu'on évalue une situation sur laquelle il n'y a pas à revenir (comme savoir si, avec 50 ans de recul, l'indépendance de l'Algérie a été une bonne chose pour la France).

À ce compte, on peut imaginer une infinité de stupidités encore à venir ou à répéter. Ainsi des baromètres de popularité : l'un de plus connus est d'une régularité exemplaire, puisqu'il s'agit de mesurer la popularité, chaque fin d'année, des stars du showbiz, des sportifs et autres célébrités. Pour être soumis aux sondés, par définition, il faut être connu, et proposé dans une liste au choix (ni trop courte ni trop longue) afin d'éviter la dispersion et les incongruités. Depuis des années, ce sont donc les mêmes personnalités qui figurent en tête de cette sorte de hit-parade. Il est assez singulier que Jean-Jacques Goldman se retrouve régulièrement en tête alors que, depuis de nombreuses années, le chanteur passe une paisible retraite à Londres. Mais les sondés insistent. On croirait avoir affaire à un échantillon de seniors se remémorant leurs souvenirs de jeunesse. Encore le sondeur pourrait-il jouer à proposer le nom de Louis de Funès, on peut parier que le vieux défunt ne serait pas mal placé. Impensable sur un sujet aussi noble que la politique ? Non, répond un sondage parmi d'autres assurant que « Chirac devance d'une courte tête l'ancien président socialiste, François Mitterrand, qui recueille 61 % de jugements positifs. Suivent Valéry Giscard d'Estaing (57 % de bonnes opinions), Nicolas Sarkozy (39 %) et François Hollande, dernier du classement (21 %). » (*Odoxa-Le Parisien*, 10 mai 2015).

Si les chiffres ne parlent pas, les commentateurs le font pour eux. *A priori*, ils devraient incarner une garantie contre les élucubrations. Les médias ont leurs propres exigences quand il faut accrocher un lecteur que des chiffres arides séduisent rarement tout de suite… surtout s'ils ne sont pas si éloquents ! Combien de sondages n'offrent-ils que des écarts insignifiants mais auxquels on s'efforce de trouver un sens, malgré le rappel rituel des statisticiens sur les marges d'incertitude ? Ainsi l'avance d'un candidat en intentions de vote de 1 ou 2 % est-elle présentée parfois comme un tournant… « Le sondage qui change tout », annonçait par exemple *Marianne*, le 6 février 2010, en citant les intentions de vote aux élections présidentielles de… 2012, alors qu'on ne connaissait pas encore les candidats ! Le plus souvent, les baromètres, cotes de popularité ou de confiance, ne laissent place qu'à un commentaire de courses de chevaux ou de yoyo. S'il faut des explications, les commentateurs invoquent la situation économique, une prestation télévisée, un évènement de la vie personnelle d'un leader. Ainsi serait-il favorable à la popularité d'un dirigeant de souffrir d'une maladie. Toutes ces hypothèses sont fondées sur de simples corrélations entre chiffres et faits coïncidents. On compatit aux efforts pour produire ces commentaires creux pour des chiffres sans intérêt… Finis les jeux, finis les futilités à l'approche des élections quand les mesures d'intentions de vote paraissent pouvoir influer. Les calculs partisans peuvent alors justifier les déformations avérées.

Enfin, il faut se pencher sur les usages que les politiques professionnels font des sondages. On connaît le déni selon lequel ils ne s'y intéresseraient pas. S'ils s'expriment, ils les jugent fiables s'ils sont favorables, et non fiables s'ils sont défavorables. Le président Trump ne s'embarrasse pas de nuances quand il les qualifie de *fake news* dès lors qu'ils ne voient pas l'opinion comme lui. Il est pourtant impossible de se désintéresser des informations qui, justes ou fausses, intéressent les autres, conseillers, partisans et adversaires. Et peut-être même le public ! Autrement dit tous ceux qui déterminent leur propre conduite (essentiellement à qui se rallier) en fonction des autres. Au point d'engendrer des situations absurdes. En 2016, le président sortant François Hollande était devancé par Arnaud Montebourg dans les sondages confidentiels sur la primaire socialiste. Devant la menace d'humiliation, il renonça. Lors de la primaire,

Arnaud Montebourg fut largement battu par Benoît Hamon… qui fut défait au premier tour de l'élection présidentielle avec 6,36 % des suffrages exprimés. Quant aux erreurs de prédiction, elles font sourire rétrospectivement. La presse a trouvé ses titres en parade: « Surprise générale », « Miracle ». Mais par rapport à quoi?

Homo omniscient

Les sondages se sont imposés comme un outil simple et familier supposant que des gens souhaitent répondre… et qu'ils aient des réponses. Les sondeurs ont longtemps soutenu que les sondés étaient heureux de répondre à leurs questions, puisque les taux de non-réponses étaient dérisoires. Les non-réponses n'existaient pas, expliquaient les superviseurs aux enquêteurs dans les centres de téléphonie. Sauf exceptions dont il ne fallait pas abuser : trois non-réponses, et le questionnaire était abandonné et non payé.

Pour pallier les difficultés de collecte, une nouvelle méthode arriva à point avec les sondages en ligne, moins coûteux et tellement plus faciles ! Depuis une décennie environ, ils constituent 75 % des sondages. Tant pis si le recours à des échantillons spontanés va à l'encontre des règles fondatrices de la méthode des sondages représentatifs. De même, la gratification des sondés paraît surtout gênante quand il s'agit d'exprimer des intentions de vote. De petites, toutes petites, négligeables gratifications, assurent les sondeurs…

Cela ne résout cependant pas la question de la

sincérité des sondés. Car les internautes ont bien compris qu'ils ne risquent pas d'obtenir des gratifications s'ils optent pour « je ne sais pas » ou « sans opinion ». Et certains répondent tellement souvent qu'on s'inquiète d'un début de professionnalisation. Ainsi les systèmes de validation des questionnaires sont-ils aménagés de manière à interdire les réponses insincères (par exemple de sondés à plusieurs devant un écran, ou se documentant), selon des méthodes qui consistent à limiter le temps de réponse. Un pas de plus dans un formatage de l'opinion, à l'œuvre dès l'invention des sondages : une opinion c'est une préférence spontanée qui s'exprime dans une case à cocher, peut-on résumer.

Moins on prend de temps pour réfléchir, plus on serait sincère, et mieux on permettrait de capter l'opinion. Prendre son temps, peser les arguments, hésiter, changer d'avis (l'horreur !), surtout pas. En d'autres termes, raisonner serait exclu, sauf à l'avoir fait éventuellement auparavant, au cours de sa vie. Tant pis si l'on n'avait pas eu l'occasion de penser à la question… Conception singulière et gênante si on se souvient que la science s'est construite sur la raison, c'est-à-dire sur un long mouvement rationaliste depuis la Renaissance mais aussi sur l'exercice réitéré de cette raison par la méthode et l'analyse. Rien de spontané, donc ! Dans les deux cas, la quête de vérité s'est affirmée contre l'opinion conçue comme la somme des préjugés, des superstitions et des impressions. Les sondages sont nés des méthodes de calcul disponibles, et de l'utilité à produire des préférences pour le commerce ou la politique, au prix d'une régression intellectuelle. L'empire des sondages a généré à la fois la légitimité de l'opinion contre la raison, la pensée rapide (*fast thinking*) contre la réflexion, le préjugé contre l'analyse, en promouvant un personnage contemporain de « Monsieur (ou Madame) a un avis sur tout ».

Au fil de leur histoire et de leur succès, les sondages ont ainsi fabriqué un sujet épistémique particulier qui n'est pas sans rappeler d'autres archétypes construits selon les besoins d'une connaissance. Ainsi les philosophes mettent-ils en scène un humain savant, habile de son esprit, connaisseur de la philosophie, qui agit au fil des traités pour poser les questions du monde : l'*Homo philosophicus*. La science économique a imposé un autre sujet, qui fit des calculs d'optimisation selon un rapport coût-avantage : l'*Homo œconomicus*. Cet humain utilitariste universel est si omniprésent qu'on le voit à peine dans les équations qui accompagnent les raisonnements économiques sophistiqués. Dans leur sillage, les spécialistes de l'opinion ont forgé leur propre sujet épistémique dans cet humain qui a un avis sur tout, en un mélange d'opinions, de connaissances, de préférences, pour tout ce qui existe sur Terre. Il a forcément une opinion : ce pourrait être le principe de cet *homo omniscient*.

D'ailleurs, comme les autres *Homo*, on le rencontre dans la vie de tous les jours, pas aussi épuré sans doute, mais en chair et en os. On l'affuble de plusieurs sobriquets. Le plus courant se compose de trois lettres.

Anti-cons : la politique au crible des pamphlets

Cédric Passard

Maître de conférences en sociologie politique à Sciences Po Lille.

« L'imbécile prétentieux
est celui qui se croit plus intelligent
que ceux qui sont aussi
bêtes que lui. »
Pierre Dac, *Les Pensées,* Le Cherche Midi, 1989.

Fondateur du journal « politiquement incorrect » *L'Idiot International*, auteur de pamphlets dirigés contre Valéry Giscard d'Estaing puis François Mitterrand, Jean-Edern Hallier proclamait fièrement : « Je suis un anti-cons ». De fait, les pamphlets – textes violents attaquant les institutions ou un personnage connu – ont toujours été des armes de dénonciation de la connerie en politique (ou de ce qu'ils représentent comme telle). Mais leurs formes, leurs contenus et leurs stratégies rhétoriques, comme leurs modes de réception, ont fortement varié au cours de l'histoire en fonction du contexte politique (et notamment du degré de liberté d'expression) et socioculturel (l'horizon d'attente du public).

Royales conneries

Historiquement, les pamphlets se sont souvent développés en grappes, se déployant surtout dans les moments de forte conflictualité politique et sociale et les périodes de crise politique, quand le pouvoir est fragilisé, notamment pendant les temps de régence. C'est, par exemple, le cas durant la Fronde (1648-1653) avec les mazarinades, terme qui désigne d'abord les écrits dirigés contre le cardinal Mazarin[1] :

« Mazarin, ce bougeron
Dit qu'il n'aime pas les *cons*
C'est un scélérat
C'est un bougre ingrat… », chante-t-on dans les rues.

« Qu'ils chantent, pourvu qu'ils paient », aurait rétorqué Mazarin… De fait, les écrits qui prennent pour cibles « les Grands » doivent le plus souvent affronter la censure et la répression des autorités. Sous la monarchie absolue, il faut ainsi généralement user de subterfuges pour contourner les limites posées à l'expression publique, à l'instar de La Fontaine dans sa fameuse fable sur « La Cour du Lion », où il se moque de Louis XIV et de ses courtisans en les représentant en animaux. On retrouvera d'ailleurs ce type de ruse bien plus tard, sous la Monarchie de juillet (1830-1848) où la métaphore de la poire, utilisée d'abord par Charles Philipon et Honoré Daumier pour caricaturer Louis-

1- Voir C. Jouhaud, *Mazarinades. La Fronde des mots*, Aubier, 1985.

Philippe, servira aussi aux pamphlétaires pour railler la connerie du roi sans le désigner comme tel.

Les pamphlets n'ont cependant pas toujours recours à de tels procédés, ce qui ne les empêche pas d'être diffusés de manière clandestine, à l'abri de la surveillance du pouvoir. C'est particulièrement le cas dans la seconde moitié du XVIIIe siècle, lorsque fleurissent les « poissonnades ». Cette expression désigne les libelles dirigés contre Louis XV et sa maîtresse, Madame de Pompadour, dont le nom de jeune fille était Poisson. Alors qu'elle fonctionnait d'abord sur le registre du religieux et du monstrueux aux siècles précédents, cette littérature pamphlétaire repose désormais davantage sur le répertoire de l'obscénité. On y brocarde la connerie du roi dépeint en vieillard libidineux qui, charmé par la courtisane pourtant sotte et laide, se comporte comme un valet :

« Une petite-bourgeoise,
Élevée à la grivoise,
Mesurant tout à sa toise,
Fait de la cour un taudis ;
Le Roi, malgré son scrupule,
Pour elle follement brûle ;
Cette flamme ridicule
Excite dans tout Paris, ris, ris, ris.
Cette catin subalterne
Insolemment le gouverne,
Et c'est elle qui décerne
Les honneurs à prix d'argent ;

Devant l'idole tout plie,
Le courtisan s'humilie ;
Il subit cette infamie,
Et n'est que plus indigent, gent, gent, gent. [...]
Si dans les beautés choisies
Elle était des plus jolies,
On pardonne les folies
Quand l'objet est un bijou ;
Mais pour si mince figure
Et si sotte créature
S'attirer tant de murmures,
Chacun pense le Roi fou, fou, fou, fou ».

Les pamphlets s'en prennent ainsi souvent à la vie privée du Roi et de son entourage : il s'agit d'y dévoiler la connerie qui se masque derrière les attributs et symboles du pouvoir. En phase avec les appréhensions ordinaires de la politique, qui déduisent les vices publics des vices privés, les pamphlets privilégient donc une approche *ad hominem* centrée sur les aspects biographiques voire intimes, qui leur servent ainsi d'instruments d'évaluation politique. Le roi est vu comme un con parce qu'il se comporte comme un faible en privé.

Le thème se retrouve sous Louis XVI quand les libelles moquent désormais l'impuissance de ce « roi cochon » cocufié par son propre frère le comte d'Artois, futur Charles X, tandis que Marie-Antoinette est représentée comme :

« plus scélérate qu'Agrippine
Dont les crimes sont inouïs,
Plus lubrique que Messaline,
Plus barbare que Médicis » (pamphlet vers 1785)[2].

Comme dans la période des mazarinades, ces écrits pamphlétaires sont souvent commandités, sinon écrits, par des hommes politiques ou des dignitaires, des publicistes de la Couronne qui utilisent la calomnie contre leurs adversaires dans des jeux de pouvoir complexes. Ainsi, loin d'être révolutionnaires, ces écrits violents contre la Reine et le Roi proviennent généralement des milieux royalistes qui espèrent la répudiation de la première ou un sursaut du second. Toutefois, s'ils restent, en grande partie, insérés dans des luttes qui opposent les différentes factions de l'élite, ces libelles prérévolutionnaires, par leurs attaques outrageuses et ordurières, ont pu forger un imaginaire qui aurait contribué, de manière déterminante, à l'affaiblissement de l'autorité royale en désacralisant les puissants, en minant l'image des souverains, et, finalement, en sapant tout le système de croyances sur lequel reposait la légitimité du régime[3].

2- Voir notamment A. Duprat, *Les Rois de papier. La caricature de Henri III à Louis XVI*, Belin, 2002 et C. Thomas, *La Reine scélérate. Marie-Antoinette dans les pamphlets*, Seuil, 2003.

3- D. Mornet, *Les origines intellectuelles de la révolution française*, Armand Colin, 1967 ; R. Darnton, « Dans la France prérévolutionnaire : des philosophes des Lumières aux "Rousseau des ruisseaux" », *Bohème littéraire et révolution. Le monde des livres au XVIIIe siècle*, Le Seuil-Gallimard, 1983, pp.7-41.

Ces cons qui gouvernent… les cons

Avec la Révolution survient un changement décisif car, qu'elle fût plus ou moins séditieuse, la littérature pamphlétaire était jusque-là généralement réduite à la clandestinité et à l'anonymat, et devait emprunter les voies de la contrebande ou ruser avec les limites imposées à la liberté d'opinion. Avec l'ouverture du droit d'expression s'invente progressivement au XIXe siècle le personnage du pamphlétaire. Une figure comme Paul-Louis Courier (1772-1825) non seulement pratique ardemment le pamphlet, mais s'érige aussi en théoricien du genre avec son célèbre *Pamphlet des pamphlets* (1824). Bien qu'à sa suite certains auteurs endossent la posture pamphlétaire de manière relativement isolée, tel un Victor Hugo avec son célèbre *Napoléon Le Petit* (1852), charge féroce contre Louis-Napoléon Bonaparte, il faut attendre le dernier tiers du XIXe siècle pour que le genre devienne vraiment à la mode, avec ses spécialistes tels Henri Rochefort, Jules Vallès, Edouard Drumont, Laurent Tailhade, Léo Taxil, Georges Darien, Léon Bloy ou encore Octave Mirbeau, pour n'en citer que les représentants les plus connus[4]. L'installation de la IIIe République, avec notamment la loi sur la presse de 1881, leur ouvre un espace de liberté inédit, tandis que la massification du lectorat leur octroie une diffusion sans précédent. S'ils ne constituent certes pas une unité, et notamment pas un ensemble idéologique, ces pamphlétaires

---

4- Voir C. Passard, *L'âge d'or du pamphlet. 1868-1898*, Éditions du CNRS, 2015.

offrent cependant un cadre d'interprétation relativement semblable du monde politique vu comme un monde de coquins et de connards. La connerie des hommes politiques constitue ainsi un thème récurrent du « pamphlétarisme » de l'époque. « En vérité, ces individus se sauvent de la haine par le grotesque. Ce sont des fantoches échappés d'une parade. Grimpés à l'estrade du pouvoir, ils s'y comportent comme des tréteaux, et le public ébahi, éprouvant une honte, hésite entre s'indigner ou éclater de rire. Comment ! C'est ce bateleur en habit [...] qui représente la République française ? », peut-on lire, par exemple, dans un pamphlet d'un dénommé Albert Goullé dirigé contre le président Casimir-Perier en 1894. De manière générale, les pamphlétaires ne cessent de moquer la « comédie politique », d'accuser les « concussionnaires qui nous gouvernent » et de s'en prendre à la « pourriture parlementaire », pour reprendre quelques-unes de leurs expressions.

Comme l'a montré l'historien et linguiste Marc Angenot, la « parole pamphlétaire », selon le titre de son ouvrage[5], exprime un fort ressentiment qui se traduit par l'image d'un « monde à l'envers » : dans ce « lugubre carnaval », le vice a pris la place de la vertu, les fripons dominent les honnêtes gens. Prétendant voir au-delà des apparences, percevoir la réalité derrière les façades, révéler le véritable pouvoir derrière son exercice

5- M. Angenot, *La parole pamphlétaire. Typologie des discours modernes*, Payot-Rivages, 1995 [1982].

formel ou ses représentants reconnus, les pamphlétaires entendent faire tomber les masques et dénoncer les impostures. Ils se revendiquent ainsi d'une lucidité particulière qui témoigne de leur capacité à dépasser les illusions qui aveuglent. « Il ne faut pas nous prendre pour des cons », énoncent-ils en somme.

S'ils jouent souvent sur l'opposition entre les « petits » et les « gros », ils ne donnent pas toujours pour autant dans le populisme. Au contraire, la connerie des hommes politiques est parfois présentée comme reflétant celle des citoyens… C'est ainsi que dans une lettre ouverte « aux électeurs », publiée en 1898, Zo d'Axa les traite de « poires » : « Citoyens, on vous trompe. On vous dit que la dernière Chambre composée d'imbéciles et de filous ne représentait pas la majorité des électeurs. C'est faux. Une Chambre composée de députés jocrisses et de députés truqueurs représente, au contraire, à merveille les Électeurs que vous êtes. Ne protestez pas : une nation a les délégués qu'elle mérite. […] Il faut des sots et des roublards, il faut un parlement de ganaches et de Robert Macaires [personnage type du bandit] pour personnifier à la fois tous les votards professionnels et les prolétaires déprimés. Et ça, c'est vous ! »

Dans un autre pamphlet célèbre, paru initialement en 1888 mais devenu ensuite un outil de propagande libertaire distribué à des centaines de milliers d'exemplaires à travers l'Europe, Octave Mirbeau lance, pour sa part, un appel à la « grève des électeurs ».

Le style n'est pas sans rappeler le *Discours de la servitude volontaire* d'Étienne de La Boétie, qui dénonçait au XVIe siècle la soumission du peuple à l'absolutisme: « Une chose m'étonne prodigieusement – j'oserai dire qu'elle me stupéfie –, c'est qu'à l'heure scientifique où j'écris, après les innombrables expériences, après les scandales journaliers, il puisse exister encore dans notre chère France un électeur, un seul électeur, cet animal irrationnel, inorganique, hallucinant, qui consente à se déranger de ses affaires, de ses rêves ou de ses plaisirs, pour voter en faveur de quelqu'un ou de quelque chose. [...] Ô bon électeur, inexprimable imbécile, pauvre hère, [...] souviens-toi que l'homme qui sollicite tes suffrages est, de ce fait, un malhonnête homme, parce qu'en échange de la situation et de la fortune où tu le pousses, il te promet un tas de choses merveilleuses qu'il ne te donnera pas et qu'il n'est pas d'ailleurs, en son pouvoir de te donner. [...] Donc, rentre chez toi, bonhomme, et fais la grève du suffrage universel ». Élections, pièges à cons... le thème est promis à un bel avenir.

La connerie pamphlétaire

S'ils se font donc parfois les relais d'une culture politique libertaire, les pamphlets sont, en fait, porteurs d'idéologies très variées et véhiculent fréquemment les doctrines de haine. Durant l'entre-deux-guerres, ils deviennent même une arme de l'extrême droite contre tous ceux qui sont accusés de représenter l'Anti-France, ce que Charles Maurras nommera les « quatre États confédérés des protestants, Juifs, francs-maçons, et métèques ». Dans ses pamphlets d'une violence antisémite inouïe, Louis-Ferdinand Céline racialise ainsi la connerie en vociférant par exemple dans *Bagatelles pour un massacre* (1937) : « Ce sont des cons ! Tous des sales cons, des Juifs ! »

Après la Seconde Guerre mondiale, les processus de pénalisation de l'insulte et de la diffamation, en particulier raciste, sexiste et homophobe, privent tout un pan de la production pamphlétaire de ressources idéologiques et rhétoriques issues du dernier tiers du XIXe siècle. Mais dès cette époque, la connerie de tels écrits pamphlétaires qui s'abreuvent aux rumeurs et aux commérages, alimentent les fausses nouvelles et les théories du complot, assènent injures et calomnies, est stigmatisée. « L'action du pamphlétaire apparaît immédiatement et toute nette aux imaginations générales. Il n'est, en effet, nullement besoin de réflexion pour les suivre : en traitant tel sénateur de vieux crocodile, tel député de scélérat, il semble simplifier les choses et les ramener au niveau des appétits de la foule. […] Toute la force des polémistes repose non seulement sur l'ignorance des foules, mais leurs raisons sont encore un continuel encouragement à la sottise ravie d'elle-même », lit-on par exemple dans un ouvrage consacré aux *Spécialistes de la presse : brillants pamphlétaires et fougueux polémistes* en 1901 par J. Jaouën.

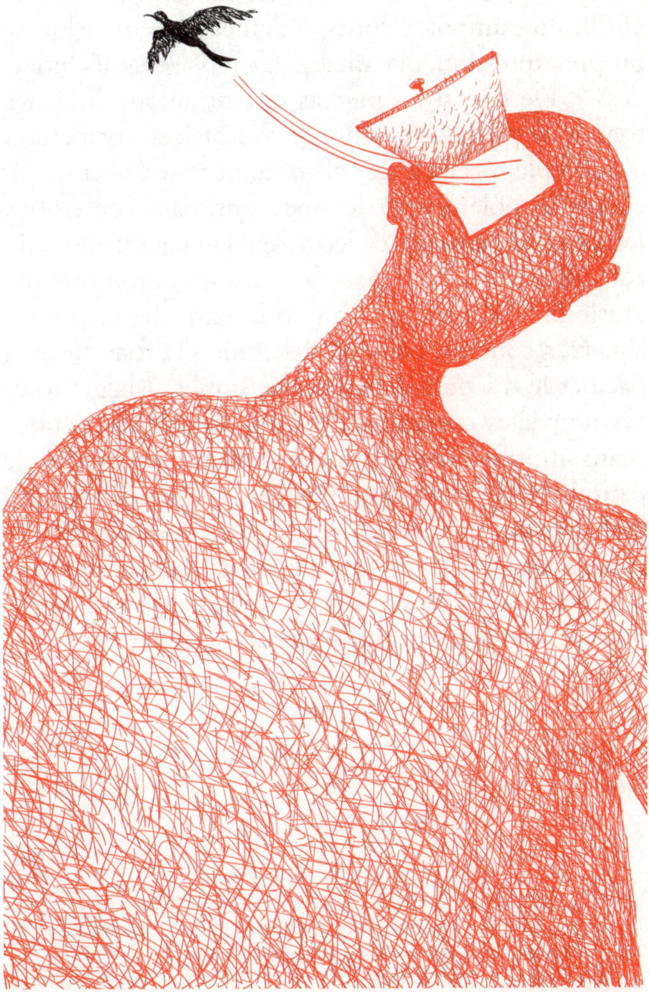

Dans son travail fondateur, Marc Angenot formulait l'hypothèse du déclin, depuis la fin des années 1960, du pamphlet dont ne demeureraient, selon sa propre expression, que quelques « représentants "attardés" ». De fait, si les médias restent aujourd'hui très friands de prises de position provocatrices, permettant d'assurer le spectacle de l'affrontement verbal et manichéen, les polémistes télévisuels ont, dans l'ensemble, remplacé les hommes de lettres qui faisaient d'abord du pamphlet une affaire de style. Surtout, l'évolution des sensibilités sociales, qui se traduit dans des dispositifs légaux, a conduit, en dépit des limites et résistances, à pacifier le discours dans l'espace public. Malgré tout, ces nouvelles contraintes juridiques offrent de nouveaux motifs d'indignation à certaines catégories de pamphlétaires prompts à fustiger la « bien-pensance » ou le « politiquement correct ». Elles conduisent également à déplacer les paroles haineuses vers des supports moins exposés comme Internet, où fleurissent désormais de nombreux pamphlétaires anonymes[6].

6- Voir M. Hastings, C. Passard et J. Rennes (dir.), « Les mutations du pamphlet dans la France contemporaine », *Mots. Les Langages du politique*, n° 91, novembre 2009, pp 5-18.

Increvable langue de bois !

Christian Delporte

Professeur d'histoire contemporaine
à l'Université de Versailles Saint-Quentin-en-Yvelines.
Directeur de la revue *Le Temps des médias*.

« Il vaut mieux parfois ne rien dire et passer pour un imbécile, que de l'ouvrir et de confirmer qu'on en est un. »

Attribué à Abraham Lincoln… et Groucho Marx

La politique est une bataille de mots. Les mots, certes, servent à séduire, convaincre, mobiliser, mais aussi à rassurer ceux qui les entendent, et protéger ceux qui les prononcent. Les mots eux-mêmes créent des images qui, à leur tour, construisent un imaginaire collectif, fondement d'une pensée dominante. Celui qui parvient à imposer ses mots dans l'imaginaire commun est toujours le vainqueur de l'affrontement politique. Voici pourquoi la langue de bois et ses avatars – novlangues, éléments de langage – sont si importants dans les stratégies de communication des gouvernants ou de ceux qui aspirent à gouverner. Bien sûr, nous avons appris à décrypter le discours politique préfabriqué. Mais sommes-nous certains de n'être jamais influencés par des mots, des formules, des néologismes construits à dessein pour enfermer notre pensée et nous obliger à dire le monde, non tel qu'il est, mais de la façon dont les politiques souhaitent nous l'entendre dire ?

La langue de bois, arme défensive

Aussi loin qu'on puisse remonter, le premier, en France, à utiliser l'expression « langue de bois » est Edgar Morin. En 1961, dans la revue *Arguments* (n° 23), il explique que la « langue de bois », dans la Chine communiste, « traduit, comme toute langue rituelle, un refus ou une impuissance à formuler la réalité des faits ». Vingt ans plus tard, l'expression fait son entrée dans le *Larousse encyclopédique* qui la définit comme « la phraséologie stéréotypée utilisée par certains partis communistes et par les médias de divers États où ils sont au pouvoir ». À cette époque, personne n'oserait appliquer la formule à une autre situation que celle du totalitarisme communiste. Pourtant, le discours politique, dans l'Hexagone, ne manque pas de verbiage, de lieux communs, de mots ronflants vides de sens, et, dans les années 1970, on se moque volontiers des propos lénifiants des ministres sortis de l'ENA.

Or, les choses changent à partir des années 1980 lorsque, sous l'effet de la communication triomphante, l'homme politique contrôle toujours davantage sa parole. Dans *L'Express* du 26 octobre 1984, la journaliste Jacqueline Rémy rapporte une petite phrase de l'ancien trotskiste Henri Weber (qui n'a pas encore rejoint le PS) à propos du Premier ministre, Laurent

Fabius : « Fabius, c'est "l'anti-tribun de gauche". Nous avions la nausée d'un discours qui, plus qu'une langue de bois, était une "langue de caoutchouc" ». « Langue de bois », les mots sont lâchés. Cependant l'expression n'a plus vraiment le sens qu'on lui donnait jusqu'ici. Dans le monde communiste, vecteur de propagande, elle cherchait à imposer une vérité unique. Dans la France démocratique, elle relève du leurre discursif pour cacher la vacuité des idées, l'absence de réponses à des questions légitimes, la peur de l'impopularité. Dans les deux cas, on use de formules stéréotypées, d'assertions immobiles, de questions rhétoriques, d'euphémismes, de tautologies, d'affirmations non étayées, de tournures impersonnelles, etc. Mais là où la langue de bois permettait de bâtir un réel conforme à l'idéologie, elle ne sert plus désormais qu'à dissimuler les réalités des situations ou des intentions. Stratégique en Union soviétique, elle n'est plus guère que tactique en France : il s'agit de faire diversion pour se protéger, tenter de rassurer et, en bien des cas, gagner du temps.

L'un des procédés les plus courants pour masquer la réalité, c'est l'usage de l'euphémisme. Le 22 janvier 2019, auditionné devant les députés à propos du maintien de l'ordre durant la crise des Gilets jaunes, le ministre de l'Intérieur, Christophe Castaner, nous en fournit un exemple édifiant. Évoquant l'usage du LBD 40 par les policiers, il déclare que « quatre personnes ont eu des atteintes graves à la vision ». Le ministre édulcore doublement la réalité : non seulement il minimise les chiffres (14 personnes ont perdu un œil), mais il avance une formule creuse pour éviter à tout prix le mot qui fait peur et qui fâche : « éborgnés ». Adepte de l'euphémisme, Christophe Castaner l'est aussi d'un autre procédé classique de la langue de bois, l'oxymore, qui permet d'entendre tout et son contraire. Ainsi, le 8 juin 2020, lors d'un point presse sur la question du racisme et des violences policières, il explique que la suspension des policiers sera « systématiquement envisagée pour chaque soupçon avéré ». « Soupçon avéré », bel oxymore ! Comment reconnaître comme vérité ce qui n'est qu'une opinion défavorable fondée sur des indices discutables, une simple conjecture, une pure hypothèse ?

Les novlangues, armes offensives

Les novlangues sont sans doute les formes les plus élaborées de la langue de bois contemporaine. Il ne s'agit plus seulement de développer un discours masquant sa pensée mais, en lançant des mots nouveaux ou dont on détourne le sens, d'imposer une manière unique de voir et lire le monde. C'était vrai dans le monde communiste, ça l'est aussi dans le monde libéral car, dans les deux cas, il s'agit d'interdire toute pensée alternative.

Dès les années 1970, le président Giscard d'Estaing, avait, par exemple, tenté de substituer au mot « chômeur » celui de « demandeur d'emploi ». Au début des années 1980, les socialistes au pouvoir avaient essayé de dissimuler le brutal virage de la politique économique et l'austérité sociale qui en découlait derrière des formules comme « la seconde étape du changement », le « nouvel élan », la « modernisation ». Il faut bien reconnaître que la greffe n'avait pas pris. Mais la direction était donnée : faire admettre les lois du marché comme des lois de la Nature, édulcorer la violence sociale de la politique libérale par l'usage de mots positifs qui, repris sans discernement par les médias, inversent le sens des réalités. Ainsi, des licenciements massifs dans une entreprise deviennent des « plans sociaux », des « plans de modernisation » ou des « plans de sauvegarde de l'emploi », selon l'expression très orwellienne glissée dans une loi de 2002, au temps du gouvernement Jospin.

Des formules de ce type, il y en a à foison. « Mutualiser » est un joli mot qui suggère la mise en commun, le partage. Mais quand on « mutualise les services », cela signifie d'abord qu'on supprime des emplois et que la charge de travail s'accroît pour ceux qui restent. La « responsabilité » est une vertu cardinale du citoyen. Mais lorsqu'on annonce qu'il faut « responsabiliser les patients », c'est qu'on prévoit de réduire les remboursements de médicaments. La « flexibilité » suppose la souplesse, l'aisance, la capacité d'adaptation : appliquée à l'entreprise, la « flexibilité du travail » annonce la précarisation du salarié par l'abandon du CDI. Mieux, on invente un oxymore, « flexi-sécurité » : reconnaissant implicitement le caractère négatif de la flexibilité, on ajoute le mot « sécurité », dont on ne sait ce qu'il recouvre puisqu'on réduit les droits sociaux par la refonte du Code du travail.

La novlangue libérale dessine un monde où l'histoire du mouvement social s'efface devant « l'adaptation à la réalité du marché ». Les cotisations sociales deviennent des « charges sociales », signifiant que les cotisations patronales alourdissent le « coût du travail » : il faut donc les réduire (pour augmenter les dividendes des actionnaires). Les acquis sociaux, nés des conquêtes sociales, se transforment en « avantages sociaux », ce qui ouvre la possibilité de leur mise en cause. L'exercice du droit de grève dans le secteur public est confondu avec la « prise en otages des usagers ».

On n'expulse plus les clandestins, on les « éloigne ».

Emmanuel Macron et ses ministres ne sont pas avares en novlangue aseptisée. On n'expulse plus les clandestins, on les « éloigne ». On ne rase pas les cabanes de Notre-Dame des Landes, on les « déconstruit ». On ne réforme plus, on « adapte », on « réinvente », on « transforme » : en août 2017, Muriel Pénicaud, ministre du Travail, parle ainsi d'une « transformation du Code du Travail inégalée, première étape d'une rénovation de notre modèle social ». On n'affaiblit pas les droits sociaux, on ne réduit pas les normes :

on « libère les énergies », on « fluidifie », on « gagne en agilité », et même on « émancipe par le travail ». Surtout : positiver !

Chaque nouveau pouvoir apporte ses éléments de novlangue, mais la vraie nouveauté avec les macronistes, c'est l'usage du discours de l'entreprise et des anglicismes qui y prolifèrent. Tandis qu'Emmanuel Macron veut « faire pivoter le *business model* de la France », qui peut compter sur sa « culture du *invented here* », Jean-Michel Blanquer, le ministre de l'Éducation nationale, promet que « chaque élève aura un bilan de compétences en début de seconde ». Disruption, *team-building*, *feed-back*, optimisation, *bottom-up*, *top-down*…, les emprunts à la sphère du management tiennent à la fois à l'idéologie (l'entreprise comme modèle) et à la stratégie (la modernité du Nouveau monde face au Vieux monde, avec ses mots usés). Néanmoins, le risque de parler comme les managers de banques est de n'être compris que par une catégorie de Français (les jeunes technocrates et cadres du privé) et de se couper du reste du pays. Cette novlangue, jusqu'ici, n'a pas touché au-delà des initiés et son abus a même suscité l'hilarité générale lorsqu'en février 2020 Benjamin Griveaux, alors candidat à la mairie de Paris, a proposé de créer un nouveau métier, celui de « manager de rue ». En la matière, il faut aussi se méfier de ses propres inventions lexicales.

Langue de bois en meute : les éléments de langage

L'arrivée des chaînes d'information continue, la multiplicité des espaces d'interviews, l'essor des réseaux sociaux, le raccourcissement du temps politique (qui pousse à réagir toujours plus vite), ont transformé les vieux argumentaires politiques (patiemment concoctés) en éléments de langage (vite écrits, vite consommés). Le phénomène s'est accéléré sous la présidence de Nicolas Sarkozy. En mars 2008, *Le Canard enchaîné* avait publié une note de Matignon, signée par Myriam Lévy, conseillère « presse » du chef du gouvernement, et destinée à tous les ministres invités à commenter les résultats du premier tour des municipales, à la télévision et à la radio. Elle était intitulée « Messages clés et éléments de langage ». Ce soir-là, Roselyne Bachelot, Valérie Pécresse, Rama Yade, Rachida Dati avaient récité leur leçon, expliquant toutes, avec les mêmes mots : « L'élection n'est pas jouée », « Ce n'est pas un vote sanction ».

Depuis, les éléments de langage se sont installés dans la communication politique comme une évidence quotidienne et un outil de protection des personnalités publiques qui, sous la pression médiatique, sont conduits à s'exprimer à chaud sur les événements. Quand, par exemple, le ministre de l'Intérieur arrive sur les lieux d'une manifestation où sont advenus de graves incidents, immédiatement micros et caméras se braquent sur lui. De ce qu'il s'est passé, il maîtrise juste ce que lui en ont dit ses conseillers. Entre deux mauvais choix, se taire ou avouer qu'il ne sait pas grand-chose (et passer pour incompétent), il opte pour une troisième solution, l'élément de langage, donc la langue de bois.

Mais c'est bien sûr dans les émissions politiques de la radio et de la télévision que s'expriment le plus les éléments de langage. Pour les faire passer, les conseillers en communication ont enseigné aux personnalités invitées plusieurs techniques, dont trois dominent. La première est celle du « disque rayé » : on répète en boucle les mêmes messages, les mêmes mots, en se désintéressant des questions que pose le journaliste. Bref, on passe en force. La deuxième technique est celle du « signal lumineux » : on avertit de l'importance de ce qu'on va dire par des formules comme : « Ce que je vais vous dire est très important… ». La troisième, enfin, est celle du « *block and bridge* ». L'interviewé ne refuse pas de répondre à la question du journaliste, mais il la bloque en jetant un pont vers un autre sujet susceptible de l'intéresser : « Votre question est intéressante, je vais y répondre, mais savez-vous que… ». Les journalistes ne sont pas dupes, mais ils sont pris en étau. S'ils insistent trop, ils vont vite paraître agressifs voire partisans, et comme les émissions sont courtes (7-8 minutes dans les matinales radio) et le droit de suite chronophage, ils devront renoncer à leurs autres questions. À ce jeu, le politique est rarement perdant.

« Parler vrai » ? Vraiment ?

« Le premier devoir des hommes politiques, c'est la vérité », déclarait Pierre Mendès France, le 23 juillet 1955, à Évreux. La vérité, selon lui, consistait à : « Informer le pays, le renseigner, ne pas ruser, ne dissimuler ni la vérité ni les difficultés ; ne pas éluder ou ajourner les problèmes car, dans ce cas, ils s'aggravent ; les prendre de face et les exposer loyalement au pays, pour que le pays comprenne l'action du gouvernement. »

Mendès est devenu le modèle du « parler-vrai », formule qu'il n'a jamais employée lui-même. Aujourd'hui, le « parler-vrai » est devenu une posture politique, souvent confondue avec le « parler-cru ». Parler comme l'homme de la rue, user de familiarités voire de grossièretés, c'est au mieux pratiquer une fausse proximité, mais en aucun cas dire la vérité. Quand, en 2018, Emmanuel Macron, dans une vidéo qui fuite opportunément, évoque le « pognon de dingue » des minima sociaux qui n'empêchent pas les pauvres de rester pauvres, il lance d'abord un clin d'œil à un électorat de droite irrité par l'« assistanat ». Ce n'est pas du parler-vrai, mais juste de la tactique politique.

Finalement, la langue de bois repose aujourd'hui sur un paradoxe : plus on sait la repérer, plus elle se développe sous des formes nouvelles. Les réseaux sociaux, à cet égard, sont significatifs : ils sont à la fois les premiers à la décrypter et les premiers à la répandre. Quant aux médias traditionnels, pressés par le rythme furieux de l'information à chaud, ils se font, sans recul, les relais des éléments de langage : lorsque le temps de l'analyse des mots est venu, une autre vague a submergé la précédente, et cela n'intéresse plus personne.

« La parole a été donnée à l'homme pour déguiser ses sentiments », disait Talleyrand, en fin diplomate et stratège politique. S'il a raison, désormais modelée, vivifiée, codifiée par la communication politique, la langue de bois, avec son cortège de conneries, a encore de beaux jours devant elle.

À lire

C. Alduy, *Ce qu'ils disent vraiment. Les politiques pris au mot*, Seuil, 2017.

A. Bihr, *La novlangue libérale. La rhétorique du fétichisme capitaliste*, Syllepse, 2017.

O. Clodong et N. Clodong, *Politiques et langue de bois*, Eyrolles, 2006.

C. Delporte, *Une histoire de la langue de bois*, Flammarion, 2009.

G. Linÿer, *Dictionnaire de la langue de bois en politique. Pour ne pas voter idiot*, Les Belles Lettres, 1995.

« La parole politique adopte les stratégies du discours publicitaire »

Entretien avec Cécile Alduy

Professeure de littérature française à Stanford University
et chercheuse associée au CEVIPOF.

Blablabli
Blablabla

« Parler pour ne rien dire et ne rien dire pour parler sont les deux principes majeurs et rigoureux de tous ceux qui feraient mieux de la fermer avant de l'ouvrir. »

Pierre Dac, *Les Pensées*,Le Cherche Midi, 1989.

• *L'information en continu et les réseaux sociaux imposent-ils une évolution du vocabulaire politique ?*

Il faut distinguer ce qui a trait au *rythme* de la parole politique, accélérée par l'information en continu, qui elle-même fait boule de neige avec le jeu de ping-pong des réseaux sociaux, et la *forme* de la parole politique, ramassée et contrainte par des formats et contenants de plus en plus courts. L'information en continu n'exerce aucun effet direct sur le vocabulaire des responsables politiques, mais restreint considérablement le volume de ce qui en est diffusé à ceux qui sont devenus des spectateurs, et non des lecteurs ou des citoyens. En moyenne, les citations d'hommes politiques étaient de l'ordre de 47 secondes au journal télévisé de 20 heures dans les années 1980. C'est aujourd'hui seulement 7 secondes que les journaux télévisés retransmettent d'un discours ! Encore moins dans les flashs info des chaînes en continu… Les politiques continuent de parler, d'écrire, mais nous n'en percevons plus que des fragments, filtrés par des intermédiaires qui, eux, choisissent les phrases les plus simples.

Certains réseaux sociaux ont aussi un effet plus direct sur le vocabulaire (l'invention du hashtag comme nouvelle catégorie de mot : #metoo, #balancetonporc, #okboomer) et surtout la grammaire qui doit se faire directe, simple, « sujet-verbe-complément », pour être saisie en une seconde. Avec un raccourcissement et une simplification grammaticale drastique sur Twitter. En retour, cela formate les grands discours des politiques. Il suffit d'analyser la retranscription, en direct sur Twitter, des discours de meetings des responsables politiques par leurs propres équipes, pour comprendre qu'ils sont écrits avec cette idée de pouvoir en retirer des « petites phrases » bien senties et aisément « re-Twittables ». Le problème n'est pas tant le lexique, que la pensée : le discours se fait slogan, hashtag ou phrase choc, plutôt que déroulement d'un raisonnement. La parole politique adopte les stratégies du discours publicitaire. Il y a de quoi s'inquiéter, d'autant qu'il y a de vraies logiques commerciales d'achat d'espace de paroles…

• *Twitter est-il le triomphe de la « petite phrase » au détriment du fond ?*

Dans la grande majorité, c'est le cas. Les « *threads* » qui participent à une explication de fond sont rares, et ont surtout vertu pédagogique. Ils sont le fait d'universitaires, de journalistes, ou d'activistes, pas de responsables politiques. Ce n'est pas sur Twitter que l'on pense : on y réagit. D'un point de vue linguistique, on est dans l'interlocution, le dialogue. Ce qui n'est pas la même chose que de produire du discours proprement dit (le mot apparenté à « disserter »), ni de la narration. Twitter est un lieu de joute oratoire, une nouvelle agora, une scène de théâtre. Mais pas un lieu d'élaboration de la pensée ou du débat. On est dans le « *clash* » : frapper par les mots, et non convaincre par des arguments.

• Les figures populistes se présentent comme les champions du « parler vrai » face aux chantres de la langue de bois ou du jargon technocratique. Quelle est la différence entre parler vrai et dire la vérité ?

Le seul critère du « parler vrai » est de le revendiquer pour soi-même par autoproclamation, tandis que le seul critère pour dire la vérité est la vérité elle-même. « Parler vrai » n'a aucun critère intrinsèque de vérifiabilité : l'affirmation du locuteur est censée faire foi. C'est le propre d'une pure posture énonciative, d'une annonce performative : je vous dis que je parle le « parler vrai » et ce message suffit comme contenu politique, car il signifie « je suis antisystème », « je suis incorruptible », et, accessoirement « j'ai raison ». Le contenu même de l'énoncé ainsi annoncé comme « vrai » est presque accessoire, car le « parler vrai » délivre essentiellement une information (biaisée) sur le locuteur et son *ethos*. Cet *ethos* est l'image que le locuteur donne de lui-même à travers son discours et sa performance oratoire : elle est essentielle dans le cadre du combat politique puisqu'elle participe à la crédibilité de la personnalité politique qui s'adresse aux citoyens. C'est la mise en scène d'une *persona* (ou image publique) d'un responsable politique accessible, proche du peuple. Cela va souvent avec une syntaxe simplifiée, voire déconstruite comme chez Nicolas Sarkozy (« ça c'est », « et la France elle… », « y a pas »).

Dire la vérité au contraire ne dépend pas de l'énonciateur : la vérité est son propre énoncé. Cependant, la « vérité » en politique est devenue une notion glissante. Il y a donc le « parler vrai » comme *ethos* anti-élite, mais aussi, aujourd'hui, une mise en doute permanente de la « vérité officielle » (le « on nous cache tout ») et un dérapage vers les théories conspirationnistes. Le rapport à la vérité d'une société et l'absence de consensus autour d'elle sont un nouvel enjeu démocratique à l'heure des « infox » et autres « *fake news* ».

• *À qui les politiques s'adressent-ils en priorité ? À leurs électeurs, aux commentateurs, au grand public ?*

Tout dépend bien entendu des contextes : en meeting, surtout en comité réduit pour des événements locaux, ils s'adressent véritablement aux militants et aux électeurs venus par curiosité. Mais dès que la parole est médiatisée – retransmise par des médias qui vont jouer le rôle d'intermédiaires et aussi de filtres –, la parole s'adresse autant aux journalistes qu'au grand public. C'est particulièrement vrai dans les entretiens, ou la réaction immédiate de l'interviewer incarne instantanément un premier modèle de réception très influent. Le public reçoit au même instant la parole du politique et une première réaction (dubitative ou convaincue) à cette parole par un intermédiaire qui est, comme lui, à l'écoute. D'où un effet miroir puissant entre spectateur et journaliste qui peut influencer la réception des mots du politique. Et puis cette parole va être relayée, découpée, commentée, et donc surlignée, censurée, élaguée : le public ne récolte souvent qu'une portion congrue et distillée par les médias, de la parole politique réellement émise. Il suffit d'une polémique pour que le public n'entende plus que les réactions à un discours et non l'entièreté du discours lui-même. « Nous nous entreglosons tous », disait Montaigne. C'est encore vrai aujourd'hui !

• *Quitte à ne pas l'avoir écrit tout seul et à ce que pas grand-monde ne le lise, la publication d'un livre marque-t-elle une volonté sincère de prendre de la hauteur et de recourir à un autre registre de langage ?*

Au risque de décevoir… non. J'ai analysé pour mon livre sur l'élection présidentielle de 2017 l'ensemble de la production discursive d'une demi-douzaine de candidats (Nicolas Sarkozy, François Fillon, François Hollande, Alain Juppé, Marine Le Pen, Jean-Luc Mélenchon) : leurs blogs, leurs livres, leurs discours en meetings, les entretiens télévisés, radios, presse écrite. Si chacun a un style bien à lui, chacun le conserve d'un médium à l'autre. Jean-Luc Mélenchon porte où qu'il soit son style tout à la fois littéraire, familier et d'une grande créativité lexicale. François Hollande utilise les mêmes rythmes ternaires dans ses discours et ses livres. Emmanuel Macron fait du « en même temps » à l'écrit comme à l'oral. Il peut être aussi suranné et érudit dans un hommage oral à Jean d'Ormesson (« ludion », « irréfragable »), qu'imiter Johnny avec ses propres mots (« aime aimer »).

Rien d'étonnant à ces constantes puisque c'est souvent la même personne (elle-même ou une plume) qui écrit le discours et les livres (pire : on retrouve souvent des bouts de discours copiés dans les livres, ou vice-versa). Il n'y a guère que Nicolas Sarkozy dont les livres diffèrent de façon plus marquée de ses interventions orales, lorsque celles-ci sont impromptues, car la correction grammaticale y est de mise, ce qui n'est pas toujours le cas lorsqu'il improvise !

Si le registre ne s'élève pas, les livres représentent cependant l'occasion d'offrir une réflexion approfondie dépassant l'argumentaire à coups de slogans qui est le propre des interventions médiatiques. Les responsables prennent le temps d'expliquer la logique profonde de leur pensée, la cohérence d'ensemble de leur projet, leur parcours aussi. Ils construisent par les mots une cohérence globale, qui justement échappe au citoyen qui ne les perçoit que par le filtre des réseaux sociaux ou des journaux.

• *Les débats parlementaires ont-ils perdu en qualité oratoire ?*

Je ne crois pas : on fantasme souvent un passé mythique où Jaurès répondait à Aristide Briand et Blum interpellait l'Histoire. Mais ces moments d'anthologies n'étaient pas le quotidien de l'Assemblée nationale, qui, tout comme aujourd'hui, avait ses lenteurs, ses chicaneries, ses réglementations du temps de parole.

Certes, on peut regretter que peu de députés puissent se hisser au niveau littéraire de Christiane Taubira, dont le talent oratoire est proprement poétique. Mais les débats parlementaires ont une visée avant tout rhétorique et représentative : le débat n'a pas pour but de convaincre le camp adverse, mais d'inscrire dans les registres de l'Histoire une position et ses principes philosophiques et idéologiques (au sens noble d'idée et d'idéal du monde), même lorsqu'elle est minoritaire. Il s'agit d'être la voix d'un courant de pensée de la population française, d'articuler une vision de la société en analysant les lois proposées, pour l'encadrer et la façonner.

• *Et les débats télévisés ?*

Les débats télévisés de campagne électorale ont été réduits à des formats d'interventions si minuscules (et minutés) qu'ils n'ont plus rien d'un débat, et s'apparentent à des jeux télévisuels où il faut donner une réponse le plus vite possible. C'est le degré zéro du discours politique, et donc de la démocratie. Certaines émissions comme « Politique ! » parviennent à créer de courts, mais réels, moments d'échanges entre responsables politiques ou citoyens, mais, là encore, minutés. Dès que le format préexiste et conditionne la prise de parole, la pensée et l'argumentation ne peuvent se développer. L'effet pervers est que les responsables politiques s'entraînent aujourd'hui à maîtriser un format (répondre en 30 secondes à la crise climatique) plutôt qu'à réfléchir à comment articuler des plans d'action, des réflexions sur les valeurs, sur l'histoire, l'éthique, qui devraient guider leurs propositions.

Le Grand Débat, à l'inverse, a été une entreprise assez exceptionnelle – mais aussitôt enterrée – de prise de parole collective, d'argumentation, d'expression, de propositions et de contre-propositions à l'échelle nationale. Il y avait du temps, du respect dans l'échange, et surtout, ce qui manque peut-être le plus dans la parole politique aujourd'hui, une volonté d'écouter l'autre.

Propos recueillis par Jean-François Marmion

Le sexisme en politique

Janine Mossuz-Lavau

Directrice de recherche émérite CNRS
au CEVIPOF.

HELLO BABY!

> *« Une femme qui voterait les lois, discuterait le budget, administrerait les deniers publics, ne pourrait être autre chose qu'un homme. »*
>
> Charles Nodier, revue *L'Europe littéraire*

Le 20 février 2020, sur Twitter, le député UDI, Meyer Habib, traite de « petites connes » les parlementaires Manon Aubry, Clémentine Autain, Esther Benbassa et Elsa Faucillon. Leur crime ? La veille, devant le Palais Bourbon, elles ont participé à une chorégraphie titrée « À cause de Macron », pour protester contre la politique suivie en haut lieu. Traité de sexiste, le député en question réitère son insulte, ajoutant que ces élues sont « indignes de porter l'écharpe ».

Régulièrement, on pense qu'une page a été tournée et qu'on n'entendra plus, dans l'espace public et tout particulièrement politique, les propos injurieux (à des degrés divers) qui ont pu être proférés par le passé. Mais il faut déchanter : des piqûres de rappel, comme celle infligée par M. Habib, montrent que le sexisme en politique n'a disparu ni avec le XXIe siècle, ni avec l'arrivée sur la scène d'un personnel nouveau (pour une part), ni avec la tentative de repousser au loin une droite et une gauche habillées de neuf par le « en même temps » macronien. À supposer qu'elle ait vraiment disparu, du moins fait profil bas, on renoue donc avec une vieille tradition, qu'on peut présenter en plusieurs séquences historiques.

Pour mieux situer l'évolution du sexisme en politique, il n'est pas inutile de rappeler qu'en France les femmes ne sont devenues citoyennes qu'en 1944, par l'ordonnance du 21 avril, et qu'elles ont voté et ont été éligibles pour la première fois en 1945. En 1848, on avait, paraît-il, proclamé le suffrage universel. Sauf que les femmes en étaient exclues. Ce qui, tout de même, dans la période récente, a conduit des historiens à parler de suffrage « semi-universel » ou de suffrage universel masculin, sans crainte des oxymores. Après 1945 et pendant des décennies, ces femmes ont été si peu nombreuses dans les hémicycles que, faisant figure d'oiseaux rares, elles ont suscité l'étonnement mais aussi des railleries et insultes, à connotation sexuelle le plus souvent. On peut distinguer trois périodes[1].

Le sexisme passéiste

Déjà, entre les deux guerres, lors des débats sur le vote des femmes, des sénateurs s'étaient illustrés par

1- Pour de plus longs développements et plus largement sur les sottises de nos politiques, *cf.* J. Mossuz-Lavau, *Pour qui nous prend-on ? Les « sottises » de nos politiques*, L'Aube, 2012.

des sottises essentialistes. Pour bloquer le projet, ils avaient argué que si les femmes se mettaient à fréquenter les urnes, le foyer serait « un enfer », que les enfants seraient « négligés », que « la » femme était « une idole précieuse et charmante dont le rôle est de séduire non de se battre[2] ».

Le régime de Vichy va offrir une quintessence de cette conception d'un éternel féminin, qui se traduit dans ces années-là par une exaltation du sacrifice auquel doivent consentir les épouses et les mères. La politique alors menée consiste à assigner les femmes à la maison (par exemple, l'acte du 11 octobre 1940 interdit l'embauche des jeunes mariées dans la fonction publique).

Après la guerre, l'avènement de la citoyenneté politique des Françaises n'interrompt pas pour autant le flot de sottises énoncées à leur sujet. Et des femmes politiques ne se privent pas, d'ailleurs, de renchérir sur les propos délicats tenus par leurs collègues masculins. Le sexisme n'est pas l'apanage des hommes. Ainsi, en 1956, quand est fondée La maternité heureuse (association qui deviendra en 1960 le Mouvement français pour le Planning familial), Jeannette Vermeersch, compagne de Maurice Thorez, relaie avec force la position du Parti communiste, hostile au « *birth control* » : « Mais depuis quand les femmes prolétaires luttent pour les mêmes droits que les dames de la bourgeoisie ?

2- Cité par M. Dogan et J. Narbonne in *Les Françaises face à la politique. Comportement politique et condition sociale*, Armand Colin, 1955, p. 12.

(…) Depuis quand les femmes travailleuses réclameraient le droit d'accéder aux vices de la bourgeoisie ? Jamais[3]. » En 1967, après de longs combats, le parlement votera la loi Neuwirth (du 28 décembre), autorisant enfin la contraception dite moderne (diaphragme, pilule, stérilet). Que de sottises n'a-t-on pas entendues au cours de ces débats parlementaires sur cette femme qui, toujours prête grâce à la pilule, allait devenir « un objet de volupté stérile », réduisant alors les hommes à perdre « la fière conscience de leur virilité féconde[4] ». Ces femmes qui ne se soumettent plus à la nature seront punies, disent en substance les censeurs qui mènent un combat d'arrière-garde et s'insurgent contre une société où celles-ci entrent en nombre à l'Université et exercent une activité professionnelle. En 1979, le sénateur Henriet déclare que « au lieu d'envoyer les femmes au travail, mieux vaut les envoyer au lit » (Site du Sénat. Débats parlementaires du 9 décembre 1979). Une phrase qui fera plus tard le bonheur des internautes féministes. En réponse, elles proposeront : « Oui avec un amant », « Oui, avec la femme du voisin », légitimant d'un clic l'adultère et l'homosexualité.

Il faut dire que l'exemple vient des plus hauts sommets de l'État. En 1978, Jacques Chirac définissait ainsi la femme idéale : « C'est la femme corrézienne,

---

3- *In* le supplément de *France nouvelle*, 12 mars 1956.

4- Comme le souligne J. Coumaros (UD-Vème) à l'Assemblée nationale. Sur ces débats, cf. J. Mossuz-Lavau, *Les lois de l'amour. Les politiques de la sexualité en France* (1950-2002), Petite Bibliothèque Payot, 2002.

celle de l'ancien temps, dure à la peine, qui sert les hommes à table, ne s'assied jamais avec eux et ne parle pas. » Son toast favori aurait longtemps été : « A nos femmes, à nos chevaux, et à ceux qui les montent. »

Le sexisme insultant

Dans les années 1980, l'égalité d'accès aux instances élues devient une revendication. On se bat tout d'abord pour l'obtention de quotas puis, à partir de 1992, s'engage une lutte en faveur de la parité hommes/femmes en politique. Ce qui n'est pas apprécié par tous. Il faut dire que, quand ils s'y mettent, nos élus ne font pas toujours assaut de courtoisie. En 1991, Édith Cresson est nommée Premier ministre. C'est la première fois qu'en France une femme accède à ce poste. Lors de son discours de politique générale à l'Assemblée nationale, un député a demandé à son voisin, suffisamment fort pour que l'intéressée l'entende : « Elle est bien roulée. Est-ce que tu crois qu'elle a une culotte ? » Interrogée par mes soins pour le documentaire *Femmes et politique*[5], Édith Cresson a confirmé avoir bien perçu cette question et ne pas s'en être étonnée compte tenu des tombereaux d'injures qui s'étaient déversés sur elle depuis son accès à des responsabilités politiques. Ainsi, lorsqu'elle était ministre de l'Agriculture, on avait vu,

5- Il s'agit d'un des volets d'une série documentaire réalisée pour France 2 par M. Dugowson et J. Mossuz-Lavau, *Femmes: les trois révolutions du siècle*, Comportant trois volets de 65 minutes chacun, *Femmes et sexualité*; *Femmes et politique*; *Femmes et travail.* Ces films ont été diffusés sur France 2 en mars 1999.

à l'occasion d'une manifestation, des agricultrices brandir une pancarte sur laquelle on pouvait lire : « Édith, nous t'espérons meilleure au lit que ministre. »

Certaines répliquent. Ainsi, traitée de « mal baisée » par un militant socialiste, Denise Cacheux (alors députée PS) lui répond publiquement : « La faute à qui, camarade ? » Éclat de rire dans la salle. Passons sur les « À poil » lancés dans l'hémicycle, sur le « À quand des quotas de lesbiennes ? » adressé à Ségolène Royal en 1995 quand elle défend l'inscription de la parité hommes/femmes dans la Constitution, sur les « Guigou putain » taggés sur les murs pendant la campagne des législatives de 1997.

Le sexisme *soft*... quoique...

S'il atténue leur intensité, le changement de siècle n'entraîne pas pour autant la disparition du sexisme en politique. À l'automne 2000, revient au Parlement le débat sur la contraception et l'IVG. Les lois Neuwirth et Veil ont besoin d'être revues, dans un sens propice à la liberté des femmes. D'où des discours inquiets sur l'irresponsabilité de celles-ci qui pourraient s'engouffrer dans la brèche et compromettre encore plus la natalité. Aimables plaisanteries pourrait-on dire à côté des mots doux qui, dès 2006, ont accompagné la candidature de Ségolène Royal à la présidence de la République. Qu'il s'agisse de « Qui va garder les enfants ? » (Laurent Fabius), de « La présidentielle n'est pas un concours de beauté » (Jean-Luc Mélenchon), de « Attendez

qu'elle ait ouvert la bouche » (Arnaud Montebourg), de « La présidentielle n'est pas une affaire de mensurations » (Martine Aubry), ou encore de « Elle ferait mieux de réviser ses fiches cuisine » (Dominique Strauss-Kahn), on voit que, si le persiflage a remplacé l'injure, le sexisme est toujours là. Mais les Chiennes de garde veillent. L'association, fondée en 1999, après que Dominique Voynet, alors ministre de l'écologie, eut essuyé au salon de l'Agriculture un sympathique : « Tire ton slip salope ! », décerne chaque année un prix. En 2010, il a été attribué à Louis Nicollin, président du club de football de Montpellier, qui avait prévenu : « On peut se parler, se dire les choses ; on est des hommes, pas des gonzesses » (le 2 novembre 2009, *L'Équipe*).

Cela étant, à ce moment-là, on se hasarde à constater que les sottises sont devenues moins violentes. Mais, le dimanche 15 mai 2011, éclate l'affaire DSK. Au réveil, la France apprend que le patron du FMI est dans un commissariat de Harlem, interrogé au sujet d'une tentative de viol dont l'accuse une femme de chambre de l'hôtel Sofitel où il résidait à New York. On connaît la suite : incarcération, libération mais inculpation, puis le 23 août, abandon des charges pesant sur lui et retour en France. Arrêté, DSK clame son innocence et, dans les trois jours, ses amis lui emboîtent le pas pour minimiser la gravité des faits supposés. Jack Lang s'exclame : « Il n'y a pas mort d'homme », le journaliste et député européen du Modem, Jean-François Kahn, ne voyant pour sa part dans cette histoire qu'un « troussage de domestique » (sur France Culture le 16 mai 2011).

Dans les jours et semaines qui suivent, les langues se délient et plusieurs femmes politiques font état du machisme encore en vigueur dans les assemblées élues. Un seul exemple, celui d'une députée à qui un collègue avait demandé : « Tu connais la différence entre une minute de sodomie et une minute de fellation ? » Réponse négative de l'intéressée. Alors, enchaîne le collègue : « Viens, tu as deux minutes ». Elle l'a giflé (*Journal du dimanche*, 5 juin 2011).

Le sexisme en politique n'est pas mort. Et on peut se demander pourquoi des responsables, des élus, y cèdent si facilement. S'imaginent-ils que leurs pairs, dans un cercle restreint, vont rire à ce qu'ils imaginent être des traits d'esprit ? Peut-être certains s'esclaffent-ils dans un premier temps. Mais, aujourd'hui, grâce à Internet, aux réseaux sociaux, le « pas vu, pas pris » a du mal à s'en sortir. Ça ne passe plus, ça casse. Car les gens, c'est-à-dire les électeurs et tout spécialement les électrices, n'aiment pas qu'on les prenne pour des imbéciles. Ils et elles savent mieux que quiconque que la société a changé, que céder à la démagogie, à l'insulte, à la mauvaise foi, au sexisme (la liste est longue) est de plus en plus jugé irrecevable. Et si ces politiques fautifs pensent que les électeurs en question sont amnésiques, incapables de retenir les bourdes de la veille, qu'ils se détrompent car les bêtisiers (émissions récurrentes sur les chaînes de télévision) rappellent régulièrement les propos regrettables tenus par les uns et les autres. Plus généralement, les citoyens n'en sont plus à admettre que, si la société va mal, ils en portent eux-mêmes la responsabilité. On ne les fera plus adhérer à la phrase d'Henry Kissinger que tant de politiques ont faite leur : « Ce qu'il y a de bien, disait-il, c'est que si vous ennuyez les gens, ils croient que c'est de leur faute. »

Aujourd'hui, la défiance envers les politiques bat des records. Mais « la faute à qui ? », pourrait-on dire en écho à la réplique de Denise Cacheux. La faute à ceux qui, par sexisme, mais aussi par mensonge, incompétence, grossièreté, ethnocentrisme, imaginent pouvoir remplacer arguments, analyses, propositions, au bout du compte travail, par quelques facilités qui n'impressionnent plus personne. S'ils en prenaient conscience, peut-être la face de la politique serait-elle changée, peut-être cesserait-elle de n'être plus que de la communication, fonctionnant en mode pub, en mode slogan. Soyons optimistes et rêvons avec Aragon à « un ciel de cyclamen » qui mettrait au-dessus de nos têtes des nuances plus suaves que celles déployées depuis trop longtemps.

OK Boomer et ses suites politiques

Anne Muxel

Directrice de recherches au CEVIPOF.

« Celui qui n'est pas communiste à vingt ans n'a pas de cœur. Celui qui l'est encore à quarante n'a pas de tête. »

Attribué à George Bernard Shaw (et bien d'autres)

Une guerre des générations est-elle relancée ? Depuis quelque temps, l'expression *Ok Boomer* s'est imposée comme une forme de non-recevoir adressée par les *Millenials* et leurs cadets, soit les jeunes nés après 1995, aux générations issues du *Baby Boom*, des Trente Glorieuses et du moment 68. *Ok Boomer* est une repartie qui signe un cri de ralliement et de reconnaissance générationnelle, non dénué de dédain, marquant une rupture de dialogue entre les jeunes et leurs aînés. Au mieux, elle signifie : « Cause toujours… tu m'intéresses » ; au pire : « Ta gueule, vieux con ! »

Dans tous les cas elle entérine l'impossibilité de s'entendre et de se comprendre, et surtout la dénonciation des méfaits des agissements des *baby boomers* aux commandes du pays dont les jeunes générations et la planète auraient à payer les conséquences, dont certaines irrémédiables. Les jeunes ne veulent plus ni des politiques menées jusqu'alors, environnementales par exemple, ni de la condescendance dont ils font généralement l'objet de la part de leurs aînés auxquels ils reprochent de les infantiliser et de ne pas les considérer. Les plus de cinquante ans sont renvoyés à leur « connerie » politique, à leur inconséquence, à leur incapacité à agir pour que les choses changent, notamment en matière de réchauffement climatique.

Cause toujours *baby boomer*, le monde a changé et tu n'y comprends vraiment plus grand-chose… Ainsi le voilà retoqué d'un revers de mots, moqué, méprisé, avec cette idée bien affirmée que le monde se fera sans lui. Certes, le renvoi aux gémonies de la génération des aînés n'est pas un phénomène nouveau, mais son expression contemporaine a trouvé son vocabulaire et une résonance inédite étant donné l'urgence et la dramatisation des enjeux environnementaux.

Une fracture en deux points

L'expression est née sur les réseaux sociaux en 2015 dans un *chat* au cours duquel un internaute qui se voyait prodiguer des conseils en matière d'orientation professionnelle avait rétorqué à son interlocuteur « Lol *OK Boomer!* », renvoyant celui-ci dans ses buts, et ses conseils aussi[1]. C'est précisément toute la prétention

1- Conversation originale sur 4 Chan : « Qui d'autre s'est fait baiser par les prêts étudiants ? S'il vous plaît ne pourrissez pas la conversation les Européens / Peut-être que tu aurais dû aller dans une école qui correspond à tes moyens

et la prétendue omniscience des générations aînées, avec leurs conseils surplombants, qui sont rejetés. « Considéré comme un "donneur de leçons" ayant largement profité du système, le *baby boomer* aurait donc à peu près tout du vieux con qu'il s'est lui-même appliqué à déboulonner en Mai 68 », écrivent Jean-Michel Normand et Nicolas Santolaria dans un article consacré à ce phénomène[2].

Mais la réplique a pris une vraie tournure politique à partir de 2018, lorsque, de façon systématique, elle était postée sur Twitter en guise de réponse aux messages des politiciens critiquant les *Millenials* et la génération Z accusée du syndrome de *Peter Pan* et d'être des enfants gâtés et irréfléchis. Dans cette guerre déclarée, les jeunes dénoncent les moqueries des aînés à leur endroit, faites d'amalgames réducteurs et souvent méprisants, les assimilant à une génération *Chochotte* ou encore à une génération *Snowflake*, la métaphore du flocon de neige venant rappeler leur inconsistance. Le chroniqueur Benoît Gallerey, réagissant en défense des *boomers*, explique : « Comment réagissent les grands-parents ? Bah ! ils sont outrés comme vous vous en doutez, ils ne comprennent pas qu'on leur en veuille, eux qui ont vécu l'amour libre, Mai 68, le plein-emploi, tout ça sans jamais faire la guerre,

---

et travailler pour subvenir à tes besoins / Lol OK Boomer ! » … Soit « Merci pour ce conseil inutile, vieux Schnock ! »

2- J.-M. Normand et N. Santolaria, « OK Boomer : le cri de ralliement d'une génération », *Le Monde*, 18 novembre 2019.

en bouffant comme quatre, buvant, fumant, et roulant à fond sans la ceinture… ah ! oui ! faut pas leur reprocher ça, ils n'ont jamais eu de limites, c'est pas aujourd'hui que ça va commencer[3]. » De part et d'autre, la rupture entre les deux camps semble en tout cas consommée.

Les travaux dans le champ de la sociologie de la jeunesse avaient pourtant montré depuis une trentaine d'années un rapprochement, en tout cas sur le plan des valeurs, entre les générations, et même des affinités croissantes de goûts culturels et de modes de vie dans le contexte général du jeunisme de la société[4]. Le malentendu intergénérationnel qui s'affirme désormais avec force et provocation, avec conviction et détermination, vient nuancer, sinon mettre à mal, l'effacement du fossé entre les générations qui était observé depuis les années 1990. Certes des raisons objectives expliquent ce revirement, et notamment les conditions d'insertion socio-économique des jeunes rendues de plus en plus difficiles, et les fractures générationnelles qui s'ensuivent. La dette publique qu'il faudra rembourser, le chômage devenu endémique, la précarité des emplois, les difficultés à se loger, sont autant de réalités qui hypothèquent à plus ou moins long terme l'entrée des jeunes dans la société sous des auspices favorables.

3- B. Gallerey, BFMTV, 7 novembre 2019.

4- On peut se reporter notamment aux travaux d'O. Galland et de B. Roudet, *Une jeunesse différente ? Les valeurs des jeunes Français depuis trente ans*, La Documentation française, 2014.

En effet, tandis que les *baby boomers* ont vécu à crédit et ont accumulé des dettes publiques, leurs enfants devront travailler plus longtemps pour les rembourser, tout en étant confrontés au chômage et à la précarité. L'accroissement des inégalités crée des fractures générationnelles. Selon les chiffres du rapport de France Stratégie, entre 2001 et 2013, le niveau de vie des 65-74 ans a augmenté de 19 % et celui des 18-24 ans seulement de 4 %[5]. En France, le chômage touche

5- J. Ferry et F. Lenglart, « Lignes de faille. Une société à réunifier », rapport

7,8 % de la population active et 19,6 % des jeunes actifs de 15-24 ans[6]. La pauvreté des 18-24 ans est deux fois plus élevée que celle des plus de 65 ans, et cet écart a doublé en dix ans[7].

Du point de vue des *Millenials*, les charges contre les *baby boomers* sont lourdes. Aux responsabilités que ces derniers doivent endosser concernant les chances d'intégration sociale et économique des jeunes générations dans de bonnes conditions, s'ajoute l'irresponsabilité avec laquelle ils ont agi en matière d'environnement et d'écologie. S'adressant à l'ensemble de la classe des « adultes » et des responsables politiques au niveau mondial, Greta Thunberg, du haut de ses quinze ans, a interpellé les dirigeants de la planète avec véhémence : « *You are failing us*[8] ! » Une fracture générationnelle s'est donc cristallisée sur ces deux points : au niveau individuel, la question de l'avenir économique et professionnel, au niveau collectif la survie de la planète. Les *boomers* ont des comptes à rendre.

Du slogan aux produits dérivés

L'expression *OK Boomer* est pleinement entrée en politique lorsque la jeune députée néo-zélandaise du Green Party, Chloé Swarbrick, âgée de 25 ans, s'est exprimée devant le Parlement et a tenu tête au député

France Stratégie, octobre 2016.

6- Sources : OCDE Taux de chômage au 1er trimestre 2020.

7- Sources : Fonds Monétaire International.

8- UN's Climate Action Summit, 24 septembre 2019. Traduction par nos soins : « Vous nous conduisez à la faillite » ou bien « vous nous menez droit dans le mur ».

qui l'interrompait dans son discours sur l'urgence des mesures à prendre pour lutter contre le réchauffement climatique. Ce dernier se vit tancé d'un « *Ok Boomer* » assumé, qui permit à la jeune députée de poursuivre avec détermination son discours sans faille et dénonciateur de l'incurie en matière environnementale des *boomers*[9]. Elle s'explique : « Mon commentaire au Parlement était improvisé bien que symbolique de l'épuisement collectif de plusieurs générations à hériter de problèmes de plus en plus énormes dans un laps de temps de plus en plus court[10]. » C'est non seulement la crédibilité d'une classe d'âge qui est mise en échec, mais c'est aussi la faillite de toute une politique ayant relégué toujours au second plan la question écologique. La tactique retenue par les jeunes à l'encontre de la responsabilité générationnelle des *boomers* éloigne les chances de réconciliation. L'ignorance, l'exclusion, et, plus encore, le mépris sont prônés comme les seuls remèdes pour permettre aux jeunes générations de sauver leur peau, car l'urgence climatique notamment ne permet plus d'attendre le bon vouloir des seniors restés sourds à leurs appels. C'est ce dont témoigne Nina Kasman, 19 ans, étudiante aux États-Unis dans l'Illinois :

9- « My generation and the generations after me do not have that luxury. In the year 2050 I will be 56 years old. Yet right now the average age of this 52nd parliament is 49 years old (…OK BOOMER…) Our current political institutions have proven themselves incompetent of thinking outside of a short political term. Change is so regularly sacrified for power. Slogans are easy, but this stuff, this action is hard. Climate action cannot be sacrified any more for political convenience. Climate change is a deeply inconvenient truth ».

10- *The Guardian*, 8 novembre 2019.

« *OK Boomer*, ça veut dire : on ne va pas donner plus d'explications car on sait que les *baby boomers* n'écoutent pas nos explications. En plus c'est une expression qui blesse plus que "petite nature" *(snowflake)* qu'ils n'arrêtent pas d'utiliser contre nous[11]. »

On comprend dès lors pourquoi *OK Boomer* est devenue une expression virale sur Internet, un même slogan rassembleur, un cri au risque d'un « âgisme » discriminant envers les vieux, un mot d'ordre au risque d'une récupération marchande. Cette dernière ne s'est d'ailleurs pas fait attendre, au travers de la multiplication de produits dérivés mis en vente profitant de la mise en scène de cette radicalité générationnelle – les jeunes contre les vieux – entre ostracisme et désaveu. Ce sont des tee-shirts, des posters, des stickers, des objets de décoration et du quotidien, qui se vendent et circulent comme emblèmes des nouvelles générations qui entendent s'affirmer et exister. D'aucuns diront que la politique peut rapidement se trouver remisée face à ce qui ne serait qu'une *fashion* tendance de plus. Mais tout slogan est un porte-voix en ce sens qu'il change le regard, interpelle et mobilise. Les mobilisations des jeunes générations, moins institutionnalisées, moins idéologiques et moins planifiées que celles de leurs aînés, empruntent surtout les canaux des émotions et de l'infra-politique, ce qui ne veut pas dire qu'elles sont dénuées de sens et d'efficacité politiques.

11- Témoignage exprimé sur les réseaux sociaux.

Politisés autrement

Parce que la jeunesse est ce temps de la vie qui questionne et qui invente plus qu'à d'autres âges, que peut-on dire des implications politiques de ce cri de ralliement ? S'incarne-t-il dans des actes citoyens ou bien n'en reste-t-il qu'à un besoin de démarcation et de distanciation vis-à-vis d'un monde jugé obsolète ? N'est-il qu'un nouveau label générationnel à la manière d'un *branding* ou d'un logo, ou bien ouvre-t-il la voie d'un changement profond des mentalités et des orientations politiques ? Et quel est l'impact sur la politique institutionnelle de la dénonciation systématique induite par le slogan *Ok Boomer*, notamment dans le registre de l'écologie politique ?

Indéniablement, bien des choses ont changé dans la politisation des jeunes générations par rapport à celle des *boomers*. Le répertoire d'action, la grammaire de sens et d'expression, les usages de la citoyenneté portent la marque de profondes reconfigurations. Les jeunes générations font leurs premiers pas en politique dans un contexte de crise du système politique institutionnel et d'une défiance généralisée envers l'exécutif et le gouvernement, en tout cas en France. La représentation démocratique est discréditée et les repères politiques eux-mêmes ont pu se brouiller. Cette défiance politique aurait pu les conduire au désinvestissement de leur intérêt pour la chose publique. Nombre de *baby boomers* les considèrent comme apathiques, a-civiques, apolitiques, mais ils n'ont pas quitté le terrain politique. Plus réalistes que désenchantés, ils ne sont pas dépolitisés. Ils sont politisés autrement. Certes, dans ce domaine comme dans bien d'autres, il faut se garder de considérer la jeunesse comme un groupe homogène. La jeunesse étudiante et la jeunesse au travail, notamment peu qualifiée et peu diplômée, n'adoptent ni les mêmes attitudes ni les mêmes comportements politiques. La première vote plus à gauche et conteste davantage. La seconde est plus en retrait de toute forme de participation politique et, lorsqu'elle vote, accorde une proportion significative de ses suffrages à la droite et à l'extrême droite. Néanmoins, malgré les fractures sociales et les clivages politiques, il existe des points communs à la politisation des jeunes générations. Le rejet des médiations politiques traditionnelles induit une conception de la démocratie faisant appel à plus de démocratie directe et participative et légitimant la protestation. Le comportement électoral dominant est un usage alterné du vote et de l'abstention selon les types de scrutin et l'importance accordée aux enjeux de l'élection[12]. Alors que seuls les *boomers* sont encore des électeurs systématiques, votant à toutes les élections en fonction d'une norme du devoir, l'affaiblissement de la norme civique au sein des jeunes générations aboutit à la généralisation sans doute durable d'un vote intermittent, s'exerçant au

12- Voir A. Muxel, *Politiquement jeune*, Éditions de l'Aube/Fondation Jean Jaurés, 2018.

nom d'un droit plus que d'un devoir, et motivé par la saillance des enjeux ou des effets de campagne et de personnalisation.

Plus réflexifs, plus inconstants, plus critiques et plus protestataires, les jeunes citoyens sont porteurs d'aspirations et d'exigences qui peuvent les différencier de leurs aînés, notamment dans le champ de l'écologie qui a pris une place de premier plan dans leurs préoccupations. Car c'est du monde de demain dont il s'agit, du futur de la planète que ne connaîtront pas les *boomers* condamnés malgré eux à disparaître. Sur ce point, *OK Boomer* s'impose et sonne comme un « Sortez les sortants ».

La parole d'un *boomer* est clairement jugée dépassée : plus de place pour les *has been*.

L'impératif écologique ? Oui, mais...

La question environnementale a pris le pas sur leurs inquiétudes quant au chômage et à leur avenir professionnel. Au travers des mobilisations de certains activistes du mouvement Extinction Rebellion, dans les Marches des tout jeunes écoliers et lycéens à l'appel de Greta Thunberg[13], les jeunes interpellent

13- Le 15 mars 2019, la Marche mondiale pour le climat est lancée à l'appel de Greta Thunberg. La lettre ouverte publiée par le groupe international de

les décideurs politiques d'hier et d'aujourd'hui bloqués dans leur défense d'un néo-libéralisme jugé non seulement obsolète, mais surtout dévastateur. Plus d'un million de jeunes marcheurs pour le climat ont ainsi défilé dans les rues du monde entier.

Dès lors que se pose la question environnementale, la parole d'un *boomer* est clairement jugée dépassée : plus de place pour les *has been*. La fracture a pour enjeu l'avenir. Les jeunes en appellent à un changement de paradigme politique au niveau planétaire et convoquent l'urgence d'un nouveau pacte moral entre les générations, sous peine d'entraîner le monde à sa perte. Depuis 2019, les Marches pour le climat ont mobilisé entre un et deux millions de jeunes dans le monde, plusieurs dizaines de milliers en France. La culture politique des jeunes est désormais porteuse d'un ethos environnemental qui change la donne, et peut-être, à plus ou moins long terme, les équilibres politiques traditionnels. L'écologie est un vecteur de politisation pour la jeunesse.

---

coordination du mouvement des grèves des jeunes pour le climat s'adresse bien aux *boomers* : « Nous, la jeunesse, sommes profondément préoccupés par notre avenir. […] Nous sommes l'avenir sans voix de l'humanité. Nous n'accepterons plus cette injustice. […] Nous devons enfin traiter la crise climatique comme une crise. Nous demandons aux dirigeants du monde entier qu'ils assument leurs responsabilités et résolvent cette crise, ou qu'ils se retirent. Vous avez échoué dans le passé. Si vous continuez à nous décevoir à l'avenir, nous, les jeunes, ferons changer les choses par nous-mêmes. La jeunesse de ce monde s'est mise en mouvement et elle ne s'arrêtera plus. »

On en retrouve les traces dans les urnes, notamment lors des élections européennes de 2019. Même si l'abstention reste massive puisque les trois quarts des 18-24 ans (73 %) n'ont pas voté, les jeunes qui ont mis un bulletin dans l'urne ont d'abord crédité la liste verte (23 %), en France, comme dans beaucoup d'autres pays européens[14]. À titre de comparaison, les plus de 65 ans n'ont accordé à la liste écologiste que 9 % de leurs suffrages. Les *boomers* sont donc à la traîne, mais la réponse électorale des jeunes pour l'écologie est loin d'être unanime. Elle ne concerne qu'un jeune sur quatre ayant voté, et 6 % de l'ensemble des moins de 24 ans. Les traces de l'ethos environnemental dans l'expression électorale existent, mais elles sont faibles.

Le souci écologique se retrouve dans les comportements quotidiens des jeunes mais leurs aînés ne sont guère sur ce plan différents d'eux, et ils peuvent même, sur certains points, les surpasser: ainsi en est-il du tri des déchets (64 % des 18-24 ans disent le respecter contre 80 % de l'ensemble de la population), de l'habitude d'éteindre les appareils électriques qui restent en veille (49 % contre 54 %), ou encore du choix des produits avec peu d'emballages (35 % contre 41 %)[15]. S'ajoute à cela l'importance de la

14- Le vote des 18-24 ans, en ne considérant que les principales formations politiques, s'établit de la façon suivante: 23 % pour la liste Europe Écologie-Les verts, 17 % pour la liste de la République en Marche, 14 % pour la liste de la France Insoumise, 14 % pour la liste du Rassemblement National, 6 % pour la liste Les Républicains (IFOP, 29 mai 2010).

15- Enquête du CREDOC sur le changement climatique, 2019.

consommation numérique et des vidéos en ligne qui n'est pas à mettre au crédit de la lutte contre le réchauffement climatique ! L'ethos environnemental juvénile existe, les pratiques changent, mais les actes de consommation au niveau individuel ne sont pas dénués de paradoxes et de contradictions. Cependant, les générations descendantes comme montantes sont ensemble confrontées à un même défi : celui de l'équilibre écologique de la planète. L'ethos environnemental diffuse des jeunes vers les aînés, renversant l'ordre de transmission. Sur ce point, la guerre des générations peut trouver une forme d'apaisement. Pas de « connerie politique » en cela. Mais la reconnaissance qu'il s'agit là d'un des problèmes les plus difficiles à régler, et vite. Des discours aux actes, telle est la question. *OK All together !*

Connivence entre journalistes et politiques : quatre siècles de soupçons

Entretien avec **Alexis Lévrier**

Historien du journalisme.
Maître de conférences à l'université de Reims Champagne-Ardenne et enseignant à l'IEP Paris.

> *« Tout le rêve de la démocratie est d'élever le prolétaire au niveau de bêtise du bourgeois. Le rêve est en partie accompli ! Il lit les mêmes journaux et a les mêmes passions. »*
>
> Gustave Flaubert, lettre à George Sand, 7 octobre 1871

• *Les accusations de connivence entre journalistes et politiques datent-elles des origines mêmes du journalisme ?*

Oui, car l'essor de la presse, notamment en France, est intimement lié au pouvoir politique. À sa naissance en 1631, la *Gazette* de Théophraste Renaudot est libre et elle a aussitôt un concurrent, *Les Nouvelles ordinaires de divers endroits*. Richelieu et Louis XIII comprennent très vite que la presse constitue à la fois une menace et un outil. D'où la mise en place d'un système très perfectionné de contrôle.

Mais le journalisme de l'Ancien Régime ne se réduit pas à l'information diffusée par les périodiques officiels, loin de là. En France même, il existe une information alternative, par l'intermédiaire des périodiques manuscrits, les « nouvelles à la main ». Il faut souligner également le rôle de l'information orale : des « nouvellistes de bouche » se réunissent dans les cafés, les promenades et les jardins pour commenter à voix haute et souvent remettre en cause les informations contenues dans les journaux. Par ailleurs, le français étant alors la langue des élites cultivées, et la révocation de l'édit de Nantes ayant contribué à l'exil de beaucoup de gens liés au monde du livre, une presse étrangère dite « périphérique » se développe aux portes du Royaume dès la fin du XVIIe siècle. Elle est particulièrement puissante en Hollande, et se montre en toute logique très critique à l'égard des journaux contrôlés par le pouvoir monarchique français : cette « presse du Refuge » est obsédée par l'idée de connivence.

• *On observe donc dès le début un clivage entre une presse officielle et une autre, indépendante.*

Oui, et il arrive que ces soupçons de mainmise de l'État sur la presse dite officielle soient excessifs : du coup, les journaux indépendants produisent à leur tour de fausses nouvelles ! J'ai étudié cette question à propos de la santé de Louis XIV, par exemple. La presse officielle, que ce soit la *Gazette* ou *Le Mercure galant* – journal mondain qui est l'ancêtre de la presse *people* –, a prétendu pendant des décennies que Louis XIV se portait parfaitement bien. Il est vrai que dans une monarchie de droit divin, la santé du Roi ne peut être qu'inaltérable, puisque garantie par Dieu ! Tout au plus avoue-t-on parfois, et après coup, que Sa Majesté a souffert d'une légère « indisposition ». Or, malgré sa très longue vie, Louis XIV a subi d'innombrables maladies : il a eu le visage grêlé par la petite vérole dès l'âge de neuf ans, il est devenu entièrement chauve à 19 ans à cause du typhus, une grave chute de cheval a manqué de lui coûter la vie en 1683 et une fistule anale a semblé le condamner avant une opération de la dernière chance en 1686… À l'inverse de ce que raconte la presse officielle, sa vie a été une longue suite d'infirmités et de maladies. Du coup, dans sa volonté de dénoncer les mensonges de la presse officielle, la presse périphérique raconte à de multiples reprises que le roi est agonisant, ou même qu'il est mort, alors que c'est bien sûr totalement faux ! Le soupçon de connivence va trop loin et contribue à la naissance de fausses informations.

• *Ainsi, pour combattre ce qu'on appellerait aujourd'hui les* fake news, *on en produit d'autres ?*

Les journaux périphériques, à l'époque comme aujourd'hui, se trompent parfois de bonne foi dans leur volonté de divulguer un scoop. Les journalistes hollandais veulent ainsi être les premiers à annoncer la mort du roi, se basant sur des rumeurs et des bruits qui arrivent jusqu'à La Haye ou Amsterdam. Mais il y a aussi des intérêts politiques derrière, les puissances étrangères ayant intérêt à la mort de Louis XIV. Tout comme aujourd'hui, on ne sait donc pas toujours qui se trouve à l'origine de ces *fake news.* C'est pour cela d'ailleurs que la loi anti-*fake news* votée en 2018 est une bêtise : on demande en 48 heures à un juge des référés d'effectuer un travail que nous, historiens de la presse, ne parvenons pas toujours à faire au bout de quatre siècles !

• *Redoute-t-on plutôt que les journalistes flattent le pouvoir, ou que celui-ci exerce une mainmise sur eux ?*

Ça va de pair : l'idée d'un journalisme courtisan est apparue très tôt, et elle a une réalité. L'Ancien Régime compte trois périodiques officiels, qui bénéficient d'un privilège perpétuel. Celui qui a ce privilège le conserve, le transmet à ses héritiers, et détient donc un monopole de principe sur l'actualité : l'information politique pour la *Gazette*, l'information érudite pour *Le Journal des savants*, et l'information mondaine pour *Le Mercure galant.* Ce qui garantit une énorme richesse, non seulement parce que le pouvoir vous aide, mais parce que, pour figurer par exemple dans *Le Mercure*… il faut souvent corrompre ! Les gens sont prêts à payer très cher pour y être cités. Comme la presse est détestée, beaucoup d'hommes de lettres représentent les journalistes comme des pauvres hères et des miséreux, mais dans bien des cas c'est totalement faux : le créateur du *Mercure galant*, Jean Donneau de Visé, est l'un des hommes les plus riches de son temps, et c'est de notoriété publique.

• *C'est donc une servitude volontaire qui arrange bien tout le monde…*

Tout à fait. Et dans l'histoire de la détestation des médias, jusqu'aux Gilets Jaunes, on retrouve les mêmes traits récurrents. Et les mêmes fantasmes. On va beaucoup trop loin en imaginant que tous les journalistes sont aux ordres du pouvoir. C'est évidemment faux, et c'était déjà le cas sous l'Ancien Régime, puisqu'une partie de la presse francophone était au contraire très critique à l'égard du pouvoir français.

• *Apprécie-t-on davantage les journalistes quand on éprouve de la clémence pour le pouvoir ? En quelque sorte, observe-t-on un état de grâce des journalistes parallèlement à un état de grâce du souverain ?*

Oui, et le pouvoir politique donne alors des gages de liberté au pouvoir médiatique. On le voit par exemple au début de la IIIe République, où les critiques s'atténuent grâce à la grande loi sur la presse de 1881. Cette forme de stabilité, d'équilibre entre les pouvoirs, correspond à la professionnalisation, aux premières écoles et aux premiers syndicats du journalisme, en attendant la carte de presse en 1935. Tout cela accompagne une plus grande liberté des journaux et un essor de la presse, dont tout le monde est témoin. Avant la Première Guerre mondiale, la presse française atteint ainsi une diffusion sans précédent, au point que quatre quotidiens voient leur tirage dépasser le million d'exemplaires. Elle est à l'époque la plus puissante d'Europe, et la deuxième plus puissante à l'échelle mondiale derrière les États-Unis. Même si la presse est toujours attaquée, elle joue désormais un rôle social et politique que nul ne peut plus nier. Mais c'est toujours précaire ! Pendant la Première Guerre mondiale, période de censure extrêmement forte, le soupçon de connivence renaît. Comme toujours lorsque les grands journaux sont contrôlés par l'État, une presse alternative se développe durant ces années de guerre, à l'image des « canards » des tranchées : certains sont réellement produits depuis le front, sur des imprimeries de fortune, tandis que *Le Canard enchaîné*, lui, est fabriqué à Paris, et reste primordial aujourd'hui dans la critique du pouvoir. Il n'empêche : la presse française a vu son image se dégrader considérablement en raison du rôle de propagande que le pouvoir politique lui a fait jouer durant cette période, et elle n'a plus jamais retrouvé par la suite les chiffres de diffusion de la Belle Époque.

• *Mais la presse est-elle réellement capable de faire ou défaire un pouvoir politique ?*

C'est une vaste question ! En tout cas, il est évident qu'elle peut faire du mal au pouvoir. Au moment de la Révolution de 1789, on assiste ainsi à une explosion du nombre de périodiques. C'est une profusion, une liberté totale qui contribue à la fin de l'Ancien Régime. Le XIXe siècle, lui, voit éclore ce qu'on a appelé la « civilisation du journal », notamment à partir de 1836, quand naissent les journaux populaires : la presse devient dès lors un média de masse avec lequel le pouvoir politique est obligé de composer. La révolution de 1830 est d'ailleurs survenue en réaction à la volonté de censurer la presse. Le 26 juillet 1830, Charles X promulgue en effet cinq ordonnances dont l'une suspend la liberté de la presse. On revient au système de l'Ancien Régime, et c'est ce qui précipite la Révolution de juillet, directement liée à la volonté de museler les journalistes. En prenant le pouvoir, Louis-Philippe est du reste obligé de donner des gages aux journaux. Or, si vous laissez beaucoup de liberté à la presse, elle en profite à vos dépens ! De nouvelles techniques, comme la lithographie, permettent de mieux caricaturer les hommes politiques : Louis-Philippe se voit ainsi croqué sous les traits d'un bourgeois grassouillet ridicule. S'ensuit une interdiction de représenter le roi. Du coup, dans *Le Charivari*, Charles Philipon et Honoré Daumier le montrent sous la forme d'une poire. Volonté typique de dégrader le pouvoir politique !

Un arrêté de justice interdit aussitôt de représenter Louis-Philippe sous la forme d'une poire, et condamne Philipon à publier cette décision en première page de son journal. Philippon obtempère : le 27 février 1834, il publie la décision à la une, mais sous forme d'un calligramme représentant... une poire. La décision de justice est en apparence respectée puisqu'elle figure en première page, sans dessin de poire proprement dit. C'est un chapitre de l'histoire de la presse que je trouve génial, et qui illustre bien la manière dont elle est capable de contourner les interdits que lui fixe le pouvoir politique ! La poire va même survivre à Louis-Philippe et devenir un symbole de la mollesse et de l'incompétence politique. À part dans une période comme Vichy, l'histoire de la presse française ne montre jamais une mainmise totale du pouvoir, qui se retournerait contre lui... comme quand il lâche trop de lest !

• *Aujourd'hui, on parle volontiers de connivence entre femmes journalistes et hommes politiques. Est-ce propre à notre époque ?*

Le journalisme féminin est très minoritaire sous l'Ancien Régime. Citons tout de même Anne-Marguerite Petit Dunoyer, l'une des plus grandes journalistes du début du XVIIIe siècle, qui s'est réfugiée en Hollande pour critiquer Louis XIV. C'est l'image même de la liberté : elle a fui son mari et la France pour vivre sa religion à La Haye, avec ses deux filles, et va même réussir à faire renvoyer à Paris le jeune Voltaire, membre de l'ambassade française, qui essaie d'avoir une relation avec l'une d'elles, Olympe. Mme Dunoyer remplit à l'époque un rôle très important, et son périodique, *la Quintessence des Nouvelles*, est lu dans toute l'Europe. Elle se vante même d'avoir pour lecteur Louis XIV en personne, qui est pourtant la principale cible de ses critiques.

Contrairement à une idée reçue, la dénonciation des liaisons de femmes journalistes avec des hommes politiques est assez récente : Françoise Giroud, et surtout Jean-Jacques Servan-Schreiber, font le choix, dans *L'Express* des années

1960, de recruter des jeunes femmes journalistes brillantes, érudites et compétentes… tout en étant jolies, et donc plus à même d'obtenir les confidences d'un personnel politique alors totalement masculin. On se disait que par rapport aux journalistes hommes, elles useraient davantage de l'arme de séduction… De fait, certaines reconnaissent aujourd'hui avoir vécu des histoires d'amour avec des politiques. Selon la rumeur, l'une d'elles a même arbitré un débat d'entre-deux tours de la présidentielle entre deux candidats qu'elle aurait intimement connus. Au moins, c'était équilibré ! Renaud Revel les appelle les Amazones de la République, mais je ne suis pas d'accord avec cette expression, qui revient à faire porter la responsabilité de cette endogamie sur les femmes. Or, Franz-Olivier Giesbert par exemple a revendiqué publiquement de « baiser avec le pouvoir », selon ses propres termes. C'est-à-dire de cultiver des amitiés avec les politiques pour en tirer des confidences. C'est un peu la même stratégie que celle orchestrée par Servan-Schreiber ! Avec les mêmes risques, puisque Giesbert s'est retrouvé piégé par son amitié avec Dominique de Villepin : au moment de l'affaire Clearstream, *Le Point* a par exemple relayé de fausses informations préjudiciables à Nicolas Sarkozy…

Lors de l'affaire Strauss-Kahn, les journalistes étrangers, notamment de la presse anglo-saxonne, ont dénoncé la collusion bien française entre presse et pouvoir, qui serait à l'origine d'une omerta destinée à protéger Anne Sinclair. Mais quand on creuse un peu, on constate que de tels couples existent aussi ailleurs, y compris aux États-Unis et en Angleterre, bien qu'avec moins de tolérance de la part du public. En France, malgré la « saine distance » entre journalisme et pouvoir que promettait Emmanuel Macron, de telles histoires continuent, comme l'a illustré encore récemment l'officialisation de la liaison entre Jean-Michel Blanquer et Anna Cabana… Mais s'il y a une exception française, il faut la nuancer : quand les journalistes travaillent sur le milieu politique, ils sont bien obligés de le fréquenter. Certains préconisent d'interdire les dîners et d'autoriser les déjeuners, mais on ne va pas mettre un policier derrière chaque journaliste pour s'assurer de son indépendance ! Il y aura toujours des liaisons dangereuses et des couples, de même qu'il y aura toujours des passages d'un monde à l'autre.

• *Après cette féminisation du journalisme politique dans l'espoir de recueillir des confidences sur l'oreiller ou pas loin, voit-on aujourd'hui des journalistes hommes en couple avec des femmes politiques ?*

Il y a quelques exemples. En écrivant mon livre *Le Contact et la distance*, j'ai découvert l'histoire d'un journaliste de *Libération* et d'une célèbre responsable socialiste : cette liaison est demeurée inconnue du grand public, alors qu'elle a donné lieu à deux romans à clés. Mais dans la plupart des cas, le modèle reste celui de couples formés par un homme politique et une femme journaliste. De la même manière, lorsque ces liaisons sont révélées, on cible les femmes, et c'est à elles que l'on demande de cesser leur activité. Cela prouve que le pouvoir politique, même très attaqué, conserve sa prééminence, alors que la profession de journaliste continue d'être tenue pour secondaire. À titre personnel, je ne vois pas pourquoi la presse serait toujours considérée comme inférieure au pouvoir politique au point que si l'un des deux, dans un couple, doit se mettre en retrait, c'est forcément le journaliste. En l'occurrence, la journaliste, en général. Le politique, lui, continue à travailler… Pourquoi cette hiérarchie ? Je ne comprends pas ! Il faut donc éviter le piège du sexisme : accuser les femmes journalistes et elles seules, c'est ne retenir que la partie émergée de l'iceberg.

S'il y a un problème français, il réside davantage à mon avis dans la formation elle-même. Le journaliste David Abiker est l'un des meilleurs amis de l'ancien Premier ministre Édouard Philippe. Ils ont été condisciples à Sciences-po et sont restés depuis des amis très proches. Aucun n'est évidemment responsable ! Mais en France, on forme les futures élites, notamment journalistiques et politiques, dans les mêmes lycées, puis les mêmes écoles, et des pratiques de fréquentation demeurent. C'est donc l'étroitesse de la formation des élites françaises qui pose problème, me semble-t-il. Même si aucun modèle n'est parfait, je pense qu'on devrait davantage s'inspirer de la pratique du *Stay away from power* qui prévaut aux États-Unis.

• *On aurait donc raison de parler d'une classe ou d'une caste politico-médiatique ?*

Je n'emploie pas ces termes. Parler de classe, c'est par exemple la critique des Gilets Jaunes considérant que ces deux pouvoirs n'en feraient qu'un. Or ce n'est pas vrai. Il y a toujours eu énormément de journalistes très attachés à une indépendance vis-à-vis du pouvoir, quelle que soit l'époque. Et aujourd'hui, plus encore. Même si des relations incestueuses persistent, je suis rassuré lorsque je constate que le modèle des jeunes journalistes est de plus en plus le journalisme d'enquête et d'investigation, celui d'Ariane Chemin ou de Florence Aubenas. Ce modèle du reportage est venu des États-Unis mais il a très vite été adopté en France dans la deuxième moitié du XIXe siècle. Il a permis le développement d'un imaginaire positif du journalisme, alors que la représentation des journalistes était presque toujours dépréciative jusque-là : d'où le succès de héros comme Rouletabille ou Tintin. Voilà ce qui intéresse les plus jeunes, plutôt que le journalisme de cour !

Une émission comme *Quotidien*, dont on connaît la popularité auprès du jeune public, dénonce régulièrement la connivence. En octobre 2016, lors d'un voyage officiel de Manuel Valls en Afrique, le journaliste Hugo Clément a par exemple montré comment Nicolas Domenach a bénéficié de l'avion personnel du Premier ministre et des cocktails allant avec. Dans une séquence devenue virale, Hugo Clément demande à Nicolas Domenach, qui tient un verre de champagne dans une main et des amuse-gueules dans l'autre, s'il est encore indépendant du pouvoir. Ce dernier répond qu'un journaliste doit être au contact pour ensuite prendre de la distance. Il fait allusion à une formule célèbre d'Hubert Beuve-Méry, selon laquelle « le journalisme c'est le contact et la distance. » Mais pour le fondateur du *Monde*, un journaliste doit préserver un équilibre entre ces deux attitudes simultanément : ainsi, selon Jean Lacouture, Beuve-Méry n'autorisait les journalistes du *Monde* à accepter les invitations de responsables politiques qu'« à condition bien sûr de cracher dans les plats ». La séquence de *Quotidien* était très cruelle, mais elle montre bien à quel point ce modèle est critiqué par la jeune génération.

• *La connivence serait donc en reflux ?*

En tout cas, elle passe de moins en moins bien. Y compris chez les journalistes eux-mêmes.

• *Peut-être parce qu'elle se voit de plus en plus…*

Voilà ! Je crois qu'il existe des vigies, un contrôle démocratique par d'autres médias, grâce auquel ces pratiques sont de moins en moins acceptées.

• *La presse alternative étant tout aussi prolixe en* fake news *que la presse officielle, l'information indépendante sur la Toile est-elle un antidote à la connivence ?*

Il existe des pratiques condamnables sur Internet, mais elles viennent plutôt des réseaux sociaux ou de titres de presse à la dérive fabricant du contenu qui n'a de journalistique que le nom. Avec une rédaction respectant une déontologie, on limite le risque de *fake news*. Dès lors, les *pure-players* comme *Mediapart* ou *Arrêt sur images* peuvent jouer un rôle très positif. Depuis la grande loi sur la presse de 1881, le travail des journalistes est régulé, et ces règles s'appliquent aussi bien aux journaux papier qu'aux sites d'information en ligne. Le problème est que sur Internet, vous avez aussi des titres de presse bidon ou manipulés par des puissances étrangères, beaucoup d'anonymes, ou des fabriques de trolls qui, eux, ne sont contrôlés par rien, ne répondent à aucune charte, et s'autorisent à raconter n'importe quoi.

• *Soit en étant grossièrement connivents, soit en traquant la faute ou en faisant preuve de dérision, les journalistes politiques contribuent-ils à cette ambiance générale faisant systématiquement passer les politiques pour des cons ?*

C'est un reproche souvent adressé à la presse satirique depuis le XIXe siècle, qui dégraderait l'image du politique en voulant bien faire. On l'entend encore à propos de *Charlie* ou du *Canard enchaîné* par exemple. Or ce que je trouve vraiment condamnable durant ces dernières décennies n'est pas venu de la presse. Ou alors, d'une presse très marginale. Par exemple, Georges Pompidou a été attaqué à l'automne 1968 dans l'un des volets de l'affaire Markovic par *Minute*, qui insinuait, à tort évidemment, qu'il organisait des ballets roses avec sa femme et qu'ils étaient tous deux totalement dépravés. En juillet 1970, Pompidou devenu président a fait voter une loi protégeant davantage la vie privée, en tenant compte de son expérience personnelle. À l'image de cette affaire, les attaques abaissant le pouvoir politique viennent souvent soit de journaux d'extrême droite ou d'extrême gauche, soit de figures médiatiques. Dans l'ensemble, la presse dite « *mainstream* » respecte le droit des responsables politiques à la vie privée, sauf lorsque ces informations sont réellement d'intérêt public. On l'a bien vu avec l'affaire Griveaux, qui relevait d'un ordre strictement privé : cette information-là n'est pas venue de la presse mais au contraire de gens qui, à l'image de Juan Branco, la détestent et la décrivent comme tenue par des forces occultes et des oligarques.

• *Si les journalistes n'ont pas à tout révéler sur la vie privée, l'omerta sur l'existence de Mazarine Pingeot, par exemple, protégée et logée aux frais du contribuable, n'a-t-elle pas été absolument dévastatrice ?*

Si, en effet. Le terme « Jupiter » mis en avant par Emmanuel Macron vient en fait de la présidence Mitterrand : c'est Jacques Pilhan, son communicant, qui l'avait employé. C'est l'idée que le président est maître des horloges, qu'il ne répond pas aux médias mais que c'est lui qui fixe l'agenda. Mitterrand a ainsi révélé tardivement tous ses secrets par le biais de journalistes connus et reconnus, notamment Jean-Pierre Elkabbach ou Pierre Péan, mais au moment où il l'avait décidé. À la fin de son second septennat, alors qu'il s'interroge sur la trace qu'il va laisser dans l'Histoire, il utilise la presse pour révéler son cancer, sa fille cachée ou son passé vichyste. L'excuse des journalistes de l'époque pour ne pas divulguer l'existence de Mazarine alors que tout le monde la connaissait, est qu'on ignorait totalement l'ampleur des moyens de l'État pour assurer sa protection.

C'est en effet un vrai problème que la presse ait si longtemps accepté de s'en tenir aux informations que le pouvoir voulait bien lui donner. Aux États-Unis aussi, on a tu la maladie de Roosevelt et son infirmité physique, on a tu les maladies de Kennedy, et ça n'a changé qu'en 1967, avec un nouvel amendement de la constitution américaine. En principe… car dans la campagne de 2016, Hillary Clinton a fait de la rétention d'informations sur sa santé. Donald Trump a gagné en partie en jouant sur les infirmités physiques de son adversaire, en la décrivant comme inapte à exercer le pouvoir, voire moribonde. Quand on est politique, le fait de mentir sur de telles questions peut se retourner contre vous…

Pourtant, le tableau n'est jamais complètement noir. Mitterrand a révélé sa maladie en 1992. Mais dès 1981, *Paris-Match*, alors que le président venait à peine de commencer son premier septennat, avait révélé qu'il consultait un urologue dans une clinique, sous un faux nom, et repartait en boitant. Mitterrand s'en est expliqué, et la presse a accepté de s'en tenir à ces fausses explications et aux bilans de santé qu'il donnait régulièrement et dont on savait qu'ils étaient mensongers. Alain Duhamel m'a raconté qu'au début du deuxième septennat, Jean-Pierre Elkabbach et lui ont été invités à Latché. Il y avait là le docteur Gubler et l'urologue qui suivait Mitterrand, le Professeur Steg. Aucune allusion à la maladie n'a été faite durant le repas. Mais quand on connaissait Mitterrand, on savait qu'il voulait dire : « Les rumeurs sur mon cancer de la prostate sont avérées. Je suis suivi par d'excellents médecins. Et maintenant, vous vous taisez. » Et ils se sont tus. Mais ils assurent qu'ils ne se tairaient plus aujourd'hui. On sait aussi qu'après son AVC de 2005, Jacques Chirac n'était plus en état d'exercer. Il avait des vertiges, des trous de mémoire, sa langue a fourché lors de nombreux discours, il était quasiment absent. C'est pour ça qu'on ne l'a pas vu au moment du CPE ou des émeutes urbaines : son effacement de la scène politique venait en grande partie de son état de santé. Les journalistes le savaient, mais très peu l'ont dit en dehors de Béatrice Gurrey, du *Monde*, qui l'a révélé à plusieurs reprises mais qui, du coup, a été exclue par Claude Chirac du suivi de l'Élysée. Nous avons eu, depuis, des présidents bien portants, tant mieux, mais qu'en serait-il si nous en avions un porteur d'un lourd secret ? Quel serait le rôle de la presse ? Je m'interroge vraiment, car malheureusement il n'y a aucun exemple où la presse ait su s'affranchir de cette omerta sur les questions de santé.

En matière de vie privée, la règle a longtemps été de ne rien dire, même lorsqu'une information était d'intérêt public. Lors de la campagne de 2007, Raphaëlle Bacqué et Ariane Chemin auraient voulu révéler la rupture entre François Hollande et Ségolène Royal, mais *Le Monde* s'y est opposé au nom justement du respect de la vie privée : elles n'ont donc divulgué cette information qu'après l'élection, dans leur livre *La Femme fatale*. C'était pourtant d'utilité publique évidente : le premier secrétaire du Parti socialiste dit une chose, la candidate dit le contraire dans la même journée, or ils sont censés être en couple. L'explication, que connaissaient tous les journalistes politiques d'ailleurs, c'est qu'ils ne sont plus en couple et qu'ils sont même en guerre ! On peut penser cependant qu'aujourd'hui la presse a évolué sur ces sujets, et qu'un journal comme *Le Monde* publierait ce type d'informations.

• *À votre connaissance, y a-t-il encore des pratiques d'omerta sur des sujets précis montrant une connivence entre journalistes et politiques ?*

Il y a je crois un avant et un après Strauss-Kahn. Après une phase de déni, la déflagration de 2011 a amené beaucoup de journalistes français à se remettre en cause. La concurrence de journaux comme *Mediapart* a aussi amené des changements. Je pense donc que les omertas sont beaucoup moins fortes. *Le Monde* vient par exemple d'expliquer que Nicolas Sarkozy avait télécommandé des articles dans *Le JDD* visant à l'innocenter dans les affaires l'incriminant, et à décrédibiliser *Mediapart*. Sur les questions de vie privée, je suis rassuré aussi par le rôle qu'a joué *Closer* en 2014 dans l'affaire du scooter. François Hollande sortait toutes les nuits, quasiment sans protection, ce qui posait évidemment un réel problème. Signalons au passage que l'auteur de la photo était Sébastien Valiela, qui avait déjà pris la photo de Mitterrand et Mazarine dans *Paris-Match*, vingt ans auparavant, parce que Mitterrand l'avait souhaité. À l'époque, c'était une fausse paparazzade : Mitterrand avait dit qu'il serait présent dans ce restaurant avec sa fille, et que les photos étaient autorisées. C'était donc une révélation orchestrée, ou en tout cas consentie par Mitterrand. Vingt ans après, avec un autre François socialiste, le même paparazzi a cette fois photographié le président sans demander son accord.

Il y a donc des signes d'évolution, mais l'on peut s'interroger sur le quinquennat en cours : sous Macron, le même Sébastien Valiela fait partie des rares paparazzis autorisés à réaliser des photos du président, puisqu'il travaille pour l'agence Bestimage de Mimi Marchand, qui bénéficie d'un accès privilégié au couple présidentiel. Il est donc devenu une sorte de photographe officiel ! C'est un retour en arrière par rapport au rôle qu'il a joué dans l'affaire du scooter : il se trouve aujourd'hui dans la proximité immédiate du pouvoir. Si on veut interdire les photos du reste de la presse, c'est parce que celles de Brigitte et Emmanuel Macron sont retouchées. Or, le rôle d'Alexandre Benalla, qui était capable de violence physique avec les journalistes, même pendant les campagnes, était de permettre aux paparazzis officiels d'arriver jusqu'au couple en empêchant les autres de le faire. La révélation de l'affaire Benalla dans les pages du *Monde* me rassure également de ce point de vue : ça veut dire que la presse est capable de jouer son rôle, pleinement, et malgré les pressions du pouvoir. Il y aura toujours une presse de l'entre-soi, de la connivence, notamment sur les sujets *people*, mais heureusement il existe aussi un contrôle démocratique exercé par une presse réellement indépendante du pouvoir.

• *On filtre donc les paparazzis qui ont le droit de voler des photos qu'on retouchera ensuite ?*

C'est ce qui a été mis en place très rapidement durant le mandat d'Emmanuel Macron. C'est tout à fait officiel ! Macron a vu l'échec de François Hollande notamment sur ces questions-là, c'est-à-dire trop de proximité, d'horizontalité, d'accessibilité, et a voulu faire l'inverse. Il est peut-être allé trop loin dans l'autre sens… Mais je suis persuadé que l'affaire Benalla n'aurait pas pu sortir il y a une quinzaine d'années. La presse est plus indépendante et plus critique depuis l'affaire Strauss-Kahn.

• *Mais l'affaire Benalla est sortie sur les réseaux sociaux avant de se retrouver dans la presse ?*

Plus exactement, c'est Taha Bouhafs, un ancien militant de la France insoumise, pas encore journaliste à l'époque, qui a filmé et diffusé la scène. Mais le travail journalistique a été effectué ensuite par Ariane Chemin. C'est elle qui a identifié Benalla, puis déroulé le fil en expliquant pourquoi il n'avait pas été sanctionné.

• *Ça veut dire qu'une info sauvage sortie sur Internet oblige les journalistes à accomplir un travail qu'ils n'auraient peut-être pas réalisé autrement ?*

Je ne crois pas : ces images sont une source parmi d'autres utilisées par Ariane Chemin. J'ai tendance précisément à invoquer cet exemple pour montrer que le journalisme est irremplaçable. N'importe qui peut filmer une manifestation et se proclamer journaliste, or le journalisme demande un travail pour contextualiser l'image que l'on produit. Le travail a été fait par l'équipe du *Monde* et Ariane Chemin en particulier. Taha Bouhafs le reconnaît d'ailleurs. Si on admet que le simple fait de filmer des images et de les mettre sur Internet, c'est du journalisme, on est tous journalistes… Et plus personne ne l'est vraiment.

• *Mais on se permet de publier sur Internet des éléments que n'auraient pas publié les journalistes par ailleurs ?*

C'est évident pour l'affaire Strauss-Kahn. En juillet 2007, au moment de sa nomination au FMI, Jean Quatremer avait publié sur son blog, « Les coulisses de Bruxelles », un article expliquant que les nouvelles fonctions de DSK allaient créer des problèmes parce que les Américains n'avaient pas notre tolérance vis-à-vis des comportements sexuels. Et s'il l'a écrit sur son blog, c'est parce qu'il savait que *Libération* ne le publierait pas. Opposer Internet et le papier avait du sens à l'époque, ça en a beaucoup moins aujourd'hui puisque l'essentiel du contenu journalistique est désormais en ligne. Certains sites de presse alternative montreraient peut-être plus de facilités à divulguer ce type d'information qu'un grand site officiel, mais je crois vraiment que cette affaire a initié un basculement.

Propos recueillis par Jean-François Marmion

La Révolution, un idéal inachevé

Entretien avec **Annie Jourdan**

Professeure associée en études européennes
à l'Université d'Amsterdam.

TROP
C'EST
TROP

« Il se rencontre aussi dans le cœur humain un goût dépravé pour l'égalité, qui porte les faibles à vouloir attirer les forts à leur niveau, et qui réduit les hommes à préférer l'égalité dans la servitude à l'inégalité dans la liberté. »

Tocqueville, *De la démocratie en Amérique*, Livre I

• *Emmanuel Macron a publié un livre intitulé* Révolution, *avant d'être confronté aux Gilets Jaunes dont certains entendaient, précisément, en faire une… mais pas la même. Le terme de révolution recouvre-t-il tout et son contraire ?*

Avant 1789, le terme de révolution n'avait pas la même signification. On l'employait à propos d'un retour à la case départ (au sens cosmologique), ou à propos d'un changement radical de stratégie, de système d'alliances ou de personnel. Cet usage est revenu en force les dernières décennies, et c'est ainsi qu'il faut comprendre la « révolution », en l'occurrence politique, économique et technologique, qu'Emmanuel Macron promettait d'opérer s'il était élu… De la révolution industrielle à la révolution numérique, sans oublier les usages particuliers du genre « révolution cosmétique », le terme s'est tellement banalisé au cours des siècles qu'on ne sait plus très bien ce qu'il veut dire ! Récemment, l'historienne Ludivine Bantigny en concluait même à une « domestication » du concept.

En 2002, Jean Nicolas, spécialiste des mouvements populaires des XVIIe et XVIIIe siècles, (re)définissait les diverses formes ponctuant l'histoire de France et les distinguait de la « révolution » par des appellations spécifiques : émotion, jacquerie, sédition, rébellion, révolte, insurrection… Tous ces phénomènes impliquent des coalitions limitées avec des objectifs précis, et sont habituellement de courte durée. Inversement, une révolution digne de ce nom rassemble une vaste partie de la population et possède une dynamique spécifique, qui fait que ses débuts diffèrent fortement de ses déroulement et aboutissement. Une dynamique incontrôlable aussi, qui touche à tous les secteurs de la vie en société et qui renverse gouvernement, institutions et structures diverses, jusqu'aux frontières intérieures d'un État, ainsi qu'en témoigne la formation des départements de 1790. De là découle également le changement, aussi rapide qu'inattendu, des élites gouvernantes et de leurs objectifs. Les conséquences en sont dramatiques, car une révolution divise automatiquement la société et crée des oppositions irrépressibles de la part de ceux qui ont tout à perdre du nouvel ordre des choses. Ainsi, les loyalistes américains de 1776-1783, expulsés de la société nouvelle, expropriés et exilés à Londres ou au Canada, luttaient aux côtés des Anglais et trahissaient la cause patriote. La France, qui eut à affronter l'opposition farouche des royalistes jusqu'en 1803 au moins, vécut une situation identique.

• *La révolution véhicule des stéréotypes avec tout un répertoire de symboles, de gestes et même de musiques. Quels sont-ils ?*

La Révolution française nous a en effet légué un réservoir inépuisable de monuments, d'allégories, de symboles, de slogans, de termes, de gestes et de chants. Certains d'entre eux sont devenus des stéréotypes connus et reconnus, que ce soit la guillotine, le bonnet phrygien, la pique ou les têtes coupées. Or, les premiers stéréotypes ont été inventés… par les ennemis de la Révolution ! Les caricaturistes britanniques ont ouvert la voie, en métamorphosant les Jacobins en fous furieux affamés. Les royalistes français et européens ont emboîté le pas, suivis bientôt par les Thermidoriens, qui, pour se démarquer de la période dite de la Terreur, ont affublé les protagonistes des épithètes les plus dévalorisantes : anarchistes, buveurs de sang, tigres, tyrans sanguinaires… La guillotine s'est imposée dès lors comme le symbole de la période, avec Robespierre pour maître d'œuvre ! De là date le mythe de la Terreur, analysé par Jean-Clément Martin et moi-même. En réalité, il y eut des terreurs multiples et variées, c'est certain, mais elles s'exerçaient de part et d'autre du champ politique, dans un contexte de guerre civile effective (Vendée) ou larvée (complots et attentats royalistes contre les révolutionnaires).

Tous les stéréotypes ne sont pas négatifs et ne datent pas forcément de 1789 : *La Liberté guidant le Peuple*, d'Eugène Delacroix (1830), est restée si célèbre qu'elle inspire jusqu'aux insurgés étrangers. Notamment les Américains du mouvement « *Black lives matter* » qui, récemment, publiaient en couverture de *Rolling Stone* une Liberté noire, le poing levé, guidant les manifestants (par l'artiste Kadir Nelson). Le poing levé est une constante du registre contestataire, en tant que symbole de lutte et de combat.

Les symboles peuvent aussi bien être captés par ceux qui, à l'origine, étaient contre-révolutionnaires, que par ceux qui partagent les idéaux de 1789. Je pense au tricolore républicain et à l'hymne national, dont le succès auprès des nationalistes de tous bords ne se dément pas. Le parti des Républicains français, qui n'est certes pas de gauche, célèbre lui aussi l'un et l'autre. C'est dire que pour certains symboles, l'origine révolutionnaire s'est évaporée. On l'a volontairement oubliée ! Ce n'est pas le cas du bonnet rouge phrygien, attribut des sans-culottes de 1792, fréquemment récupéré par des contestataires, que ce soit les paysans bretons de 2013 ou les Gilets Jaunes de 2018-2019.

Outre ces symboles, ces images, ces gestes, il y a encore les chants. Le *Ça ira !* est régulièrement réactualisé, notamment dans l'opéra rock *1789. Les amants de la Bastille* de 2012 ; ou bien le *Chant du départ*, que Valéry Giscard d'Estaing aurait souhaité voir remplacer *La Marseillaise*, sans obtenir gain de cause. Tous ces airs constituent une partie de la mémoire collective des Français, qu'ils soient révolutionnaires ou contre-révolutionnaires. Seuls les royalistes purs et durs persistent à les ignorer…

• *Autre stéréotype : pendant une révolution, la violence se justifie.*

Dans l'ensemble, l'imaginaire national retient en premier lieu la violence de la Révolution : massacres, exécutions, noyades et fusillades… Mais chaque camp sur-valorise avant tout la violence de l'adversaire. Prenons par exemple la noblesse française et européenne. Dans ses salons, il n'est d'abord pas rare de découvrir des figures en porcelaine, sans tête. Guillotinées ! Or, on sait désormais que la noblesse a été moins souvent victime du « rasoir national » que les membres du Tiers-État. Qui plus est, certains nobles se sont fort bien accommodés du nouvel ordre des choses et en ont même profité. D'autres ont fait carrière dans l'armée. Les Vendéens, eux, insistent sur les drames qui ont décimé leur population, mais négligent de rapporter les horreurs qu'ils ont eux-mêmes infligées aux républicains (les Bleus, comme on disait à l'époque) ! Balzac était plus équitable en écrivant *Les Chouans*.

En dépit des récits sérieux d'historiens critiques, qui s'adressent à la raison et tentent avant tout d'expliquer, l'image d'une révolution brutale s'est imposée. On la doit non seulement aux contemporains hostiles au nouvel ordre, mais encore aux représentations colportées par les historiens de garde, qui, eux, s'adressent à l'émotion. Représentations reprises notamment par le cinéma. Je pense à *La Révolution française* sortie en 1989, dont le second volet, *Les Années terribles*, reproduit l'image stéréotypée d'un régime de terreur, marqué par les violences de révolutionnaires fanatiques. Pour mieux comprendre ce qui se passe dans des situations aussi singulières que tragiques, mieux vaut pourtant entreprendre des études comparatives. Pourquoi, en effet, la France serait-elle la seule à avoir agi de la sorte ? Pourquoi serait-elle une exception ? Pourquoi en faire un genre de monstre en la matière ? Un aperçu des violences révolutionnaires dans d'autres régions du globe peut apporter un éclairage intéressant. Et l'on s'apercevra qu'en matière de violence étatique, l'Angleterre révolutionnaire occupe la première place en 1642-1651 ou en 1688-1689. Bientôt suivie par les États-Unis d'Amérique, où le pourcentage de décès est à peu près semblable à celui de la France alors que la Révolution américaine passe pour pacifique ! Même situation dramatique en Suisse ou en Italie entre 1798 et 1802, où les populations se divisent entre révolutionnaires et contre-révolutionnaires, et où les violences des uns ne le cèdent en rien à celles des autres. En instaurant un gouvernement de salut public, la Révolution française cherchait justement à freiner les excès et à réglementer la violence anarchique qui risquait d'enflammer les départements. Une comparaison un peu sérieuse permet ainsi de comprendre que les violences sont inséparables des grands bouleversements que sont les révolutions. Il n'y a pas jusqu'aux « révolutions de velours » qui ne soient ponctuées de brutalités, ainsi qu'en témoignent les terribles conflits ethniques qui ont suivi l'écroulement du communisme. Pensez à Sarajevo !

Et puis, à force d'associer révolution et violence (notamment la violence populaire, symbolisée par une tête perchée tout en haut d'une pique), on oublie la violence inouïe dont héritaient les protagonistes : celle de l'Ancien Régime et de ses supplices ! On passe également sous silence ce que la Révolution a accompli de louable et qui se perpétue, de l'humanité des peines à la publicité de la justice ou aux Droits de l'Homme et à la constitution écrite. Bref, tout ce qui remplit de fierté aujourd'hui encore l'ensemble des Français.

• *L'imaginaire de la révolution est-il de droite ou de gauche, au XXIe siècle ?*

Les déboires du socialisme ont stimulé ses adversaires à s'en prendre à l'héritage révolutionnaire et à renouer avec les réactionnaires des siècles précédents, qui regrettaient le prétendu âge d'or de la France. Sur l'échiquier politique actuel, il y a donc des néo-bonapartistes (partisans du grand homme providentiel) et des royalistes (partisans de la tradition). Face à eux, la gauche est tout autant divisée. Les adeptes du babouvisme (ancêtre du communisme) et d'une ultra-gauche sociale s'opposent aux socialistes, moins égalitaristes. Et puis, il y a les libertaires, allergiques à toute forme d'étatisme, au nom de la liberté. Eux répugnent à la contrainte. Mais, même au sein des défenseurs de la Révolution, les divisions et querelles sont légion et ne datent pas d'hier. Les uns étaient robespierristes, les autres dantonistes, ou hébertistes. Il y avait aussi les amis des Girondins, vus comme des libéraux avant l'heure, tandis que les Jacobins seraient des proto-totalitaristes : Jonathan Israël, spécialiste de Spinoza et des Lumières radicales, qualifie ainsi les deux camps qui se disputent le pouvoir en 1792-1793. À ses yeux, seuls les Girondins seraient d'authentiques républicains démocrates, tandis que les Jacobins seraient les ancêtres des populistes modernes. Face à ce fatras d'opinions divergentes, comment s'y retrouver ?

Il est donc difficile de pénétrer les mystères de l'événement fondateur que fut la Révolution française. À l'époque du bicentenaire de 1989, un sondage d'opinion montrait qu'une majorité de Français acceptait leur révolution et le monde nouveau qu'elle avait créé. Trente ans plus tard, il n'est pas sûr qu'ils répondent encore de la sorte. Entre-temps, les médias les plus influents sont tombés entre les mains de conservateurs qui refusent toute relecture empathique de cet événement fondateur, et insistent à l'inverse sur le sort tragique de la famille royale (voir le documentaire de Stéphane Bern et Lorànt Deutsch sur France 2). Robespierre et ses amis sont de nouveau croqués comme des monstres et l'entreprise révolutionnaire comme une aberration. Le film *Un peuple et son roi* de Pierre Schoeller aurait pu orienter l'opinion vers une empathie plus vive, mais le film a eu peu de succès auprès du grand public. Il est vrai que d'autres événements attiraient toute son attention : les Gilets Jaunes !

• *Justement, les Gilets Jaunes ont-ils été jugés par les politiques et les médias comme indignes d'incarner une révolution ?*

La Révolution demeure ou redevient un épouvantail pour les « gens de bien », comme on disait à l'époque, car elle fait craindre des excès, des spoliations et des violences populaires. Elle n'en est pas moins vue, dans la mémoire populaire, comme un idéal inachevé, et, par suite, toujours à venir. Le mouvement des Gilets Jaunes l'a bien montré. Il a ressuscité le souvenir des sans-culottes auxquels les contestataires ont été souvent comparés. Tout avait commencé comme une simple jacquerie : des hommes et des femmes mécontents protestaient contre la nouvelle taxe carbone. Mais bien vite d'autres motifs s'y sont ajoutés, qui pointaient dans une direction plus révolutionnaire, telle que l'injustice sociale, la question du pouvoir d'achat et celle, hautement politique, de la démocratie. Effarouchés, les médias ont réquisitionné les historiens pour qu'ils leur expliquent le phénomène et en prédisent les conséquences. On a sorti des oubliettes le mot de révolution... mais le coronavirus est arrivé, et les Gilets Jaunes sont rentrés chez eux. Comme les autres, ils ont été confinés.

Eux, pourtant, ont bien montré à quel point la Révolution française était vivante dans l'imaginaire collectif. Ils en ont réuni plusieurs éléments pour donner du poids à leur argumentation : cahiers de doléances, bonnets rouges, guillotine, souveraineté populaire, contrôle de la représentation, demande de référendum. Il n'empêche : tout cela ne fait pas une révolution. D'autant moins qu'ils n'ont aucun vrai chef de file (pas de Mirabeau ni de Sieyès), et que leurs revendications sont disparates tout comme leur coalition fragmentée. Une révolution véritable découle d'un concours inédit de circonstances. Elle est imprévisible, contrairement au coup d'État dûment préparé. Il serait donc trop hâtif de conclure à la révolution. Il n'en reste pas moins que les Gilets Jaunes ont ranimé une tradition révolutionnaire, dont les temps forts coïncident le plus souvent avec des conflits sociaux et politiques. Ils ont terrifié les puissants, ne nous y trompons pas ! De là aussi l'accueil de plus en plus négatif des médias officiels, qui ont accablé les contestataires d'épithètes fallacieuses ou d'étiquettes trompeuses.

• *La Révolution serait donc à la fois un idéal inachevé et un épouvantail ?*

Force est de noter un paradoxe typiquement français. D'une part, la France est plutôt fière de sa révolution, de son universalité, de ses principes et de ses symboles. D'autre part, nombre de Français se laissent trop souvent séduire par les historiens affabulateurs, prosélytes de la royauté. Ils pleurent la mort de Marie-Antoinette, mais n'éprouvent aucune empathie pour le triste sort réservé aux héros révolutionnaires qui ont pourtant tout sacrifié pour leur offrir ce dont ils jouissent aujourd'hui. Les seuls qui pourraient ressentir quelque sympathie pour ces « vaincus de l'histoire », ce sont ceux qui vivent dans leur quotidien les oppressions et les injustices, tels les Gilets Jaunes. C'est-à-dire les laissés-pour-compte, les classes précaires, les citoyens ordinaires. Eux se reconnaissent dans les foules révolutionnaires en colère, qui ne répugnaient pas à la violence pour atteindre leurs objectifs.

La Révolution a toujours eu de nombreux ennemis : tous ceux qui ne se reconnaissaient pas dans les changements en cours ou qui faisaient partie intégrante de l'Ancien Régime et avaient donc tout à perdre. Dès lors, on pourrait parler de *deux France* : celle qui aspire au progrès et se félicite des avancées politiques et sociales, et celle qui ne souhaite rien changer ou très peu. Mais depuis 1789, bien de l'eau a passé sous les ponts, et les Français, qu'ils soient conservateurs ou non, sont presque tous devenus républicains, sans pour autant reconnaître tout ce dont ils sont redevables à la Révolution. Il est cocasse en effet d'entendre des roturiers fulminer contre l'événement auquel ils doivent justement leur droit de parole et leur liberté d'expression ! Les pourfendeurs de 1789 oublient aussi qui leur a accordé l'égalité des droits, la suppression des privilèges, de la féodalité et du principe héréditaire. Sans la Révolution, tout cela se serait maintenu indéfiniment. Les ennemis de la Révolution oublient encore les progrès accomplis en matière de justice, qui s'opère au grand jour et non plus arbitrairement. Les peines corporelles et la torture ont été supprimées. La codification s'est imposée, mettant fin à l'arbitraire et prônant l'égalité de tous devant la loi. La primogéniture par exemple est abolie, et tous les enfants ont obtenu un droit égal à l'héritage parental. Parallèlement, une constitution écrite, précédée d'une Déclaration des droits naturels de l'Homme, a instauré la séparation des pouvoirs, la représentation élue et non plus cooptée ou nommée. Désormais, le roi ou le prince ne cumulait plus tous les pouvoirs, mais, en temps de monarchie constitutionnelle, les partageait avec des représentants choisis par les citoyens français. L'ironie de l'histoire, c'est donc que les ennemis de la Révolution incriminent ceux qui ont contribué à leur ascension sociale, économique et politique et leur ont conféré leurs libertés individuelles. Tout en chérissant des symboles tels que *La Marseillaise*, la Liberté (Marianne) et le tricolore.

Aujourd'hui encore, la Révolution compte autant d'amis que d'ennemis. Il ne faut pas se leurrer ! Les médias eux-mêmes prennent parti. Ainsi *Valeurs actuelles* sortait en 2019 un hors-série sur la Révolution qui se focalisait exclusivement sur sa face sombre. D'autres affirment à tout vent que la Révolution est morte et enterrée, tout en admettant ailleurs qu'elle parle toujours à l'inconscient des Français (sic !). Les ennemis actuels de la Révolution haïssent avant tout le parlementarisme. Ils ont un faible pour l'homme fort, tel Bonaparte, qui a su imposer silence à la bande d'avocats et d'idéologues qui gouvernaient la

France… On sait où mène ce genre de prédilections ! D'autres sont proches du royalisme et nostalgiques des splendeurs de Versailles… sans comprendre qu'ils en seraient exclus. Quelle ancienne noblesse souhaiterait s'entourer de vulgaires histrions ? Dans ce genre de sociétés où tout est fondé sur la naissance, ils seraient tout au plus laquais !

Propos recueillis par Jean-François Marmion

À lire

J. Nicolas, *La Rébellion française. Mouvements populaires et conscience sociale*, 1661-1789, Seuil, 2002.

L. Bantigny, *Révolution*, Anamosa, 2019.

A. Jourdan, *Nouvelle histoire de la Révolution*, Flammarion, 2018.

J.-C. Martin, *Violence et Révolution. Essai sur la naissance d'un mythe national*, Seuil, 2006.

M. Biard, *Missionnaires de la République. Les représentants du peuple en mission*, éd. du CTHS, 2002.

J. Israël, *Idées révolutionnaires. Une histoire intellectuelle de la Révolution française*, Alma-Buchet-Chastel, 2019.

Les Gilets Jaunes : beaufs ou révolutionnaires ?

Pascal Perrineau

Professeur des Universités émérite à Sciences Po.
Expert auprès du Conseil de l'Europe.

« En France, on laisse en repos ceux qui mettent le feu, et on persécute ceux qui sonnent le tocsin »
Chamfort, *Maximes et pensées*

Jacques Lacan rappelait en 1975 que si « la psychanalyse est un remède contre l'ignorance, elle est sans effet sur la connerie ». Ainsi, il ne suffit pas de lutter contre l'ignorance : la connerie est un môle irréductible, à l'œuvre chez les « ignorants » comme chez les « savants ». Et la crise des Gilets Jaunes a été un moment intéressant dans la mesure où les bêtises et les approximations des savants et des ignorants, ou de ceux qui sont présentés comme tels, ont fait florès.

Rappelons quelques faits. À la fin de l'année 2018, la France a pu donner l'impression d'un régime qui risquait d'être balayé par la démocratie sauvage et expéditive d'une rue convoquant, comme toujours, la figure ambiguë mais symboliquement puissante du « peuple en colère ». Partis et syndicats assistaient en spectateurs à une mobilisation qui leur échappait, les élus étaient plus que jamais vilipendés et le premier d'entre eux, le président de la République, était déboussolé par la fronde qui semblait traverser tout le pays. Les élites du savoir et du pouvoir étaient totalement désorientées par ceux qui se présentaient comme les « petits et les sans-grade » d'un peuple en révolte, ignoré et ignorant aux yeux de nombre de « savants ».

La France va connaître, pendant des mois, l'irruption, dans les rues des villes et sur les ronds-points des zones urbaines et rurales, de dizaines de milliers d'hommes et de femmes revêtus de gilets jaunes, de milieux populaires qui n'avaient pas l'habitude de se mobiliser, non encadrés, et porteurs de banderoles et de pancartes aux revendications hétéroclites et parfois ubuesques : « Travail, famine, pâtes, riz » ; « Sans casseurs, pas de 20 heures » ; « Macron, toi et ta clique : tous au SMIC » ; « Le plan : phase 1 les Champs-Élysées, phase 2 le Monde » ; « On en a gros » ; « Beau comme une insurrection impure » ; « Macron démission, sinon Révolution » ; « Ras-le-bol, marre de payer » ; « Je suis le peuple » ; « Colère noire, gilets jaunes » ; « Macron tu nous pompes » ; « Vivre et non survivre ».

Rarement un mouvement social avait paru aussi déstructuré et vecteur de rejets et de projets tous azimuts même si, derrière toutes ces revendications éparses, faisait retour une lutte des classes aussi peu façonnée qu'un objet brut. Les manifestations, commençant souvent sous l'allure de promenades paisibles sans but très précis sauf celui de se faire voir, pouvaient tourner rapidement en émeutes furieuses sous l'impact d'éléments plus ou moins vindicatifs et incontrôlés.

Un mouvement nouveau ?

Par rapport aux crises sociales du passé, celle des Gilets Jaunes a inventé un nouveau type de mouvement social. La question du débouché politique et représentatif des grandes mobilisations collectives s'est toujours posée. Mais la plupart du temps, ces mobilisations restaient dans l'orbite de la représentation partisane et syndicale, capable de mettre en place leurs propres instruments d'expression et de représentation. Tel fut le cas en 1936 lors de la victoire du Front populaire et de la mobilisation qui s'est ensuivie. En 1968, en dépit d'une sensibilité d'action directe non négligeable, les partis et les syndicats n'étaient pas hors-jeu. En 1995, les acteurs syndicaux restèrent très présents, même si les partis politiques d'opposition commençaient à perdre leur influence. Dans les dernières années, plusieurs mobilisations se sont organisées en marge des organisations traditionnelles, que l'on pense au mouvement des Indignés (2011) ou encore à Nuit debout (printemps 2016). On pense surtout aux Bonnets rouges manifestant en Bretagne en octobre 2013 : ceux-ci avaient mobilisé sur toute la région une soixantaine de comités locaux et mis en œuvre des cahiers de doléances. Ainsi, aujourd'hui, les mouvements s'imposent et se font entendre sans la médiation des organisations politiques ou syndicales. Ils cherchent un ailleurs de la démocratie représentative sous la forme d'une démocratie immédiate. Ils tentent de court-circuiter le monde de la représentation en activant une vision binaire du clivage politique et social où un peuple homogène se pose en s'opposant aux élites.

Le peuple des Gilets Jaunes descendu dans la rue revendique samedi après samedi sa commune aversion des élites et des privilèges. Le 1er décembre, à l'issue d'une manifestation de Gilets Jaunes au Puy-en-Velay, la préfecture est incendiée. Trois jours plus tard, le président de la République en visite dans cette préfecture est copieusement insulté : « Fils de pute, pourri… » Nombre de permanences de députés LaREM sont saccagées et certains d'entre eux sont menacés. Le 20 décembre 2018, le député LaREM de Haute-Saône vient au contact des Gilets Jaunes manifestant devant la préfecture de Vesoul et est accueilli aux cris de « Guillotine, guillotine ! ».

En janvier 2019, le député LaREM Jean-François Mbaye reçoit une lettre menaçante et raciste : « On va tout simplement te mettre une balle dans la tête (…) Tu vas mourir ! ». Le 8 février la résidence bretonne du président de l'Assemblée nationale, Richard Ferrand, fait l'objet d'une tentative d'incendie. Dans la nuit du 24 au 25 mai, une quarantaine de Gilets Jaunes vient au Mans devant le domicile de la secrétaire d'État aux cris de « Schiappa, on est venu te crever ».

Un vent mauvais de haine souffle sur le pays. Le sociologue Olivier Galland, tout en reconnaissant la réalité du retour de la thématique de la lutte des classes, considère que la révolte anti-élites est « bien plus grave qu'un conflit de classe (…) car elle touche au fondement du système démocratique[1] ».

La haine de la représentation

Au fur et à mesure des mobilisations des Gilets Jaunes, l'hostilité à toute représentation démocratique aboutit paradoxalement à une multiplicité de leaders plus ou moins reconnus (Priscillia Ludosky, Jacline Mouraud, Ingrid Levavasseur, Éric Drouet, Maxime Nicolle, Benjamin Cauchy, Christophe Chalençon…), et naissant au fur et à mesure du développement de la mobilisation. La lisibilité du mouvement en souffre beaucoup et les dissensions tournent parfois à l'affrontement.

1- O. Galland, « Retour de la lutte des classes ou retour de l'antiparlementarisme ? », *Telos*, 17 janvier 2019. https://www.telos-eu.com/fr:politique-francaise-et-internationale/

En 2019, faute de donner une direction au mouvement, c'est la logique insurrectionnelle qui s'impose. Comme le dit le philosophe Marc Crépon : « … la violence reste la façon la plus efficace de revendiquer et de manifester son identité (sa différence) et (…) l'on ne fait jamais mieux entendre et voir qui l'on est (ou qui l'on veut être) que dans et par la violence[2]. » Un parfum de transgression règne sur l'ensemble du territoire national. Du nord au sud et d'est en ouest, les Gilets Jaunes occupent des lieux stratégiques pour la mobilité automobile : ronds-points, péages d'autoroute, accès aux zones commerciales, tout cela dans une situation de parfaite illégalité.

Un populisme sans chef

La caractéristique des populismes protestataires est qu'ils affirment être les seuls à représenter ce qu'ils désignent comme le « vrai peuple ». Ils prétendent au monopole de la figuration du peuple et sont persuadés « d'être les cent pour cent[3] ». Le peuple en colère s'autorise de sa seule colère comme fondement de toute légitimité et légalité.

Le populisme peut se définir en deux traits principaux : d'une part, la coupure entre le peuple paré de toutes les vertus et des élites chargées de tous les maux ;

2- M. Crépon, « Comment la violence flambe », entretien, *Le Monde, Idées*, 12 janvier 2019.

3- Jan-Werner Müller, *Qu'est-ce que le populisme?* Définir enfin la menace, Premier parallèle, 2016.

d'autre part, un chef ayant la capacité d'incarner le peuple et d'exprimer directement ses intérêts. Parce qu'il rejette la figure du chef, le populisme des Gilets Jaunes n'est donc que la moitié du populisme. Les catégories du populisme sont utilisées, notamment le « dégagisme » qui s'exprime avec une volonté farouche de « sortir les sortants ». Le slogan « Macron, dégage » fleurit sur les murs de Paris et des grandes villes et sur les gilets jaunes des manifestants. Ceux-ci veulent surtout démettre le président mais ne donnent forme à aucune autre figure prenant sa place. Cette révolte se définit davantage par ce qu'elle rejette que par ce qu'elle propose.

Le partage de croyances et de rumeurs aide à la cohésion collective des Gilets Jaunes. Tous ceux qui ne sont pas avec ce « nous » constitué des petits et moyens indépendants et salariés, sont désignés comme des « ennemis ». Ne subsistent en extériorité au « peuple » que les riches, les élites, les gros qu'il faut faire payer par le biais de l'impôt et de la taxation. Dans un contexte où l'identité collective des couches populaires s'est affaiblie, le mouvement des Gilets Jaunes a replacé celles-ci dans l'espace social et politique, entamant un travail de reconstruction d'une unité à partir du clivage opposant un « eux » des élites à un « nous » du peuple[4]. D'une certaine manière, le mouvement se vit comme une transformation de révoltes individuelles en

4- Nicolas Duvoux, « La perspective d'une réunification d'un bloc populaire inquiète les politiques », entretien, *Le Monde*, 8 février 2019.

un mouvement collectif. Un slogan vu sur les murs de Paris, à l'issue d'une manifestation, est emblématique : « Fin du moi, début du nous ». Cette unité se fait autour du vécu d'une position dominée dans la société, de la forte contrainte économique que les couches populaires subissent, et de la profonde défiance qu'elles ressentent face au monde des dominants. Un graffiti dessiné par un manifestant sur les murs parisiens revendique explicitement une appartenance à « la France d'en bas ».

Le complotisme

Pour exister, cette « France d'en bas » a besoin de construire une « France d'en haut » menaçante et toute-puissante. Le complotisme permet d'élaborer la surpuissance de l'adversaire (les riches, les laboratoires pharmaceutiques, le forum de Davos, l'État, la CIA, le sionisme…) qui agit dans l'ombre. Dans une enquête de la Fondation Jean Jaurès et de Conspiracy Watch, on s'aperçoit que nombre de Français se déclarant Gilets Jaunes n'ont pas adhéré à la version officielle de l'attentat de Strasbourg perpétré le 11 décembre 2018 et qui a causé la mort de cinq personnes et en a blessé onze autres. La version officielle d'un individu radicalisé (Cherif Chekatt, sympathisant de l'organisation djihadiste État islamique), est très clairement contestée : à peine la moitié d'entre eux y adhèrent (48 % contre 65 % dans l'ensemble de la population), et 23 % y voient carrément une manipulation du gouvernement pour briser la mobilisation et détourner du mouvement l'attention de l'opinion publique. Sur une échelle de Bruder qui reprend cinq affirmations complotistes, 57 % de ceux qui s'identifient aux Gilets Jaunes partagent les cinq affirmations (38 % dans l'ensemble de la population[5]).

À l'occasion de ce mouvement qui cherche ses moyens d'expression, on constate la profondeur de la faille ouverte entre le « peuple » et des « élites » démonologisées. Comme le dit Danièle Sallenave qui insiste sur la différence entre Mai 1968 et le mouvement des Gilets Jaunes : « Comme le mouvement des Gilets jaunes, celui de Mai a surpris, déstabilisé, désorienté la classe politique, les représentants de la classe ouvrière. Mais il partait des jeunes d'en haut, les étudiants. Mai 68 c'est l'entrée du "sociétal" dans la politique française. Les Gilets jaunes viennent d'en bas, et avec eux, c'est le retour du social[6]. »

La philosophie du mépris

Ce retour du social se heurte à un mépris de classe particulièrement sensible dans la lecture que le porte-parole du gouvernement de l'époque, Benjamin Griveaux, fait du mouvement à ses débuts lorsqu'il accuse la droite de Laurent Wauquiez de soutenir « les gars

---

5- *Enquête sur le complotisme, vague 2,* IFOP pour la Fondation Jean Jaurès et Conspiracy Watch, sondage réalisé auprès d'un échantillon de 1506 personnes représentatif de la population française âgée de 18 ans et plus, questionnaire auto-administré du 21 au 23 décembre 2018.

6- D. Sallenave, *Jojo, le gilet jaune*, Tracts Gallimard, n° 5, 2019.

qui fument des clopes et qui roulent au diesel[7] ». Les petites phrases d'Emmanuel Macron ont préparé le terrain et instillé l'idée d'un président dédaignant les catégories populaires. En septembre 2014, évoquant les salariées de l'abattoir Gad à Lampaul-Guimiliau dans le Finistère, il parle d'« une majorité de femmes pour beaucoup illettrées ». S'adressant le 27 mai 2016 à un jeune ouvrier qui lui dit qu'il « n'a pas les sous pour se payer un costume », le futur président rétorque : « Vous n'allez pas me faire peur avec votre T-shirt, la meilleure façon de se payer un costard c'est de travailler. » Le 2 juillet 2017, lors de son discours d'inauguration de la station F où un millier de *start-up* sont accueillies, il lance : « Une gare, c'est un lieu où on croise des gens qui réussissent et des gens qui ne sont rien. » En septembre 2017, confronté à un mouvement social contre la réforme du Code du Travail, il affirme depuis Athènes qu'il ne cédera « ni aux fainéants, ni aux cyniques, ni aux extrêmes ». Enfin, le 12 juin 2018, il déclare que l'on « met un pognon de dingue dans les minima sociaux » pour, quelques semaines plus tard, mentionner le « Gaulois réfractaire au changement ».

Toutes ces références vont être reprises par les Gilets Jaunes pour dénoncer la distance sociale et culturelle qui les sépare du président élu en mai 2017. Non seulement les catégories populaires (ouvriers et employés)

7- Le 29 octobre 2018, Benjamin Griveaux déclare au *Journal du dimanche*, « Wauquiez, c'est le candidat des gars qui fument des clopes et qui roulent au diesel. Ce n'est pas la France du XXIe siècle que nous voulons ».

sont largement absentes de la représentation politique mais elles ont l'impression que le premier des élus, le président de la République, contribue à leur stigmatisation. Cette forme d'exclusion et ce sentiment de rejet sont propices à la diffusion d'un populisme qui, pour l'historien Bronislaw Geremek, « exploite l'absence du peuple sur la scène publique[8] ».

Alors que la démocratie représentative cherche à contenir les passions – la colère, la haine, le ressentiment –, la démocratie protestataire des Gilets Jaunes montre les limites de cette pacification politique et marque le retour d'une colère des « perdants » pouvant s'exprimer dans la violence. Comme l'écrit Peter Sloterdijk : « Les temps modernes ont inventé le perdant. Ce personnage que l'on rencontre à mi-chemin entre les exploités d'hier et les superflus d'aujourd'hui et de demain, est la figure incomprise dans les jeux de pouvoir des démocraties. Tous les perdants ne se laissent pas tranquilliser (…) Leurs rancœurs ne se tournent pas seulement contre les vainqueurs, mais aussi contre les règles du jeu. »

Une nouvelle grammaire de l'action

Toute une grammaire de l'action du mouvement des Gilets Jaunes a ainsi été créée *ex nihilo*. Le registre émotionnel et affectif y est prédominant. S'y expriment, comme le pointe le sociologue François Dubet, un ensemble de « passions tristes » comme la haine,

8- B. Geremek, « Europe : et si on changeait le contexte ? », *Le Monde*, 27 juin 2008.

la peur, la colère ou encore la violence[9]. En effet, le creusement des inégalités et la transformation de leur nature a entraîné une mutation de la souffrance sociale. Celle-ci a quitté la scène des luttes collectives et est ressentie au travers d'injustices individuelles et d'un ensemble de discriminations mettant en cause la valeur de soi. Ne pouvant désigner clairement des adversaires à combattre, les individus sont animés par un ressentiment auquel vient s'alimenter le populisme. Le ressentiment des Gilets Jaunes connaît ainsi quelques abcès de fixation : la haine d'Emmanuel Macron associée à toutes les petites phrases qui ont ponctué les débuts de sa présidence, l'épouse du Président qualifiée de « Marie-Antoinette », les riches, les beaux quartiers pris pour cible, les lieux de fréquentation de la *jet-set* (le Fouquet's), les banques et les commerces de luxe…

Faute de canalisations idéologiques, le mouvement est porté, plus que d'autres, par des passions, celles d'une foule en colère et chargée d'émotions. « On ne donne plus sa voix à une organisation, on donne de la voix. La colère ne se refroidit plus ; au contraire, elle est devenue bonne conseillère[10]. » Cette colère peut dégénérer en une dénonciation de certaines origines comme Alain Finkielkraut en fit l'amère expérience dans les rues de Paris où, le 17 février 2019, il est interpellé par plusieurs Gilets Jaunes : « Sale merde, la

---

9- F. Dubet, *Le temps des passions tristes. Inégalités et populisme*, Seuil, 2019.

10- « Les gilets jaunes : première révolte d'une société où les corps intermédiaires ont disparu ? », entretien avec D. Maillard, *Le Figaro.fr*, 22 mars 2019.

France est à nous, sale race, espèce de raciste, espèce de haineux, t'es un haineux, tu vas mourir, tu vas aller en enfer, le peuple il va te punir, le créateur va te punir, va mettre tes branchages, espèce de sioniste[11]. » La haine peut également se déchaîner vis-à-vis des policiers que les Gilets Jaunes prennent l'habitude d'interpeller aux cris de « Suicidez vous ! », « Flic suicidé, à moitié pardonné ». La colère évite aussi l'effort d'accoucher de revendications réfléchies et hiérarchisées en un projet, et nombre de Gilets Jaunes préfèrent avoir recours à la pensée magique : « Tout, tout de suite et le reste après… »

La violence au rendez-vous

La violence va très vite donner du contenu et une liturgie au mouvement. La violence comme exutoire de la colère sociale, la violence comme réponse à la violence d'État, la violence comme processus de victimisation, la violence comme instrument de cohésion du groupe…

Au-delà des violences manifestantes, les violences contre les parlementaires de la majorité sont extrêmement nombreuses et s'inscrivent dans une tradition d'antiparlementarisme récurrente. Mais, sous la Ve République, jamais celle-ci n'avait pris un tour aussi violent dans les mots comme dans les faits[12]. Saccages de permanences parlementaires, menaces verbales contre des députés, dégradations de leurs résidences

11- *L'Obs.fr*, 22 mai 2019.

12- « Des violences sans équivalent sous la Ve », entretien avec C. Bellon, *Le Monde*, 12 février 2019.

vont ponctuer les mois d'intense mobilisation des Gilets Jaunes et se poursuivre jusqu'à la rentrée 2019[13]. L'ire antiparlementaire va se déplacer vers le président de la République qui fera l'objet de mises à mort symboliques, et vers les « riches » devant craindre pour leurs biens et leurs personnes. Quelques slogans glanés sur les murs sont évocateurs : « Sortez les guillotines », « On a coupé les têtes pour moins que ça », « Pour Noël, ne faites pas les vitrines, cassez-les », « Pas de Cartier pour les riches »…

Les élites en lutte pour le monopole de l'interprétation du mouvement

Face à cette haine de classe symbolisée par le « Je vous hais compris » adressé à Emmanuel Macron, représentant honni des élites détestées, répond ce « mépris de classe » porté par nombre de membres de ces élites[14]. Toute une intelligentsia de gauche radicale se réjouit d'ailleurs de ce retour d'un conflit de classes irréductible et y voit, pour les plus lyriques d'entre eux, les prémisses d'un processus révolutionnaire[15] et, pour

13- Pendant l'été 2019 les saccages de permanences parlementaires se sont poursuivis, et au 8 août *Le Figaro* comptait que 121 députés avaient ainsi été ciblés depuis leur élection en juin 2017, soit un cinquième de l'Assemblée nationale.

14- B. Pudal, « Une philosophie du mépris », in *Manuel indocile de sciences sociales*, La Découverte, 2019, p. 544-552.

15- L. Bantigny, *Révolution*, Anamosa, 2019 ; P. Maniglier, « Gilets jaunes : le premier mouvement depuis mai 68 à manifester un authentique potentiel révolutionnaire », *Le Monde*, 28 février 2019 ; B. Stiegler, « Le long processus d'effondrement du néo-libéralisme », *AOC.media*, 28 février 2020.

les plus résignés, un phénomène de « redressement symbolique » où ces catégories populaires retrouvent une estime de soi[16].

La polémique intellectuelle fait rage jusqu'au cœur de ce tout petit monde de la contestation. Si pour certains, le mouvement est en train de créer une « situation révolutionnaire » ou au moins un processus émancipateur pouvant déboucher sur une « révolution », pour d'autres, comme Alain Badiou, « tout ce qui bouge n'est pas rouge », et le mouvement révèle même une nature « réactionnaire où un peuple fantasmé par la gauche est en fait un peuple de droite[17]. » Romain Goupil, quant à lui, dénonce une « alliance jaune-rouge-brun » menaçant la démocratie et trouvant son point de fusion dans la « lutte des casses[18] ». Enfin, Bernard-Henri Lévy n'hésite pas, dans un entretien du 11 janvier 2019 au journal *Les Échos*, à agiter le spectre de « ces mouvements populaires qui défilaient derrière les chefs factieux des années trente ou d'avant 14 ».

Le monde intellectuel est divisé sur la nature du mouvement social des Gilets Jaunes et hésite entre le « mouvement de beaufs » et le mouvement prérévolutionnaire. Cette thèse du mouvement de beaufs, de poujadistes

---

16- W. Pelletier, « Ronds-points "gilets jaunes" et "estimes de soi" en milieux populaires », in *Manuel indocile de sciences sociales*, La Découverte, 2019, p. 981-992.

17- N. Truong, « Les intellectuels rouges s'écharpent sur les gilets jaunes », *Le Monde*, 1er mars 2019; A. Badiou, « Leçons du mouvement des gilets jaunes », *Lignes*, n°59, 2019/2, p. 37-46.

18- R. Goupil, « Cette collusion jaune-rouge-brun menace la démocratie », *Le Monde*, 28 février 2019.

ou même de chemises brunes[19] est reprise par certains leaders du monde économique et social. Par exemple, le 13 décembre 2019, sur les antennes de RTL, Alain Minc se rassure de constater que le mouvement de protestation contre la réforme des retraites est « beaucoup moins dangereux » que le mouvement des Gilets Jaunes « parce que nous sommes entre gens conscients, équilibrés et chacun à leur manière raisonnables ». Le « cercle de la raison » s'est reconstitué à ses yeux grâce à des leaders syndicaux qui eux-mêmes doutaient beaucoup du mouvement des Gilets Jaunes. Philippe Martinez, patron de la CGT, déclarait le 16 novembre 2018 que la CGT « ne pouvait défiler à côté de ce genre d'individus ou de partis politiques ». Le leader de la CFDT, Laurent Berger, déclarait, le 6 janvier 2019 : « Arrêtons d'être naïfs et irresponsables » face à des « gens qui veulent renverser la démocratie ».

Décidément, si les Gilets Jaunes ont véhiculé beaucoup de slogans d'exclusion censés soulager leur propre exclusion, les élites ont été prodigues de vieux réflexes où les manants sont perçus comme le sel de la terre promise ou, au contraire, comme une populace ignorante dont les orgies sont « des jours de deuil pour le philosophe[20] ».

19- F. Bachelier, député de laREM, premier questeur de l'Assemblée nationale, dans un entretien au journal *Le Figaro* du 22 novembre 2018 dit : « sous beaucoup de gilets jaunes, les chemises brunes sont de plus en plus visibles ».

20- J.-B. Say, *Traité d'économie politique*, Calmann-Lévy, 1972 (1re édition, 1803).

Violences politiques
Les raisons d'une déraison

Philippe Braud

Professeur émérite de science politique
à Sciences-Po Paris.

> *« La première vertu révolutionnaire, c'est l'art de faire foutre les autres au garde-à-vous. »*
>
> Jean Giono, *Le Hussard sur le toit*

Dans une démocratie, les conflits d'intérêts, les affrontements d'idées, les oppositions de croyances sont naturels et constituent la toile de fond des luttes politiques les plus routinières. Mais ils doivent rester pacifiques. Si le conflit se voit en quelque sorte banalisé, la violence au contraire est stigmatisée. C'est pourquoi il est courant de la dénoncer chez l'adversaire et de la nier ou de la minimiser dans son propre camp. De ce point de vue, la bataille des mots revêt une grande importance dans le débat politique : répression ou rétablissement de l'ordre ? Opérations de guerre ou mesures de pacification ? Actes terroristes ou résistance à l'oppression ? Il n'est donc pas facile de faire accepter une définition de la violence politique affranchie de considérations subjectives ou de biais partisans, c'est-à-dire de simplement qualifier comme telle tout recours à la force qui engendre des atteintes aux personnes ou aux biens.

Bien des philosophes, de Montaigne à Emmanuel Kant, ont considéré la violence politique, y compris la guerre, comme un échec ou une abdication de la raison. Il est vrai que les assassinats politiques, les désordres civils et les conflits armés ont engendré des conséquences que leurs initiateurs étaient parfois bien loin d'avoir envisagées ou souhaitées. Il suffit de citer le bilan dévastateur des deux guerres mondiales, celui des combats menés au nom de la révolution, du nationalisme ethnique ou du fanatisme religieux ; de penser encore à la frénésie meurtrière des foules en colère, au spectacle de désolations qui s'offre après un bombardement ou une tornade émeutière. Pourtant, la violence politique ne surgit pas de façon aveugle. Elle a toujours des raisons décelables, qu'une analyse « distanciée », fondée sur une discussion minutieuse des faits et des enchaînements, permet de comprendre.

Enjeux institutionnels et identitaires

Contrairement à ce que pensent certains, il n'y a pas de « mystère de la violence » si, du moins, on sait articuler ensemble les approches psychologiques, sociologiques et politiques du phénomène. Même les délires qui caractérisent les violences extrêmes (lynchages, crimes de masse, actes de cruauté et traitements dégradants…) sont déchiffrables à la lumière de certaines problématiques aujourd'hui bien établies[1].

Thomas Hobbes a montré, avec vigueur, que la première mission de tout système politique est d'assurer la sécurité des citoyens. Pour atteindre ce but, il n'existe pas d'autre moyen que de retirer à chacun le droit de se faire justice et de conférer au pouvoir le monopole du recours à la force. Seule la menace plausible de la contrainte (c'est-à-dire une violence légale) permet d'obtenir que les règles juridiques soient respectées même par ceux qu'elles gênent ou qu'elles lèsent. Mais ce qui contribue à masquer cette réalité plutôt déplaisante, c'est le fait qu'en règle générale les citoyens ne s'opposent pas frontalement à la loi, ce qui dispense l'État d'utiliser contre eux une coercition ouverte.

Quand il y a recours à la violence, même sous une forme modérée ou circonscrite, cela a toujours pour effet de dramatiser une situation : manifestation pacifique qui dégénère, charge de police qui impressionne. *A fortiori*, l'attentat contre des civils, l'assassinat d'une personnalité politique ou encore, en cas de guerre, des pertes humaines ou des dégâts de grande ampleur. Dans ces cas, les violences de haute intensité perturbent durablement le jugement politique et suscitent parfois des réactions dangereuses comme la recherche aveugle d'un bouc émissaire. Cela tient à l'importance de la

1- S. Milgram, *Soumission à l'autorité. Un point de vue expérimental*, 1955, Trad., Calmann-Lévy, 1974 ; C. Browning, *Des hommes ordinaires*, Les Belles Lettres, 1994.

résonance émotionnelle inhérente à toute violence grave. On ne peut demander ni aux victimes ni à ceux qui s'identifient à elles, par solidarité identitaire ou par compassion altruiste, d'avoir un point de vue « équilibré » sur l'origine des malheurs qui les frappent ou sur l'identification des véritables responsables. Les paroles de victimes méritent d'être écoutées avec une particulière attention, car l'indifférence ou la négation de leurs souffrances leur causent des blessures supplémentaires. Cependant, on ne peut fonder sur elles seules une compréhension véritable de la violence ; d'autant plus que, dans le domaine politique, l'instrumentalisation intéressée de leur malheur est quasiment inévitable.

À l'échelle d'une population entière, les massacres et destructions massives laissent des traces dans la mémoire collective, facilitant la consolidation de « communautés émotionnelles » avec leur patrimoine de commémorations douloureuses mais aussi de schèmes, voire de stéréotypes accusateurs. Le souvenir de la Saint-Barthélemy a pesé durant des siècles sur les rapports entre catholiques et protestants comme celui des violences révolutionnaires sur l'attitude des catholiques envers la République. Les affrontements ethniques et les crimes de masse, les guerres civiles ou les luttes armées entre États ne s'oublient pas aisément ; ils jouent leur rôle dans la perpétuation de méfiances et de ressentiments. Parfois aussi, il est vrai, la volonté d'éviter leur renouvellement s'est révélée un puissant facteur de réconciliation durable, comme l'ont montré les premiers pas de la construction européenne.

On soulignera aussi que, dans des circonstances dramatiques comme une vague d'attentats, des représailles sanglantes, le déclenchement d'une guerre…, la violence en vient à jouer le rôle d'un révélateur identitaire. Face à des victimes, le fait d'éprouver une émotion authentique intense met en évidence des solidarités qui sont, le plus souvent, d'ordre communautaire, national ou religieux mais peuvent aussi concerner la position sociale ou l'identification sexuelle. Les allégeances identitaires profondes, différentes parfois de celles que l'on affiche publiquement, sont un élément majeur du processus de sélection des violences qui « comptent vraiment ». Le phénomène explique, par exemple, pourquoi le conflit israélo-palestinien, avec son cortège d'attentats, de bombardements et de meurtres ciblés, éveille tant de résonances (et de filtres) dans les diasporas juives et musulmanes du monde entier.

Le recours à la violence politique devient probable, nous dit Ted Gurr[2], quand elle semble efficace pour atteindre un objectif jugé souhaitable, et qu'en outre elle peut être présentée comme légitime. Efficacité et légitimité sont d'ailleurs des facteurs en partie interdépendants puisqu'il est plus facile de mobiliser des alliés et des soutiens quand la seconde condition est remplie, ce qui rend l'emploi de la violence plus facile.

2- T. Gurr, *Why Men Rebel*, Princeton University Press, 1970.

Cheminements vers la violence

Le critère de l'efficacité est allégué à différents niveaux. Les paysans ou les salariés en colère diront volontiers que la violence est « le seul moyen » d'attirer l'attention des médias et de se faire écouter des pouvoirs publics. Mais, dans nos démocraties, il ne faut pas qu'elle dépasse un certain seuil, sinon elle devient contre-productive en raison de l'indignation qu'elle risque de susciter dans l'opinion publique. Ce calcul n'est pas partagé par ces organisations extrémistes qui trouvent le moyen d'exister politiquement grâce aux craintes qu'elles suscitent. Faiblement représentatives le plus souvent, elles sont indifférentes au désaveu politique ou électoral.

Les dirigeants d'un État ont, eux aussi, intérêt à soupeser soigneusement les bénéfices et les risques politiques du recours à la force. En cas de désordres intérieurs, leur faiblesse risque de constituer un encouragement à leur développement ; mais, dans un État de droit, le rétablissement de l'ordre ne doit pas s'opérer dans des conditions telles qu'il multiplie l'indignation ou les condamnations. C'est pourquoi les forces de l'ordre des pays démocratiques sont désormais formées à l'exercice d'une « violence retenue » pour tenter d'éviter des bavures aux effets politiques dévastateurs. Un souci qui ne figure pas à l'agenda des dictateurs. En principe du moins, car la pression internationale peut éventuellement les dissuader de franchir certains seuils dangereux. C'est ainsi que les dirigeants soudanais au Darfour se sont employés à donner quelques gages de modération lorsque la perspective d'une action armée sous l'égide du Conseil de sécurité de l'Onu a semblé se préciser quelque peu, pendant l'été 2004.

Le recours à la guerre constitue une décision particulièrement risquée. La crainte de perdre ou, simplement, l'immense aléa qui s'attache à la conduite de beaucoup d'opérations militaires, a toujours constitué le meilleur frein aux velléités belliqueuses. Ainsi l'équilibre de la terreur nucléaire a-t-il valu à l'Europe cinquante ans de paix. Depuis l'effondrement de l'Union soviétique, la suprématie des États-Unis sur le plan militaire a facilité, au contraire, l'adoption d'une doctrine nettement plus offensive, allant jusqu'à admettre la guerre préventive et l'action unilatérale même sans aval de l'Onu. Et, de fait, comment résister à la tentation de détruire un adversaire déclaré quand la disproportion des forces est écrasante ? En un sens, le bilan trop favorable du premier conflit avec l'Irak, en 1991 (pas de vraies pertes humaines et un financement de ces coûteuses opérations largement partagé avec les États du Golfe) aura favorisé le déclenchement des guerres ultérieures, en Afghanistan puis en Irak. Au contraire, l'enlisement imprévu (mais prévisible) des forces américaines, après la chute de Saddam Hussein, aura rendu moins probables les offensives militaires, un moment envisagées, contre la Syrie, l'Iran et la Corée du Nord.

L'autre facteur décisif du recours à la violence est le sentiment partagé de son incontestable légitimité. Il permet aux dirigeants de mobiliser plus vigoureusement leur camp, de gagner des soutiens extérieurs et, dans les démocraties, de conserver ou d'accroître l'adhésion des électeurs. La « légitime défense » est le plus efficace de ces arguments. Il est, en effet, universellement admis, tant pour les individus que pour les sociétés, qu'on puisse résister à une agression. Mais alors que, dans les rapports privés, c'est la loi et le juge qui déterminent s'il y a réellement légitime défense, en matière politique d'inextricables contestations opposent les protagonistes. La capacité de chacun à se poser en victime dépend souvent moins des faits bruts que des interprétations que l'on réussit à imposer dans le débat politique : « juste colère » des manifestants en réponse à « la violence du patronat » (ou du système économique) ; « résistance à l'oppression » d'un peuple « colonisé » ; « défense de l'ordre social » contre la subversion.

La guerre des mots fait donc rage, dans chaque camp, pour tenter de disqualifier l'adversaire ; ainsi bien des conflits violents opposent-ils deux camps qui se proclament simultanément victimes et se soudent dans une symétrique surdité aux souffrances de l'autre. Invoquer le combat pour une juste cause sert aussi à légitimer le recours à la violence. Il n'y a pas si longtemps, l'amour de la patrie ou celui de la révolution ont ainsi mobilisé des dévouements et des sacrifices inouïs mais provoqué en chaîne d'immenses destructions humaines et matérielles. Aujourd'hui, la mobilisation internationale contre le terrorisme ou le djihad contre l'infidèle remplissent efficacement ce rôle. Il existe un paradoxe historique remarquable dans le fait que ce sont souvent les systèmes de valeurs les plus éloignés de l'idée de violence qui servent le mieux ce travail de justification, tout simplement parce que ce sont les plus respectés. C'est pourquoi, en Occident, la religion chrétienne a été si souvent l'emblème de ralliement des guerriers de toutes sortes, avant de céder sa place à « la mission civilisatrice de l'homme blanc » et, aujourd'hui, à la promotion de « la démocratie et des droits de l'homme ». Cela ne signifie nullement que ces convictions éminemment respectables aient un caractère belligène intrinsèque ; cela met seulement en évidence un mécanisme politique de justification dont se servent les cyniques pour rallier les idéalistes ou les naïfs.

Violence visible et violence masquée

Si l'on considère maintenant les formes de la violence, il apparaît que la violence physique comporte toujours une dimension psychologique. La victime d'un dommage ou d'une agression fait, en même temps, l'expérience douloureuse de sa fragilité, voire de son humiliation ou de son impuissance. La violence qui provoque des dégâts et des blessures n'est pas seulement matérielle ; elle est aussi une violence symbolique, c'est-à-dire une dévalorisation de la personne ou du groupe cible. Cet effet est même délibérément recherché, dans les traitements cruels et dégradants infligés à des prisonniers, des déportés ou des peuples persécutés. La guerre qui réduit les civils à l'état d'otages s'accompagne toujours d'une rhétorique qui tend à discréditer l'adversaire, voire à le diaboliser, puisqu'il faut bien justifier des comportements (tuer ou détruire) qui s'écartent des normes habituellement respectées dans la vie ordinaire. Et même dans les formes *soft* de violence qui accompagnent les manifestations protestataires, la volonté de « faire reculer le pouvoir » s'inscrit dans une logique de dépréciation de l'adversaire. Exhiber dans la rue sa propre force pour mieux souligner la volonté de faire reculer l'État ou le patronat ; ou inversement, déployer des gendarmes ou des policiers pour protéger ou rétablir une image d'autorité.

La violence symbolique n'est pas seulement une dimension, souvent sous-estimée, de la violence physique ; elle existe aussi indépendamment d'elle. Moins spectaculaire, elle engendre pourtant les mêmes effets psychologiques : sentiment douloureux de fragilité et de vulnérabilité, expérience d'humiliation et d'impuissance. Toile de fond de beaucoup de rapports sociaux et politiques, dans l'ordre interne comme dans l'ordre international, elle doit être identifiée si l'on veut comprendre la persistance des ressentiments qu'elle engendre et les explosions de colère ou les actes de désespoir qui en constituent la conséquence parfois inévitable.

La violence symbolique existe sous de multiples aspects. Le plus manifeste est la dépréciation identitaire délibérée visant la dignité de groupes entiers. Ce sont les attitudes racistes, xénophobes ou sexistes, mais aussi les préjugés de classe, les manifestations de dédain à l'égard de religions ou de croyances. Les formes d'*apartheid* social, en matière de résidence, d'école ou de modes de loisirs révèlent aussi une dépréciation indirecte, qui peut rester discrète, voire inconsciente. Il existe, en effet, une tendance lourde dans les sociétés modernes, à voiler davantage l'expression publique des préjugés, même si les jugements dépréciatifs demeurent sous-jacents aux comportements sociaux effectifs. L'exhibition, enfin, d'une supériorité fondée sur une idéologie de la nation élue ou du peuple élu, fait également violence aux groupes explicitement ou implicitement renvoyés à une position inférieure. C'était, en toute bonne foi, l'idéologie de la « mission civilisatrice » qui a saisi les intellectuels et les clercs en Europe, au temps de l'expansion coloniale.

Une autre forme de violence symbolique, qu'on pourrait appeler systémique, résulte de la simple confrontation inégalitaire de systèmes de croyances incompatibles. Il est toujours douloureux, pour des populations à forte conscience identitaire, de voir se déliter trop brutalement des traditions devenues mal adaptées à une modernité envahissante. Ce fut le problème des croyants dans une Europe travaillée, depuis deux siècles, par la sécularisation. C'est aujourd'hui le drame de la civilisation arabo-islamique, face à la supériorité économique ou technologique de l'Occident ;

et cela d'autant plus qu'elle pouvait se targuer d'un passé prestigieux qui lui a longtemps servi de bouclier. Les crispations identitaires qui en résultent sont le terreau de ressentiments profonds qui ajoutent à l'incompréhension entre les peuples.

Ces diverses formes de violence symbolique ont ceci en commun qu'elles alimentent la probabilité de violences physiques. Soit de la part des dominants qui se sentent « autorisés » à imposer par la force des valeurs ou des modes de vie qu'ils jugent supérieurs ; soit de la part des dominés lorsque la résignation fait place à la révolte. Le mépris, volontaire ou involontaire, engendre des violences « aveugles », réprimées au nom de la légitime défense. L'intégralité de ces enchaînements de causes à effets apparaît rarement en pleine lumière dans les médias car l'information à chaud privilégie le spectacle de la violence physique, généralement associé à sa stigmatisation immédiate. La véritable lucidité dans le combat contre la violence consisterait à s'attarder longuement sur les engrenages psychologiques et politiques qui constituent la face cachée de l'iceberg. Et l'on découvrirait alors un refus glacé de reconnaître à autrui le droit d'être ce qu'il est, ou le droit de conserver ce qu'il possédait en propre.

Le mythe de l'électeur rationnel

Entretien avec George E. Marcus

Professeur émérite de science politique
au Williams College
(Williamstown, Massachusetts).

« Le meilleur argument contre la démocratie est une conversation de cinq minutes avec l'électeur moyen. »

Attribué à Winston Churchill

• *Les critiques à l'égard de la démocratie – faisant appel à des électeurs incompétents – sont aussi vieilles que la démocratie elle-même. En quoi consistaient-elles dans la Grèce antique, et ont-elles changé ?*

La démocratie n'a pas été inventée à un moment donné, mais au gré de balbutiements et d'améliorations successives. Par exemple, les guerres du Péloponnèse ont fait comprendre qu'il était préférable d'écrire les lois et de les afficher en place publique. Sinon, un accusé pouvait se retrouver condamné suivant l'humeur générale du moment. D'autre part, il existe plusieurs sortes de démocraties, plus ou moins centralisées par exemple. Le terme de démocratie recouvre donc beaucoup de réalités. Quoi qu'il en soit, c'est Platon, dans la *République*, qui fixe les termes d'une critique toujours en usage aujourd'hui. En particulier, il soutient que les gens soit utilisent leur raison, soit se laissent gagner par leurs émotions. Et que la raison serait bonne, tandis que l'émotion serait mauvaise. Par conséquent, seuls ceux qui peuvent voir la vérité par la raison devraient se trouver aux commandes, d'où sa célèbre notion de « Rois philosophes ». Ces privilégiés seraient évidemment des auteurs de livres, de bonne naissance, très éduqués, opposés au tout-venant. Ces arguments ont été repris au fil du temps par Gustave Le Bon, Joseph de Maistre et bien d'autres. Mais les neurosciences montrent que l'opposition entre raison et émotions ne tient pas. Car penser, c'est traiter de l'information. Or les émotions traitent autant d'information que le raisonnement, mais différemment : elles sont la mécanique nous permettant de comprendre le monde. Nous savons, grâce à l'observation de certaines lésions cérébrales, qu'elles doivent coopérer avec notre raison pour nous aider à prendre des décisions : car par la raison seule ou les émotions seules, nous examinons la situation et procédons à des choix de manière catastrophique.

• *Le vote implique un électeur sincère, informé, visant son intérêt aussi bien que l'intérêt général, acceptant la décision de la majorité... et désireux de voter ! Un tel électeur relève-t-il de la règle ou de l'exception ?*

Un tel électeur est un mythe ! Que veut dire la sincérité, en matière électorale ? Si je suis l'opinion de ma famille parce que je l'aime bien et que je n'ai pas très envie de réfléchir ou que je ne m'en sens pas capable, suis-je sincère en votant ? Comment distinguer précisément l'intérêt personnel et celui du plus grand nombre ? Quant à la volonté de voter, elle est influencée par différentes variables. En Europe, vous votez le week-end. Aux États-Unis, c'est le mardi, durant la semaine de travail, il est donc plus difficile de se libérer. Il s'agit d'un obstacle institutionnel à la participation. Et puis la volonté de voter varie suivant l'appréciation générale de l'efficacité du gouvernement et de l'attention qu'il semble nous témoigner. Mais les motivations sont aussi intérieures : est-ce que je pense pouvoir vraiment faire la différence ? Est-ce vraiment mon devoir, d'ailleurs ? Et m'informer sur quoi ? L'économie, l'écologie, les idéologies, la géostratégie ? Personne ne maîtrisera jamais tous ces sujets !

En réalité, la plupart des électeurs, dans la plupart des élections, votent par habitude. Si je suis un conservateur convaincu, je n'ai pas besoin d'en savoir beaucoup sur le programme d'un candidat: je ne connais peut-être pas son nom, je ne sais peut-être pas grand-chose sur ses positions politiques, mais je peux voter pour lui en toute sécurité parce qu'il endosse la bannière conservatrice et que, là, je sais à quoi m'en tenir. Et si je suis plutôt satisfait de mon maire, pourquoi me fatiguer à examiner les arguments de l'opposition? Nous nous fions à nos convictions ordinaires, et nous faisons preuve de loyauté envers notre parti de prédilection.

Cependant, les recherches que je mène depuis trente ans montrent que dans une situation vraiment inhabituelle, qui suscite de la peur, comme les attentats du 11 septembre, nous mettons plus facilement de côté nos automatismes et nos convictions. Nous nous laissons moins influencer par l'étiquette de notre parti. Nous examinons davantage quel leader paraît objectivement le plus crédible face à la menace que nous essayons de comprendre. C'est là où l'émotion peut mener à une meilleure réflexion.

• *Si la peur fait réfléchir, un politicien doit donc effrayer les électeurs pour déclencher une réflexion qui fera changer leur vote habituel?*

Bien sûr! Si je suis un politicien, je peux créer un lien émotionnel basé sur l'enthousiasme, un sentiment de joie pour un effort collectif. Un peu comme John F. Kennedy promettant d'aller sur la Lune. C'est comme ça qu'Emmanuel Macron a gagné, en suscitant l'enthousiasme autour de projets et d'un nouveau leadership introuvable à gauche comme à droite.

D'autre part, si je suis une figure familière et que je me porte candidat à ma réélection, j'ai tout intérêt à ce que les gens se sentent rassurés: le monde va mieux grâce à moi, j'ai accompli de belles choses. Comme Franklin Delano Roosevelt surmontant la grande dépression et la Seconde Guerre mondiale, ou

Winston Churchill, ou encore Charles de Gaulle, voix de la France libre.

Troisième cas de figure, si je suis un politicien souhaitant le soutien d'électeurs qui ne me connaissent pas, ou qui ne me font pas confiance, je dois mettre en avant la vision d'un monde incertain. Alors on m'écoutera.

Mais la colère est plus puissante encore que la peur. Certains circuits neuronaux de notre cerveau nous font réagir par la colère si une personne ou un groupe viole une norme sociale critique. Par exemple, aux États-Unis, mais aussi en France, beaucoup sont ulcérés par les meurtres filmés de citoyens noirs par la police. La colère est une motivation très puissante et mobilisatrice. Dans la *Rhétorique*, Aristote explique qu'un politicien se montre bien inspiré de tenir compte de l'humeur du public à qui il parle, et de s'y adapter pour créer l'émotion la plus propice à son objectif. Adhérer à la colère de son électorat, ou la susciter, permet d'éclipser les autres voix politiques.

• *Les réseaux sociaux jouent beaucoup sur la colère et la peur. Quel est leur impact sur la psychologie des électeurs ?*

Le premier amendement de la Constitution américaine est souvent résumé par la liberté d'expression, mais il va bien plus loin. Toute démocratie qui fonctionne doit tenir compte de la marche du monde. Pour cela, il faut des réseaux. Voici deux cents ans, il pouvait s'agir d'un journal bimensuel ou des diligences, des voyageurs, qui rapportaient les événements vieux de plusieurs semaines déjà. Les journaux, le télégraphe, la radio, la télévision, et maintenant Internet, ont bousculé cette temporalité. Les exactions commises envers les Noirs américains après l'abolition de l'esclavage étaient aussi peu ébruitées que possibles. L'apparition de la télévision a en partie levé le secret et a commencé à choquer la nation entière. Le meurtre de George Floyd à Minneapolis a mis des centaines de milliers de gens dans la rue parce qu'une vidéo de 8' 49" montrait un policier le tuer en s'agenouillant sur sa nuque. Sans ce document, cela n'aurait été qu'une mort de plus, avec peut-être deux paragraphes dans les journaux. Nous nous imaginons percevoir quelque chose, puis le comprendre, puis réagir émotionnellement en conséquence, mais la psychologie nous apprend que c'est l'inverse : les médias génèrent une réponse émotionnelle d'abord, qui nous avertit qu'il se passe quelque chose d'important qu'il serait bon que nous comprenions ensuite. L'avènement des smartphones nous rend ainsi témoins de la vie des autres et fait que nous nous sentons concernés : la démocratie fonctionne comme ça ! Et les rédacteurs du premier amendement l'avaient très bien compris. Je peux vous parler, vous pouvez vous adresser à votre voisin, on peut se réunir, se rassembler, au grand jour, et tout le monde peut le savoir : c'est un fondement de la liberté de la presse. De même, Internet permet aux gens de se mobiliser, de pétitionner, d'interpeller le gouvernement pour solliciter des changements immédiats sans attendre le prochain mandat. Sans les réseaux sociaux, ce serait plus difficile.

• *Mais ils diffusent leur lot de* fake news *et de manipulations…*

Certes, mais il n'y a rien de neuf là-dedans. Les politiciens n'ont pas attendu Internet pour mentir ! Thomas Jefferson, troisième président des États-Unis, avait déjà engagé un rédacteur, jadis auteur de textes qui lui étaient pourtant hostiles, pour calomnier ses opposants au fil d'articles qui sont de vraies splendeurs, je vous assure. Et beaucoup plus caustiques qu'aujourd'hui… Ceci dit, l'éducation civique devrait inclure des cours pour apprendre à vérifier les sources et les événements. Ce serait vraiment primordial. Ce qui n'empêche pas des gens très avertis, très éduqués, de sortir leur lot de conneries ! Comme en atteste le gouvernement Trump.

• *Y a-t-il des facteurs psychologiques expliquant les différences de vote entre hommes et femmes, jeunes et moins jeunes ?*

À mon avis, rien dans la psychologie ou le cerveau des hommes et des femmes n'explique ces différences, à part dans des livres très grand public expliquant que les hommes viennent de Mars et les femmes de Vénus ! Quant aux jeunes plus progressistes et aux vieux plus conservateurs, c'est une tendance générale mais finalement peu marquée. Certains jeunes sont très traditionnels, y compris sur les plus excellents campus américains, tandis que certains seniors sont extrêmement progressistes. Les gens qui ont grandi en temps de crise sont plus attachés à la sécurité que ceux des Trente glorieuses. Certains jeunes d'aujourd'hui seront durablement affectés par la crise de la Covid-19, que les prochaines générations considéreront comme nous aujourd'hui la grippe espagnole.

• *Pour paraphraser Winston Churchill qui estimait que la démocratie est le pire système politique à l'exception de tous les autres, l'électeur est-il le pire citoyen qui soit, à l'exception de tous les autres ?*

Certains pays délivrent une bien meilleure éducation civique que d'autres, et que les politiciens eux-mêmes. Mais je pense que dans l'ensemble, tout citoyen participant activement à la vie politique aide la société à faire face à des défis imprévus, à renforcer une économie qui profite à tous. Ça pourrait toujours être mieux, et c'est notre devoir d'y contribuer. Churchill aurait pu dire : « Je ne pense pas que les citoyens britanniques soient tout à fait à la hauteur, mais j'ai un programme pour les aider à s'améliorer. » Mais sommes-nous certains d'être toujours si exemplaires ? Nous en sommes tous au même point : essayer de dresser des plans raisonnables pour un avenir par définition incertain.

Propos recueillis par Jean-François Marmion

L'ONU, inutile et indispensable

Karim Lebhour

Ancien correspondant à l'ONU pour RFI.
Il travaille aujourd'hui pour *International Crisis Group*.

« Je dirai que les fonctionnaires sont un peu comme les livres d'une bibliothèque : ce sont les plus hauts placés qui servent le moins. »

Attribué à Georges Clemenceau

L'ONU est un réservoir inépuisable de burlesque, d'anachronismes et de frustrations. On y célèbre la « Journée internationale du bonheur », le 20 mars. Les fax sont encore en service, tout comme les liftiers dans certains ascenseurs du siège de New York. Même le Conseil de sécurité, l'instance la plus solennelle des Nations Unies, seule habilitée à autoriser l'emploi de la force militaire au nom du droit international, n'est pas à l'abri du ridicule. Comme ce 12 février 2011, lorsque le ministre des Affaires étrangères de l'Inde, S.M. Krishna, s'est trompé de discours et a lu celui de son homologue portugais posé sur sa table. Il a fallu cinq bonnes minutes et des références appuyées au rôle de l'Union européenne par le ministre indien pour que ses collaborateurs finissent par se rendre compte de la bévue… La gaffe a le mérite de souligner qu'à l'ONU, personne n'écoute vraiment les discours, pas même ceux qui les prononcent.

Faut-il pour autant jeter l'ONU avec l'eau de l'East River ?

D'abord, l'ONU coûterait trop cher. Pas tant que ça. En 2018-2019, le budget de fonctionnement de l'organisation s'élevait à 5,4 milliards de dollars[1], soit *grosso modo* le budget annuel du Quai d'Orsay. Le chiffre monte à 52,3 milliards de dollars[2] si l'on ajoute le coût des opérations de maintien de la paix (les Casques bleus) et de l'ensemble des dizaines d'agences spécialisées qui composent la galaxie onusienne (Unicef, Organisation Mondiale de la Santé, Programme alimentaire mondial, Haut Commissariat pour les Réfugiés…) et assurent la distribution de vaccins et d'aide humanitaire. À titre de comparaison, le budget de la ville de New York (92,9 milliards de dollars en 2019[3]) est presque deux fois plus élevé. Pour les principaux contributeurs comme les États-Unis (22 % du budget), l'ONU est même un retour sur investissement particulièrement intéressant. Le coût d'un Casque bleu est à peine une fraction de celui d'un soldat français ou américain déployé à l'étranger. Et les Casques bleus représentent « un multiplicateur de force pour

1- Source ONU.

2- Dag Hammarskjöld Foundation and United Nations Multi-Partner Trust Fund Office.

3- New York City Council.

[les soldats américains] au front », estime l'ancienne ambassadrice américaine Susan Rice[4], citant par exemple le soutien logistique de l'ONU aux troupes américaines en Afghanistan. Les quatorze opérations de maintien de la paix de l'ONU en cours dans le monde permettent également aux États-Unis de prétendre au rôle de gendarme de la planète sans en assumer le véritable coût, ni risquer leurs G.I..

Ces missions onusiennes ne sont pas exemptes de critiques. Loin de là. En Haïti, la négligence d'un contingent népalais a provoqué une épidémie mortelle de choléra. En République démocratique du Congo (RDC) et en République centrafricaine, les soldats de l'ONU ont été accusés d'abus sexuels. Au Darfour, c'est leur inaction coupable face aux exactions de milices janjawid alliées au gouvernement soudanais qui a été pointée du doigt. À chaque fois, la bureaucratie onusienne s'est distinguée par son manque de transparence et sa propension à punir les lanceurs d'alerte[5]. Il n'empêche. Si les Casques bleus ne parviennent pas toujours à stopper les conflits ni à faire respecter les cessez-le-feu, leur présence permet au moins d'atténuer l'intensité des combats et de maintenir un certain degré de contrôle sur les crises internationales. Lorsque le Conseil de sécurité se saisit d'une crise, cela déclenche une obligation de rendre des comptes pour

4- Discours devant le World Affairs Council of Oregon, à Portland, Oregon, le 11 février 2011.

5- Darfour : l'ONU mise en cause par une lanceuse d'alerte, TV5, Mai 2014.

les autorités en cause, avec des rapports réguliers et un travail de documentation sans lequel beaucoup d'abus ne seraient jamais consignés.

« Mais l'ONU n'a rien fait pour la Syrie. Ils ne font que parler ! », s'étrangle votre beau-frère pendant les repas de famille. Certes. On pourrait d'ailleurs ajouter l'Ukraine et le Yémen à la liste des conflits récents sur lesquels les Nations Unies ont échoué à peser. Les massacres du Rwanda et de Sebrenica en Bosnie dans les années 1990 devant des Casques bleus impuissants hantent encore les mémoires. En Syrie, l'échec tient en une phrase : le veto systématique de la Russie à toute action de l'ONU (14 à ce jour depuis le début du conflit en 2011). Blâmer l'ONU, c'est oublier un principe fondateur : l'ONU n'est pas un gouvernement mondial ! C'est un instrument aux mains des États qui la composent. Au final, ce sont eux qui décident. Le Secrétaire général ne fait que mettre en œuvre leurs décisions. La souveraineté des États et le principe de non-interférence dans les affaires domestiques sont d'ailleurs inscrits dans le marbre de la Charte des Nations unies (Article II, Paragraphe VII[6]). Toute action doit être approuvée par les pays membres du Conseil de sécurité. Parmi eux, cinq pays – États-Unis,

6- « Aucune disposition de la présente Charte n'autorise les Nations Unies à intervenir dans des affaires qui relèvent essentiellement de la compétence nationale d'un État ni n'oblige les Membres à soumettre des affaires de ce genre à une procédure de règlement aux termes de la présente Charte ; toutefois, ce principe ne porte en rien atteinte à l'application des mesures de coercition prévues au Chapitre VII. »

Russie, Chine, France, Royaume-Uni – disposent d'un droit de veto et donc d'un poids disproportionné. Ce veto est à la fois la clé de voûte du système et son point faible. Il est la garantie pour les grandes puissances que leurs intérêts stratégiques ne seront pas menacés. Pour Moscou, les lignes rouges se situent dans les frontières de l'ex-URSS et en Syrie, son seul allié au Moyen-Orient. Pour Washington, c'est l'Amérique centrale et l'allié israélien. La France protège son pré carré en Afrique francophone. La Chine ne tolère aucune ingérence sur le Tibet, Taïwan ou en mer de Chine méridionale. C'est à ce prix que les grandes puissances de 1945 ont accepté la création de l'ONU avec l'idée d'offrir un espace de dialogue pour éviter les conflits entre nations souveraines, mais sans empiéter sur leurs zones d'influences.

L'ONU n'est pas un gouvernement mondial ! C'est un instrument aux mains des États qui la composent.

Pendant une courte période, le concept de « responsabilité de protéger » les civils, entériné en 2005, a porté l'idée d'une communauté internationale plus engagée. Ce « droit d'ingérence » a culminé avec l'intervention militaire de 2011 en Libye contre les forces de Mouammar Kadhafi. Depuis les « printemps arabes », les interventionnistes ont perdu du terrain et les souverainistes ont fait un retour en force à l'ONU. Les diplomates constatent que la machine onusienne s'est grippée. Même si nous sommes encore loin du niveau de paralysie observée pendant la guerre froide. En 1959, le Conseil de sécurité était parvenu à passer une seule résolution (sur le Laos) ! Dans les années 1980-1990, le Conseil ne s'activait que périodiquement lors de crises majeures. Aujourd'hui, même divisé par des rivalités exacerbées entre les États-Unis, la Russie et la Chine, le Conseil reste très actif, avec pas moins de 51 résolutions passées en 2019[7]. La coopération est cependant de plus en plus difficile, y compris sur des conflits jusqu'ici considérés comme « secondaires », le plus souvent en Afrique.

L'hostilité affichée de Donald Trump vis-à-vis des institutions multilatérales, ce refuge des « globalistes » qu'il oppose aux « patriotes », conduit à un retrait des États-Unis de la scène internationale, particulièrement visible à l'ONU. Washington a cessé de participer aux grandes négociations internationales sur le climat, les réfugiés ou le commerce des armes. Les États-Unis se sont retirés du Conseil des droits de l'homme et de l'Unesco. Le paiement de plusieurs contributions financières américaines est suspendu. Pendant la première année de son mandat, Donald Trump avait

7- Source ONU.

pourtant trouvé à New York un levier utile dans sa stratégie de pression maximum contre la Corée du Nord. À sa demande, les Nations Unies ont adopté en 2017 pas moins de trois nouveaux régimes de sanctions internationales contre la dictature de Kim Jong-un – avant que les deux hommes ne se serrent chaleureusement la main au sommet de Singapour. Depuis le départ de son ambassadrice à l'ONU, Nikki Haley, la mission américaine auprès de l'ONU somnole. Le poste, traditionnellement le plus influent de la diplomatie américaine après celui de Secrétaire d'État, a été donné à une riche donatrice du parti républicain, Kelly Craft, qui s'était distinguée par son absentéisme à son précédent poste d'ambassadrice au Canada. Résultat, l'influence des États-Unis à l'ONU est en déclin. Et l'ONU apprend à se passer de Washington, au profit de la Chine.

Pour la première fois, Pékin est parvenu à imposer son candidat à la tête de quatre des quinze agences spécialisées de l'ONU[8]. La Chine a augmenté ses contributions financières et sa participation aux opérations de maintien de la paix. Les diplomates chinois aux Nations Unies se montrent plus offensifs et « dominent de nombreuses conversations », note Richard Gowan, le directeur ONU de l'International Crisis Group[9].

8- International Civil Aviation Organization, the International Telecommunication Union, the Food and Agriculture Organization, and the U.N. Industrial Development Organization.

9- Entretien avec l'auteur.

« Les États-Unis marquent contre leur camp en laissant la Chine accumuler du pouvoir au sein de l'ONU. Cela complique leur habilité à façonner les débats au sein de l'organisation », analyse-t-il. Avant de quitter la Maison Blanche en 2019, John Bolton, l'ancien conseiller à la sécurité nationale de Donald Trump, a commencé à s'en inquiéter. Le héraut des « faucons » américains qui clamait que « si l'on pouvait supprimer dix étages au bâtiment de l'ONU cela ne ferait aucune différence », avait chargé les diplomates d'être plus actifs pour contrer l'influence grandissante de la Chine aux Nations Unies[10]. Les États-Unis finiront sans doute

10- Bolton Builds Anti-China Campaign at the U.N., Foreign Policy, April 2019.

par regretter de s'être automarginalisés et d'avoir laissé le champ libre à leurs rivaux sur la scène internationale.

Car l'ONU demeure un forum irremplaçable. L'Assemblée générale de septembre n'est pas seulement une plaie pour les automobilistes new-yorkais et une aubaine pour les hôteliers et les *strip clubs* de Times Square. C'est aussi le lieu où le dialogue se noue. En 2013, c'est en marge de ce sommet que Barack Obama et le président iranien Hassan Rohani ont échangé un coup de fil historique. Il faut avoir écouté en session plénière le plaidoyer des îles Marshall contre le réchauffement climatique qui menace de les engloutir, ou celui du Premier ministre haïtien contre le poids de la dette, pour constater que l'ONU est la seule instance internationale dans laquelle les « petits » pays peuvent faire entendre leur voix. C'est devant l'Assemblée générale que les Palestiniens sont venus chercher en 2012 la reconnaissance de leur État qui leur est refusé. Où d'autre qu'à l'ONU peuvent se croiser des diplomates américains, iraniens, nord-coréens ou cubains ? C'est souvent là que des liens se forment et où les conversations continuent quand les capitales cessent de se parler.

Oui, les discours sont souvent trop longs et trop creux. Mais ils font aussi partie d'un théâtre. C'est une soupape qui permet d'évacuer les tensions. Après l'empoisonnement d'un ex-espion russe et de sa fille sur le sol britannique en 2018, la représentante du Royaume-Uni s'est servie du Conseil de sécurité pour confronter directement la Russie et a permis à son pays de relâcher la pression et de passer à autre chose. L'Allemagne s'est servie de la même tribune pour évoquer les détentions arbitraires de la minorité Ouïghours en Chine.

L'ordre international qui prévaut depuis 1945 porte bien mal son nom tant il n'a jamais été ni très ordonné – pas moins de 285 conflits armés depuis 1946[11] – ni vraiment international – il est dominé par une poignée de pays. Il n'est certainement ni moral ni juste. Il est le résultat des fluctuations dans les rapports de force entre les grandes puissances et leurs alliés. Ce serait injuste de demander à l'ONU d'être davantage que le lieu au sein duquel peut exister une communauté internationale. L'ONU oblige les États à penser multilatéral. On ne doit pas s'étonner que les plus forts cherchent à minimiser son influence. Un monde sans les Nations Unies serait plus brutal. Si l'ONU n'existait pas, il faudrait sans aucun doute l'inventer. Pour reprendre les mots de l'un des tout premiers secrétaires généraux de l'organisation, le Suédois Dag Hammarskjöld, « l'ONU n'a pas créé le paradis », on peut le regretter, « mais elle a évité l'enfer ».

À lire

J. Coulon, *À quoi sert le Conseil de sécurité des Nations Unies ?*, Presses de l'Université de Montréal, 2020.

G. Araud, *Passeport diplomatique*, Grasset, 2019.

J.-M. de la Sablière, *Indispensable ONU*, Plon, 2017.

C. Kupchan, *No One's World*, Oxford University Press, 2012.

K. Lebhour et A. Massot, *Une Saison à l'ONU*, Steinkis, 2018.

11- Source : *Uppsala Conflict* Data Program

Le déni soutenu de réalité

Dominique Bourg

Professeur honoraire de philosophie
à l'Université de Lausanne, ancien directeur
de l'Institut de politiques territoriales
et d'environnement humain.

« Pour qu'un écologiste soit élu président, il faudrait que les arbres votent. »

Coluche, *Pensées et anecdotes*, Le Livre de Poche, 1998.

On peut invoquer de multiples raisons pour expliquer la dégradation de l'organisation démocratique des sociétés. La baisse de la participation aux élections, évidemment, est souvent mise en avant : elle est au moins un symptôme de dysfonctionnement, mais relève probablement plus des conséquences que des causes. En outre les élections constituent un aspect certes fondamental, mais non exclusif, de la vie démocratique[1]. On ne saurait donc mesurer la qualité d'une démocratie au seul taux de participation aux élections.

Réduire la démocratie aux seuls mécanismes électoraux serait d'ailleurs une erreur funeste. Que valent en effet des élections dans un pays où la diffusion d'une information juste est devenue quasiment impossible ?

1- Je renvoie là notamment à l'œuvre de Pierre Rosanvallon.

Où les électeurs sont tenus dans l'ignorance et sciemment trompés ou abrutis ? Où il est devenu chimérique de se présenter à un mandat électoral sans disposer de fonds importants ? Où l'on pourrait légalement revenir sur les droits d'une minorité, interdire les partis politiques autres que celui au pouvoir, suspendre la Constitution, etc. ? Il n'est pas de démocratie sans l'existence de conditions préalables au bon fonctionnement des élections, ni sans limites imposées au pouvoir qu'elles confèrent.

Car ces questions ne sont pas sans liens avec l'état malheureusement bien réel de nos démocraties. Les États-Unis sont d'ores et déjà devenus une forme quasi censitaire de démocratie, tant les fonds mobilisés pour quelque élection que ce soit, et *a fortiori* pour les élections présidentielles, sont devenus importants[2]. L'élection de Trump et celle de Bolsonaro n'auraient probablement pas eu lieu sans le recours aux réseaux sociaux ni la diffusion massive d'informations grossièrement mensongères. L'excessive mauvaise qualité de l'enseignement public nord-américain est légendaire, au point qu'il ne semble pouvoir servir d'antidote à ces débordements et ne permet pas même d'assurer le socle indispensable à la formation des citoyens. Rappelons, pour la France, les propos célèbres autrefois tenus par Patrick Lelay sur les heures de cerveau disponible vendues aux annonceurs par TF1. Enfin, signalons que les démocraties meurent le plus souvent électoralement,

---

2- Voir J. Cagé, *Le Prix de la démocratie*, Fayard, 2018.

comme ce fut le cas avec le vote par le Reichstag en 1933 de la loi octroyant les pleins pouvoirs à Hitler et suspendant *de facto* les garanties constitutionnelles de la République de Weimar ; ou encore pour la IIIe République à laquelle le parlement français réuni à Vichy en juillet 1940 a mis fin.

Le casse-tête du bien-être

Qu'est-ce alors qu'une démocratie ? La définition la plus large consiste à affirmer qu'il s'agit de l'organisation de la société permettant aux citoyens de participer à la décision publique. Certes, mais pourquoi ? La réponse la moins inadéquate étant alors celle du plus grand bien-être possible pour le plus grand nombre. Une réponse apparemment fondée pour les deux raisons suivantes : d'une part, une société esclavagiste ou simplement oligarchique ne tend pas au plus grand bien-être pour le plus grand nombre, mais pour une partie circonscrite des êtres humains la composant ; d'autre part, chacun étant le seul juge de son état de bien-être, il paraît absolument fondé de consulter l'ensemble d'une population pour un gouvernement censé la conduire à un certain degré de bien-être.

Cela dit, les choses se montrent très rapidement plus complexes. Le bien-être en question peut par exemple entrer en contradiction avec d'autres valeurs. Imaginons qu'un pays propose à un autre son annexion mais assortie d'un degré de bien-être, au moins matériel, supérieur…

La contradiction entre le bien-être matériel immédiat et les enjeux écologiques est par ailleurs majeure. Les raisons de la dégradation en cours de l'habitabilité de la Terre sont les flux d'énergie et de matière, auxquels s'ajoute la masse démographique, qui rendent possibles nos niveaux matériels de vie. Pour sauver l'actuelle habitabilité de la planète, au tout du moins empêcher un niveau de dégradation par trop dramatique, il conviendrait de contraindre rapidement et fortement le substrat matériel de nos modes de vie. Il n'y a pas là toutefois une contradiction absolue entre environnement et poursuite du bien-être (l'idée étant bien, à terme, de préserver les conditions de possibilité de ce dernier sur Terre), mais au moins une contradiction partielle, forte et momentanée. Enfin, dans un contexte de concurrence internationale exacerbée, comme aujourd'hui, il est par ailleurs de bon ton d'imposer des efforts, de dégrader les conditions d'existence du grand nombre, au nom du maintien d'une compétitivité donnée comme la condition à la richesse matérielle générale.

De la complexité au détachement

Nous le constatons, les raisons du dysfonctionnement de la vie démocratique peuvent être nombreuses. L'une d'elles est la perte d'autonomie d'une nation. Moins un pays dispose de marges de manœuvre, moins précisément il peut jouer des mécanismes de la démocratie, moins il peut opter pour un parcours original[3]. En ce sens la mondialisation néolibérale des économies a eu pour conséquence l'émergence d'un marché mondial, doté de sa dynamique propre, ne laissant aux États d'autre latitude qu'une adaptation plus ou moins réussie à un univers hétéronome, les dépassant grandement, sur lequel ils ne peuvent influer et dont ils ne peuvent se retirer. L'idée était d'arracher à toute forme de contrôle étatique la sphère économique, et donc à tout contrôle démocratique. La conséquence est un rapprochement des politiques prônées et pratiquées par les grands partis politiques de gouvernement, l'abandon des classes populaires par les partis de gauche et leur différenciation de substitution avec la défense des droits des minorités, notamment sur le plan des mœurs. Une partie de l'abstention électorale y trouve probablement son origine.

Une autre raison majeure de dysfonctionnement tire son origine de la transformation du système d'information publique durant les trente dernières années. Le système précédent n'était certes pas optimal, mais il a néanmoins permis le déroulement de la vie démocratique durant les Trente glorieuses. *Grosso modo*, il existait alors une information partagée au sein de chaque pays avec un petit nombre de média audiovisuels et radiophoniques. Cette information de base pouvait donner lieu à des interprétations politiques diversifiées, organisées par la presse pour une grande

3- Je renvoie ici le lecteur à D. Bourg, *Le Marché contre l'humanité*, Puf, 2020.

partie. Ce socle informationnel a laissé place à un paysage extrêmement éclaté, avec des niches dont l'assise sociologique peut varier, mais dont les publics sont souvent captifs. Or, sans tronc commun, il n'est plus possible d'ouvrir un débat. Le spectateur de Fox News ne vit plus sur la même planète que celui de CNN ou de CBS.

Une troisième raison majeure est l'impossibilité de considération sérieuse de certaines catégories de problèmes. J'ai évoqué plus haut le climat, j'aurais pu parler de biodiversité, de pic pétrolier, etc. Depuis des décennies, les grands indicateurs touchant ces sujets font état d'une dégradation continue, en termes d'émissions de gaz à effet de serre ou d'extinction des espèces, notamment, et rien n'annonce qu'il puisse prochainement en être autrement. Considérons un sous-problème, celui de la substitution de la mobilité automobile électrique à la mobilité thermique. Il n'est même pas possible de disposer d'une information collective stable, certaines études montrant qu'une petite voiture électrique devra parcourir au moins 100 000 km avant de commencer à émettre moins, comparativement à un véhicule thermique analogue, compte tenu de l'investissement carbone initial[4].

Ce que provoque tout cela n'est pas nécessairement la montée de l'abstention, mais le détachement du système d'une partie croissante de la jeunesse, plutôt bien

---

4- Source interne Renault.

éduquée, et le déport vers des modes d'action du type désobéissance civile.

Persistance dans l'aveuglement

Quelle est alors la responsabilité des uns et des autres, et notamment des femmes et hommes politiques dans cette situation ? Du côté du personnel politique, elle me paraît écrasante et précisément eu égard à la « connerie », si l'on entend par là un mélange d'aveuglement obtus et d'obstination dans l'erreur. L'attitude *mainstream* face aux difficultés écologiques est exemplaire. Depuis la publication du rapport Meadows au Club de Rome de 1972, les grands indicateurs globaux n'ont cessé de faire état des tendances destructrices à l'œuvre : les émissions de gaz à effet de serre ont depuis lors, comme les flux de matière, explosé ; la biodiversité n'a cessé de se dégrader ; la pression sur les ressources en général n'ont eu de cesse de s'accroître.

Depuis un demi-siècle, la réponse à ce constat ne varie pas, avec les mêmes conséquences: l'attente de nouvelles techniques, d'une sorte de Graal technologique. Comme si ce n'était pas, assorti à une démographie elle-même croissante, le volume croissant de nos consommations finales, individuelles et collectives, qui bousculait les limites planétaires et détruisait le vivant. Toujours plus d'infrastructures, d'objets de toutes sortes, des transports toujours plus importants… ce qu'on appelle « croissance ». Pérorer sur la croissance verte a autant de sens que d'exiger d'un pizzaïolo une pizza de plus en plus grande avec de moins en moins de garniture et de pâte.

Évoquer, et même invoquer la difficulté à décroître matériellement en termes de budget public, de services sociaux, etc., aurait évidemment un sens et serait légitime. Ressasser sempiternellement le même déni, continuer à faire croire en la croissance verte, est en revanche pathétique. Pire encore, il condamne à une stratégie des faux-semblants. Les premières années du gouvernement Macron ont, à cet égard, été patentes: Nicolas Hulot à la tête du ministère de la Transition écologique et solidaire d'un côté, détricotage du droit de l'environnement[5] et du droit social de l'autre. Une règle en conséquence: ne pas faire face aux difficultés, mais ne cesser de les évoquer. Depuis la publication des

---

5- M. Prieur, C. Lepage, C. Huglo, P. Billet, J. Untermaier et J. Fromageau, « Droit de l'environnement en France, une régression généralisée », *Le Monde*, 26 juin 2019.

premiers rapports du GIEC au début des années 1990, la même tragédie se joue : le chœur (le GIEC, auquel s'ajoute désormais l'IPBES) ne cesse d'avertir l'humanité, alias Œdipe, de l'issue tragique qui la guette, et pourtant elle semble bien décidée à occire papa et épouser maman !

Du côté des systèmes d'information, la main de nos amis politiques n'a pas été plus heureuse. À leur décharge, il n'était pas évident que la pluralisation des systèmes d'information déboucherait sur leur fragmentation. En revanche, il était inévitable qu'ouvrir les vannes à la publicité sur les canaux publics affecterait qualitativement les programmes, en créant une sorte d'émulation par le bas (divertissement et grossièreté), afin de capter la manne publicitaire la plus juteuse par une audience croissante. Enfin, il est curieux que rien ne soit tenté pour bloquer, lors des campagnes électorales, les mensonges et trucages les plus grossiers comme on aurait pu le faire lors de l'élection de Trump ou de Bolsonaro, avec les conséquences que nous connaissons. Rappelons, entre autres monstruosités politiques, que Trump refuse d'envisager son départ en cas de défaite électorale en novembre 2020.

La facilité avec laquelle les partis politiques occidentaux, fussent-ils de gauche, ont accepté le référentiel néolibéral ne laisse pas non plus d'étonner, même s'il s'agit d'un phénomène culturel plus large que la seule politique. Je pense en premier au recours de la finance à des mathématiques sophistiquées, et donc à l'accès à des instruments nouveaux qui ont contribué à l'extension de son influence. Je songe encore à la place acquise par l'économie néoclassique dans le paysage scientifique et plus largement culturel, etc. Cela dit, le néolibéralisme a ni plus ni moins débouché sur un « impérialisme de marché », pour reprendre l'expression du philosophe américain Michael Walzer, qui a mis fin au pluralisme et aux équilibres qui caractérisaient les démocraties classiques, telles qu'elles ont prévalu durant les Trente glorieuses notamment[6]. Le pluralisme démocratique renvoie à l'existence d'ordres normatifs différents, indépendants du pouvoir politique. Or, l'évolution de nos sociétés se caractérise par le fait que le domaine pécuniaire, le payer/ne pas payer, tend à influer fortement sur tous les autres ordres normatifs, de la fabrication des lois à l'esthétique en passant par la connaissance. Les considérations financières tendent à devenir totalitaires. À cet égard, la cécité politique est totale. Et la vie partisane se déroule comme si nous étions encore dans les années soixante ou soixante-dix, comme si l'économie de marché y jouait encore le même rôle cantonné.

De manière générale, ce qui semble caractériser la connerie politique est donc la réticence à considérer les changements profonds qui ont affecté nos sociétés depuis des décennies !

6- Je renvoie encore ici à D. Bourg, *Le Marché contre l'humanité*, *op. cit.*

Europe : ensemble, tout devient impossible ?

Didier Georgakakis

Professeur de science politique
à l'Université Paris 1 Panthéon-Sorbonne
et au Collège d'Europe.

EUROPE

« Nous n'avons plus de grand homme, mais des petits qui grenouillent et sautillent de droite et de gauche avec une sérénité dans l'incompétence qui force le respect. »

Pierre Desproges, *Dictionnaire superflu à l'usage de l'élite et des biens nantis*, Seuil, 1985.

S'il est un domaine où l'on entend et lit beaucoup de conneries, c'est bien celui de la politique européenne. Sur un site anti-*hoax* qui donnait une large part à la presse populaire britannique, la Commission européenne recensait les rumeurs selon lesquelles l'Europe allait obliger les vaches à porter des couches, les femmes à ramener leurs *sex-toys* usagés, et l'on en passe. Les prises de position du personnel politique (toutes tendances confondues) ne sont souvent pas si différentes en nature (qu'on me permette toutefois de ne pas donner d'exemple)… En déduire, à l'inverse, que la politique européenne serait exempte de connerie, et implicitement l'incarnation moderne de la raison éclairée face à l'obscurantisme des peuples, serait tout aussi con. Et si l'on commençait plutôt par s'entendre sur ce que veut dire *politique* à l'échelle européenne ?

L'Europe n'est pas l'État qu'on a en tête

Commençons par un premier piège à la source de très nombreux malentendus. Nous attendons que l'Europe fonctionne comme un État, et, tout particulièrement en France, comme un État unitaire. C'est ce que signifient les commentaires selon lesquels l'Europe « n'a pas de vision », qu'elle « produit des compromis minimalistes et inopérants », « ne pèse pas diplomatiquement » ou serait emblématique de la tension entre « les élites et LE peuple ».

En réalité, le projet d'une Europe politique peut *a minima* se définir comme le chemin pacifique (c'est important!) invitant 6, puis 9, 10, 12, 15, 25, 27, 28 puis à nouveau 27 États membres à s'intégrer tendanciellement par des politiques communes, dans le respect relatif de chacun des États membres qui se plient à ses règles et sous le dictat d'aucun. Il est donc paradoxal d'en attendre les réactions d'un ensemble centralisé et intégré.

Si l'Union européenne est la forme dominante dans laquelle s'incarne aujourd'hui ce projet, elle n'a, au demeurant, pas le monopole des questions européennes. D'autres institutions européennes existent comme le Conseil de l'Europe ou l'espace européen de l'enseignement supérieur qui, pour mémoire, associe

40 pays dans une gouvernance qui lui est propre. L'Union européenne définit, de plus, des configurations et périmètres variables : tous les pays membres ne sont pas membres de la zone euro, tous les pays membres ne sont pas membres de la zone Schengen qui par ailleurs ne se réduit pas à l'UE. Si elle a certains attributs de l'État (un droit, une administration, des responsables politiques partiellement différenciés, et un spectre large de politiques communes), elle est le produit de traités qui lient des États, pas de la constitution d'un État fédéral et encore moins unitaire.

Sur le plan des sciences sociales, les institutions européennes sont loin de posséder les attributs de l'État : la monopolisation de la violence, la monopolisation fiscale, ou encore ce que Bourdieu appelait le « capital informationnel ». Surtout, il n'y a pas de centralisation politique. Le centre institutionnel n'est ici que l'organisateur des compromis les plus larges entre les membres et pas, à proprement parler, une concentration de pouvoir (qui se distribue entre ce centre, les grandes capitales, et plus généralement l'ensemble des relations entre les partenaires en jeu dont tous, comme les multinationales, les pays tiers ou d'autres grandes organisations internationales, ne sont pas nécessairement européens). Bref, la dynamique politique est fondamentalement collective et, à sa façon, « autogérée » dans son processus comme dans sa finalité. Sauf qu'il s'agit d'un collectif d'États, et non d'un État qui unifierait des nations et encore moins d'un État-nation.

On peut le regretter, et du reste reprocher des tas de choses aux institutions européennes, mais pas de ne pas être l'État qu'on n'a pas voulu qu'elles soient. D'autant moins que ce malentendu fondamental a toutes les chances d'être multiplié par 27 avec 27 définitions de l'État !

La faute à Bruxelles ?

Ce premier malentendu étant levé, il faut en pointer un autre qui lui est très directement lié. À l'inverse de ce que donnent à croire des représentations pour le moins paresseuses, les États membres ne sont pas extérieurs aux institutions européennes, pas plus qu'ils ne s'opposent à elles. Ils en sont, au contraire, le maillon central. Les institutions européennes, c'est nous, ou plutôt nos représentants. Comme le dit le politologue britannique Anand Menon, on négocie « à » Bruxelles et très peu « avec » Bruxelles. Cette négociation a lieu à tous les étages : avec les chefs d'États et de gouvernement qui se réunissent en moyenne un peu plus de tous les deux mois (et plus en temps de crises), les ministres, les ambassadeurs et leurs représentants administratifs, qui sont consultés au Conseil et à la Commission, mais aussi dans les comités qui traitent de l'application des règles européennes, sans parler des parlements, à la fois le Parlement européen, les parlements nationaux et parfois régionaux, qui discutent les règles lors de leur fabrication et, pour les parlements nationaux, décident de leur modalité d'intégration dans le droit national.

Bref, rien ne se fait sans l'aval des représentants des États membres à de très nombreux échelons. Sans que cette réalité soit vraiment perçue à l'extérieur, un diplomate a pu légitimement dire lors d'une interview, et c'est important, que « cette année 100 % des décisions ont été portées par la France. »

Que se passe-t-il, alors, pour qu'on se persuade que le pouvoir de l'Europe nous est extérieur ? C'est d'abord que, pas plus qu'elle n'est un État, l'Europe n'est le prolongement de l'un d'entre eux, et surtout pas du nôtre. Son caractère collectif et la difficulté des problèmes à traiter en commun sont allés de pair avec la formation d'un corps spécialisé (députés, commissaires et surtout fonctionnaires européens) dont la fonction est de travailler à la fabrication des compromis. Il reste que l'eurocratie n'est surtout pas un corps politique cosmopolite qui dirigerait l'Europe, mais, plus subtilement, l'espace social où négocient en permanence les représentants des États membres, du monde économique et social, et des institutions, pour définir le commun et le rendre opérationnel dans des règles et des politiques.

S'agit-il d'un aréopage non démocratique ? C'est tout sauf con de poser la question, mais les représentants des États membres sont bien les mandataires de gouvernements démocratiquement élus, et ils agissent sous leur tutelle formelle. Quant au personnel politique spécifique de l'UE, les députés sont élus au sein des États membres. Les commissaires le sont doublement, proposés par des gouvernements démocratiques élus, puis investis par l'élection du parlement européen, soit une sorte de démocratie indirecte sous double tutelle (nationale et européenne). Faut-il s'en contenter ? Pas nécessairement. D'abord, le développement historique de l'UE montre que des compétences centrales (comme la politique monétaire) sont délivrées dans des instances qui ne sont pas nécessairement les plus transparentes et sous contrôle parlementaire, comme l'Eurogroupe même s'il est composé des ministres, représentants des gouvernements élus. Ce serait con de ne pas réfléchir aux développements de ces instances prétendument indépendantes. Ensuite, la question soulève un autre problème, celui du contrôle que l'autorité politique exerce sur ses mandataires administratifs et, plus précisément, la façon dont elle investit la chose européenne. C'est la question de l'autonomie des espaces spécialisés dont le fonctionnement de l'Europe n'a pas l'apanage. Enfin, la division des tâches entre d'un côté des négociateurs spécialisés et, de l'autre, des espaces segmentés de représentation politique, crée toutes les conditions pour que le personnel politique qui décide une chose à un étage l'assume peu, ou même le démente, à un autre étage (ce qu'on fait à Bruxelles n'est pas nécessairement ce qu'on prétend avoir fait à Paris). Bref, la connerie c'est ici que dans l'État du système, le politique est théoriquement central, mais en réalité souvent distant, ce qui accentue encore tous les contrastes entre le « eux » et le « nous »… qui favorise toutes les entreprises politiques de démolition.

Une usine à gaz sans idée commune ?

Ces premières difficultés feraient-elles qu'à 27, la machine se serait transformée en usine à gaz sans idée commune de l'Europe ? Si usine à gaz il y a, elle n'est pas un point de départ, mais la conséquence de tout ce qui précède. Pour se mettre d'accord pacifiquement, les princes ont besoin d'un lieu de neutralisation des potentiels conflits entre les intérêts divergents, voire, dans le meilleur des mondes, d'une machine à intégrer leurs intérêts. Et pour fonctionner en commun tout en évitant la centralisation politique, on développe un art de plus en plus subtil du compromis, et l'on complexifie simultanément cette machine au cas par cas au gré des équilibres du moment. Ainsi, quand on veut créer de la convergence économique, on n'en confie surtout pas la définition de ses critères et la gestion à l'un ou l'autre des membres, mais à l'instance réputée neutre par excellence, la Commission européenne. Quand on trouve que la Commission prend trop de pouvoir comme dans les années 1990-2000, alors on crée des agences européennes, qui à leur tour reconfigurent leur relation entre le cœur administratif européen et les agences nationales (qui elles-mêmes en profitent pour reconfigurer leur relation avec leur ministère…). Quand on trouve qu'il y a trop de lois européennes, alors on lance une procédure pour les revoir, procédure gérée par le cœur administratif de l'Union, qu'on place tout de même sous contrôle croisé d'une succession d'agences. C'est le principe de la bureaucratisation…

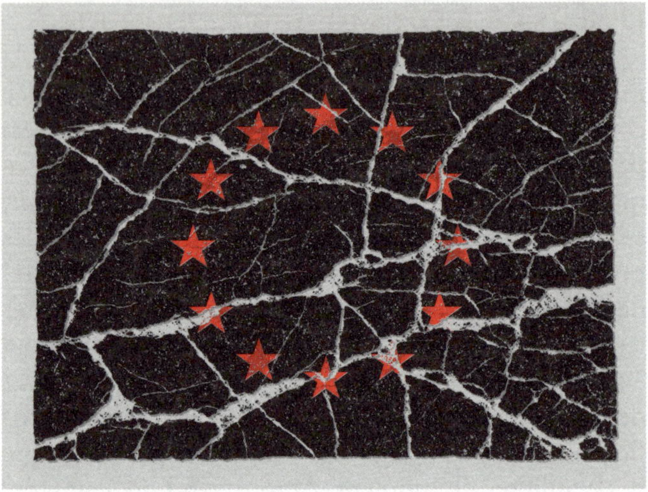

dont l'Europe est très loin d'avoir l'apanage, mais qu'elle incarne tout particulièrement, compte tenu de ses particularités politiques.

En outre, il n'existe pas d'idée européenne qui aille de soi. Dès le départ, ceux qu'on nomme les pères fondateurs ont ainsi eu des idées très différentes de l'Europe : intergouvernementale comme Churchill, technocratique ou *policy-based* comme on dirait aujourd'hui pour Monnet, et fédéraliste pour d'autres. Postuler l'existence d'« une » idée européenne, c'est ainsi souvent confondre le point de départ et d'arrivée. Les idées tendent d'ailleurs à se dissoudre dans le compromis. Un bon compromis n'a en effet pas de vainqueur, sans quoi le collectif exploserait, et pour ne pas en avoir… il faut que les idées portées disparaissent dans le compromis technique. Oui… Et pour ne pas exclure, il faut s'accorder sur le minimum et parfois donner une part plus importante à la position la plus régressive (ce que les auteurs appellent le piège de la « décision jointe »). Surtout, le risque est toujours fort sous prétexte d'aboutir… d'aboutir à l'inverse de ce qu'on souhaitait. On peut s'en désoler, mais ce n'est encore pas propre à l'Europe. Quant à l'unanimisme sur la « politique par le marché », il y aurait beaucoup à dire.

En sortir ? Probablement une connerie…

Lorsque la perception de la complexité tourne à la sensation de piège, le réflexe est d'en sortir. Entre la pulsion du comportement individuel et l'économie collective, il y a toutefois un fossé. Véritable cas d'école, le Brexit ne le dément pas… et rappelle que ce qui est compliqué ensemble peut l'être tout aussi bien tout seul ! Pour mémoire, le Brexit procède tout d'abord du génie politique d'un Premier ministre qui, contesté sur sa droite et en passe de perdre les élections, fait un coup : la promesse d'un référendum sur l'appartenance du Royaume-Uni à l'Europe, qui l'engage assez peu puisque tout le monde (lui compris) le donne perdant. Mais fonctionnant au-delà de ses espérances, ce coup permet sa réélection et le place, une fois conforté au pouvoir, en position de devoir accomplir ce qui n'était au fond qu'une blague ou au moins un geste assez irréfléchi.

C'est à ce moment que toute la ruse de la connerie se manifeste : et si l'on faisait coup double et, pour se sortir de ce mauvais coup, si l'on s'appuyait dessus pour renégocier sa relation à l'Europe et se mettre en phase avec ce que la majeure partie des élites britanniques chantent depuis les années Thatcher sur l'exceptionnalité de la Grande-Bretagne en Europe ? Belle promesse à nouveau, mais de courte vue : en réalité les Britanniques jouissaient déjà d'un statut exceptionnel en étant discrètement les champions de la participation sans frais, ce qu'on appelle l'*opt out* dans le jargon des politiques européennes, c'est-à-dire la possibilité de ne pas participer à certaines politiques et règles communes. Le Premier ministre avait probablement en tête que ses ressortissants ne seraient pas assez cons pour redoubler la connerie qu'il avait faite initialement, mais il partit en campagne la fleur au fusil pour dire tout le contraire de ce qu'il avait dit auparavant. N'ayant pas nécessairement envie d'être pris pour des cons, les électeurs n'ont pas suivi.

Aurait-on dès lors tiré tous les enseignements connologiques du Brexit ? Rien n'est moins sûr. S'il est trop tôt pour juger complètement des effets de ce referendum sur l'économie et la société britanniques, la plupart des commentateurs soulignent tout de même que le scénario le plus probable est que la Grande-Bretagne passera d'un régime d'*opting out*, où elle était centrale dans la décision sans participer à toutes les politiques, à un régime d'*opting in*, où elle participera à peu près à la même chose… mais sans être actrice de la décision. La victoire de l'exit est, de plus, celle d'élites conservatrices et populistes anglaises qui ont convaincu les fractions populaires du pays de Galles et du Nord de l'Angleterre de faire payer à l'Europe les dégâts d'un néo-libéralisme… institutionnalisé par Mme Thatcher et ses successeurs. Rien ne dit qu'elles s'en satisferont, pas plus que les populations de deux autres royaumes du Royaume « uni » qui ont voté pour rester. C'est du reste l'un des paradoxes plus généraux du processus collectif européen : les États européens ne font plus la guerre, mais les concurrences entre élites et la capacité de certaines d'entre elles à manipuler les ressentiments nationaux à l'origine des guerres mondiales du XXe siècle n'ont pas disparu. Et ce sont encore les populations qui ont toutes les chances d'en payer la note, ce dont le Brexit est finalement l'exemple ultime.

Après la crise, le sursaut ? De sacrées failles dans la théorie…

Pour s'en sortir, il faut donc un sursaut. Certes. Mais pour que la chose soit davantage qu'un mot, faut-il encore faire un effort et s'affranchir de quelques conneries. La première est la plus simple, prononcée tellement comme un mantra par de nombreux prétendus défenseurs de l'Europe qu'il faut commencer par elle. Non, le principal problème de l'Europe n'est pas un problème de communication, c'est un problème qui touche à la représentation politique, et l'on aura beau embaucher les meilleurs communicants que cela ne changera rien. Le processus qui lie l'échec des prophéties à une communauté de croyants est bien connu. Les martiens n'arrivent pas ? C'est qu'il y a eu un problème de communication. Le peuple ne vote pas un referendum ou n'adhère plus massivement ? C'est donc bien qu'il y a un problème de communication ! Surtout, resserrons nos liens entre croyants et méprisons davantage les sceptiques ! C'est au minimum à la fois beaucoup trop simpliste, facile, et intrinsèquement prétentieux.

Il faut lever un second piège de la pensée réflexe : celui de l'espoir constitutionnel. Construite dans les interstices des espaces juridiques nationaux, le droit communautaire a particulièrement bien réussi en devenant l'un des instruments privilégiés de la construction européenne. On a un problème ? Alors changeons les traités ! On veut avancer ? Alors, faisons une constitution ! On ne pas peut pas faire l'un ou l'autre, ou c'est trop compliqué dans le contexte ? Alors on a un problème. En effet, et il est multiple… Or cette croyance est ici loin d'être enracinée. Une fois passé le temps de l'enchantement de la création ou de l'adhésion, le droit communautaire devient une contrainte. L'idée d'une constitution est tout le contraire d'idiot, mais elle nécessite au minimum de construire un marché politique suffisamment unifié pour qu'elle prenne sens et assise sociale. La force du droit communautaire seul ne suffit pas pour créer des partis ou des citoyens européens, ce qui laisse évidemment toute leur place à des tentations césaristes nationales qui sont, elles, bien plus encastrées dans leurs sociétés respectives.

On aperçoit une solution : changer le statut politique de l'Union. Mais il y a encore quelques obstacles intellectuels à lever. Faire de la politique, c'est-à-dire mobiliser, cliver, se compter et donc parler des choses qui fâchent, n'est pas de « bon ton » quand il s'agit de construire des compromis. C'est pour cela qu'on la refoule. Or ce qui est déjà compliqué dans un cercle de spécialistes le serait, pense-t-on, encore beaucoup plus au-delà de ce cercle : mieux vaudrait donc laisser le temps faire son œuvre et tirer parti de la prochaine crise à venir. Cet espoir est au cœur de la théorie mère dite de l'engrenage : de la crise naîtra le sursaut politique et donc, comme on le dit aujourd'hui : « *Never waste a crisis* ». La conviction est *a priori* confortée par l'histoire : n'est-ce pas les « dangers qui menacent » qui ont permis à Robert Schuman de lancer son plan le 9 mai 1950, et l'Europe n'a-t-elle pas gagné en force lors de bien d'autres crises ? Il n'empêche : penser qu'une crise est nécessairement un moment de résolution est au minimum… un problème.

Les crises successives sont très loin d'avoir entraîné le saut politique prophétisé par la théorie de l'engrenage. Les moments de crises profitent en réalité toujours à l'administration qui, en effet, administre les remèdes, et au droit (la règle est d'or…). Quant aux politiques publiques qui en découlent – choc de compétitivité, de rigueur, etc. (avec les chocs, on ose tout !) –, elles ne sont pas toujours propres à rompre avec la connologie de la réduction du politique à la politique du marché. Or leur rôle d'auxiliaire des États membres fait que les institutions européennes sont particulièrement fragiles. Quand bien même elles excelleraient en fabriquant dans la sueur un consensus *a priori* inatteignable (ce qu'elles font en réalité souvent), ce consensus agréé par des élites ou des diplomates des États membres lors d'un énième sommet de la dernière chance peut parfaitement être incompréhensible, et surtout finir par lasser les populations dont les négociateurs sont censés représenter les intérêts. Dans ce cas, les gouvernants des États membres n'auraient d'autres choix que d'user de la force, comme cela s'est passé en Grèce pour mater les manifestants avant 2015, ou de se défausser et cesser de respecter le commun, comme cela a seulement pointé avec les crises de l'asile ou de la Covid. C'est là la contradiction politique au cœur de l'intégration par le droit, l'administration ou les politiques publiques, et qui rappelle que ni le temps ni les crises ne jouent toujours pour soi.

Tout cela serait sans issue, donc ? Ce serait avoir mal lu et sans doute mal compris le principe de la contribution de la connologie à la raison. Comme le font finalement les praticiens qui militent encore pour le commun, il est possible de modestement tenter de suivre le fil tiré entre les mines (car, comme on vient de le voir, le champ de l'eurocratie est d'abord un champ de mines). Commençons donc par éviter l'alternative entre le soutien aveugle et la critique débile, piège à con par excellence. Une fois cartographiés les autres pièges principaux, suivons le chemin de crête (qui est tout sauf crétin !) par lequel passe la construction de l'intérêt commun des citoyens, et différentions-le de celui des négociateurs et des seuls agents économiques (entreprises, ménages et consommateurs), pour construire des politiques dans leur intérêt véritable. Et, finalement, gardons-nous de nous croire arrivés. Mais n'est-ce pas cela, au fond, la politique ? Où l'on voit que la connerie de la politique européenne, ce n'est pas qu'« ensemble, tout devient impossible » (ce qui nierait le principe même de la politique) : c'est surtout d'en faire sans vouloir, ou ne pas assumer complètement, en faire.

À lire

P. Anderson, *Le Nouveau Vieux Monde, Sur le destin d'un auxiliaire de l'ordre américain*, Agone, 2011.

D. Georgakakis, « Comprendre les nomination à la tête de l'Union », *Le grand continent*, 20 juillet 2017, https://legrandcontinent.eu/fr/2019/07/20/comprendre-les-nominations-a-la-tete-de-lunion/

« Le covid 19, un tournant pour l'Union européenne ? », *AOC*, 10 avril 2020 https://aoc.media/analyse/2020/04/09/le-covid-19-un-tournant-pour-lunion-europeenne/

A. Menon, *Europe, the state of the Union*, Atlantic, 2008.

A. Vauchez, *Démocratiser l'Europe*, Seuil, « La République des idées », 2014.

Donald Trump est-il vraiment le pire?

Michael C. Behrent

Professeur d'histoire à l'Appalachian State University (Caroline du Nord).

« La politique est l'art d'obtenir de l'argent des riches et des suffrages des pauvres, sous prétexte de les protéger les uns des autres. »

Attribué à Jules Michelet

Donald Trump ne manque jamais une occasion de rappeler qu'il est le premier en tout. Mais s'il est une chose au moins qu'il n'a pas inventée, n'en déplaise à ses détracteurs, c'est bien la connerie présidentielle. La connerie semble même consubstantielle (ou presque) à l'institution de la magistrature suprême ! Mais elle varie selon les personnages, et le contexte historique. La connerie présidentielle constitue donc un baromètre des enjeux et des soucis qui traversent une époque donnée.

1829 : un premier président américain traité de con

On peut dire beaucoup de choses des présidents qui ont appartenu à la génération des pères fondateurs, mais on aurait du mal à les traiter de cons. Les six premiers présidents, dont les mandats s'étendent de 1789 à 1829, ont tous un lien direct avec la naissance de la République. Certes, on raconte à leur propos des anecdotes plus ou moins humoristiques – la mauvaise dentition de George Washington, les obsessions horticulturales de Thomas Jefferson, les baignades naturistes de John Quincy Adams –, mais ces histoires ont surtout pour fonction de souligner leurs vertus et capacités intellectuelles. Ces hommes au tempérament aristocratique figurent parmi les présidents les plus cultivés et les plus instruits. Jefferson, après tout, a rédigé la Déclaration d'Indépendance, et James Madison fut le cerveau derrière la Constitution…

Avec l'élection d'Andrew Jackson, on entre dans une nouvelle ère : la république élitiste cède la place à une culture véritablement démocratique. Les scrutins deviennent compétitifs, les campagnes électorales s'organisent, les partis politiques se forment, les adversaires se critiquent ouvertement… Et c'est précisément à ce moment qu'apparaît la connerie présidentielle. Dans les années 1830 et 1840, elle prend la forme de *connerie démocratique*, soit la connerie associée à l'arrivée au pouvoir de « l'homme moyen ». Jackson incarne si bien ce basculement que les manuels qualifient cette période d'âge de la « démocratie jacksonienne ». Ainsi Jackson se révèle sans doute être le premier président à se voir traité de con. Lors de la campagne de 1828, un débat fait rage : est-il suffisamment doué en orthographe pour devenir président ? Un publiciste écrit : « Épeler n'est peut-être pas en soi une qualification pour la présidence ; mais un homme incapable d'épeler correctement tous les mots difficiles, ainsi que beaucoup de monosyllabes, ne peut posséder aucune des qualités qui dépendent de la culture de l'esprit. » Le sortant battu par Jackson, John Quincy Adams – membre éminent de l'élite bostonienne –, décrit son rival comme un « barbare incapable d'écrire une phrase grammaticalement correcte et à peine capable d'épeler son propre nom ». Derrière cette querelle, un enjeu majeur : l'arrivée au pouvoir d'une couche sociale plus populaire et plus américanisée que la génération précédente.

Parmi les autres grandes figures de la connerie démocratique, signalons William Henry Harrison. Élu en 1840, cet homme âgé de 68 ans décide, lors d'un discours d'investiture particulièrement long, de ne pas porter de manteau, malgré un froid glacial : il meurt un mois plus tard, décrochant le record du mandat le plus bref dans l'histoire étatsunienne. Si cette thèse du rhume-attrapée-lors-de-son-investiture n'est plus acceptée aujourd'hui, elle est largement répandue à l'époque, et pour cause : lors de sa campagne, Harrison avait mis en valeur ses origines rustiques – sa naissance dans une cabane en bois –, ce qu'il voulait illustrer lors de sa première cérémonie officielle…

Connerie morale, connerie ploutocratique

Vers 1850, la connerie présidentielle passe à un autre registre, que l'on pourrait nommer la *connerie morale*. L'apparition des nouveaux États de l'Ouest accentue les tensions entre le Nord et le Sud autour de la question de l'esclavage, crise qui se soldera par la guerre de Sécession. Ainsi, si Abraham Lincoln est généralement le plus estimé des présidents, c'est parce qu'il a œuvré au maintien de l'unité nationale et a émancipé les esclaves, alors que les conneries associées à ses prédécesseurs et successeurs immédiats sont dues à leur incapacité à résoudre ce problème. Parmi ces illustres inconnus, on compte Franklin Pierce. Élu en 1852, il tente d'apaiser les tensions entre le Nord et le Sud, mais ne réussit finalement qu'à les attiser. Sa seule solution : augmenter sa consommation d'alcool, déjà considérable. Lorsque son parti l'empêche de se représenter, on dit que Pierce a ce mot : « Il n'y a rien à faire que se soûler. »

Dans le palmarès des présidents ivrognes, n'oublions pas Andrew Johnson. En 1864, Lincoln choisit cet homme du Sud, non-sécessionniste, pour élargir son soutien. Lors de son investiture comme vice-président, Johnson avale plusieurs whiskys avant de se lancer dans un discours incohérent, durant lequel il gesticule comme un enragé et articule mal. Un ministre présent commente : « Ou bien Johnson est fou, ou bien il est ivre ! » Six semaines plus tard, Lincoln est mort, assassiné, et Johnson devient président… Mettant à terre tout ce pour quoi Lincoln s'était battu, il défend les droits des sudistes alors vaincus et s'acharne contre les esclaves nouvellement émancipés. Johnson sera le premier président à faire l'objet d'un procès en destitution (à laquelle il échappe d'une voix). Dans le contexte de cette grande épreuve nationale que fut la guerre de Sécession, les problèmes liés à la personne même du président deviennent emblématiques d'une connerie autrement plus profonde : une incapacité à se montrer à la hauteur des grands événements.

Les historiens qualifient la fin du XIXe siècle de « *Gilded Age* », ou « âge d'or ». Le capitalisme est en plein essor, les intérêts financiers dominent la politique et mettent l'État au service des plus fortunés : c'est l'âge de la connerie ploutocratique. Commençons par le cas de Grover Cleveland, qui prouve que ce genre de connerie est loin d'être toujours drôle. Alors qu'il est encore shérif à Buffalo (dans l'État de New York), Cleveland entreprend de séduire une jeune employée de grand magasin. Un jour, il la raccompagne chez elle et la viole. Elle tombe enceinte et met au monde un petit garçon. Après plusieurs tentatives infructueuses, le grand Monsieur parvient à lui faire retirer son enfant et le faire élever par un tiers. Les années passent. En 1884, Cleveland devient le candidat démocrate à la présidence. Durant la campagne, ses adversaires Républicains décident d'exploiter au maximum cette affaire pour en faire le premier scandale sexuel dans l'histoire de la course à la présidence. Un célèbre journal illustré publie le dessin d'une femme tenant un bébé en larmes, regardant passer un monsieur ventru à grandes moustaches. La légende ? « Maman, maman, où est mon papa ? Parti à la Maison Blanche, ha ha ! » Cleveland sera élu (et réélu…).

Si les Américains se souviennent de William Howard Taft, c'est principalement par sa corpulence : pesant 160 kg lors de son inauguration en 1909, il est le plus gros des présidents. Tellement obèse, raconte-t-on, qu'il lui arrive même de rester coincé dans sa baignoire à la Maison Blanche. Si l'on peut douter de cette anecdote, il est en revanche certain que la presse de l'époque se plaît à publier des photos de baignoires spécialement construites pour accommoder la physionomie du président : l'une d'elles, par exemple, montre quatre hommes de taille moyenne confortablement assis dans le bassin qui aurait pu recevoir un seul Taft. La connerie ploutocratique, ou les excès d'un pays où les inégalités se creusent…

Connerie mégalo

La Dépression suivie de la Seconde Guerre mondiale inaugurent une période nouvelle. La crise économique demande une autre façon de gouverner, ce qui décide Franklin Roosevelt (élu en 1932) à s'entourer d'un « *brain trust* », une sorte de conseil de « grosses têtes » : à l'âge des grandes politiques macroéconomiques et des opérations logistiques nécessaires à la conduite d'une guerre à l'échelle planétaire, l'intelligence est sciemment accaparée par l'État. La connerie politique a-t-elle vécu ? Bien sûr que non ! C'est le sens de la célèbre réplique d'Adlai Stevenson – battu à plusieurs reprises par Dwight Eisenhower dans les années cinquante –, lorsqu'un supporter lui annonce qu'il a le soutien de tous les gens intelligents : « Ce n'est pas assez, répond-il, il nous faut une majorité… »

Au cours des années soixante, alors que les États-Unis sont devenus une véritable superpuissance, une nouvelle forme de connerie présidentielle apparaît : la connerie mégalo. Deux présidents l'incarnent, bien qu'à travers des personnalités radicalement différentes : Lyndon Johnson et Richard Nixon. Issus de milieux fort modestes, tous deux personnifient une conception machiavélique du pouvoir à l'âge du nucléaire. Transformant à son avantage l'image stéréotypée du Texan rural qu'il est bel et bien, Johnson utilise la vulgarité comme arme de pouvoir et dompte ceux qui l'entourent avec son énergie animale. Ainsi, au Sénat, se plaît-il à dicter sa correspondance en vidant ses intestins dans les toilettes du Capitole. Toujours dans les WC – dispositif clé du pouvoir johnsonien – lorsqu'un collègue entre alors que Johnson se tient debout devant les urinoirs, il lui arrive de se retourner en exposant son sexe et de demander : « Avez-vous jamais vu quelque chose d'aussi grand ? »… avant de partager ses opinions sur les projets de loi en débat. Notons aussi que Johnson surnomme affectueusement son membre viril *Jumbo* (« grand format » ou « gros porteur », dans le texte). Dans ses cours sur *Les Anormaux*, Michel Foucault constate qu'il existe une forme de pouvoir abject, infâme, et ubuesque, dont l'effet n'est pas de délégitimer le pouvoir, mais justement de le présenter comme incontournable. Johnson l'a bien compris : est plus con celui qui tolère la connerie des puissants.

Tout autre fut la personnalité de Richard Nixon (successeur de Johnson en 1969). Pur produit d'une éducation quaker, il semble, par rapport à son prédécesseur, un peu raide et mal dans sa peau. Ce qui ne l'empêche nullement de se sentir affamé de pouvoir et d'entretenir des obsessions paranoïaques à l'égard de ses adversaires. Nixon croit avoir raison de ses ennemis en faisant installer un système secret d'enregistrement dans le Bureau ovale. Au cours de plus de 3 000 heures de conversations, Nixon étale ses phobies, ses préjugés, ses ressentiments. Il se plaint des Juifs qui contrôleraient les médias, traite Indira Gandhi de « salope », prône l'usage de « voyous » contre les manifestants anti-Vietnam. Surtout, il appelle directement à enfreindre la loi – notamment avec le fameux cambriolage du quartier général des Démocrates à la résidence Watergate, puis ses efforts pour bloquer l'enquête qui s'ensuit. Connerie mégalo suprême : en espérant se doter d'une arme contre ses adversaires, ces bandes audio, une fois saisies par l'enquête, s'avèrent si accablantes contre le président qu'elles se retournent contre lui et le contraignent à la démission. Nixon et Johnson (qui ne s'est pas représenté en 1968 à cause de son impopularité due à la situation au Vietnam), deux hommes ayant le goût et le talent du pouvoir, mais victimes de leur propre folie des grandeurs…

Dans la période récente – bien que cela ait toujours été le cas –, la connerie présidentielle est surtout une affaire *partisane* : les conneries mettent en lumière ce qui révulse les Américains chez leurs opposants politiques. De Gerald Ford (qui succède à Nixon en 1974), Johnson dit qu'il est « tellement con qu'il ne peut péter et mâcher du chewing-gum en même temps ». Ford est connu pour ses maladresses verbales et physiques, faisant de lui une sorte de coda clownesque au psychodrame nixonien. Dans une Amérique en pleine crise de confiance envers ses élus, le Démocrate Jimmy Carter fait campagne en 1976 sur le thème : « Je ne vous mentirai jamais ». Homme de parole, Carter (qui est aussi le premier président chrétien évangélique) avoue dans un entretien à *Playboy* que s'il n'a jamais été infidèle, il lui est arrivé de « désirer [des femmes] dans son cœur ». La phrase, souvent moquée, devient emblématique d'un président vu par beaucoup comme moralisateur mais peu efficace.

Par contraste, l'ancien acteur de seconde zone Ronald Reagan, élu en 1980, joue sur son tempérament ensoleillé pour poursuivre un programme hyper-conservateur, un projet de « rendre sa grandeur à l'Amérique » avant la lettre (« *Make America great again* »). Ses adversaires voient dans ses maladresses la preuve de sa légèreté, mais aussi de ses dangereux penchants. En 1984, avant d'enregistrer une allocution, Reagan lance une blague qu'il croit confidentielle, et annonce à l'intention des Soviétiques que « les bombes commenceront à tomber d'ici cinq minutes ». Une fuite rend l'enregistrement public. Plus tard, une vidéo montre son épouse, Nancy, en train de lui chuchoter des réponses aux questions des journalistes. Pour ses détracteurs, la bêtise de Reagan est le revers de la médaille de son patriotisme insouciant.

Le démocrate Bill Clinton est sans doute le président prouvant le mieux que l'intelligence n'exclut pas la connerie. Pour ses opposants, ses frasques personnifient la licence sexuelle et l'irresponsabilité morale caractéristiques de la culture des années soixante, comme en témoigne la casuistique à laquelle il a recours pendant l'affaire Monica Lewinsky, lorsque, répondant à une question d'avocat, il se justifie en disant : « Cela dépend de ce que le sens du mot "est" est. » (« *It depends upon what the meaning of the word 'is' is.* »). Le républicain George W. Bush est quant à lui un spécialiste des néologismes rocambolesques et des incohérences verbales. Il remarque dans un discours qu'on l'a « mésous-estimé » (« *misunderestimated* »), ou constate que : « Rarement pose-t-on la question : nos enfants apprend-il ? » (« *Rarely is the question asked, is our children learning?* »). Aux yeux des Démocrates, Bush symbolise le virage du Parti républicain vers l'anti-intellectualisme, jusqu'à en faire (comme l'ont caractérisé des Républicains qui craignent cette évolution), le « parti de la stupidité » (« *the party of stupid* »).

La présidence de Barack Obama se singularise par un remarquable déficit de connerie. Le premier président noir pouvait-il se le permettre ?

Donald Trump est donc très loin d'incarner le premier président con ! Mais il a « réussi » à illustrer plusieurs formes de connerie : la connerie morale (son inefficacité face à la pandémie du coronavirus), la connerie ploutocratique (son usage de la présidence à des fins personnelles), et la connerie mégalo (sa « diplomatie » avec Kim Jong-un). S'il est certes un personnage extrême, c'est moins parce qu'il représente une anomalie que parce qu'il accumule à lui seul les traits les plus troublants du caractère national.

Abstention, piège à cons ?

Entretien avec **Brice Teinturier**

Directeur général délégué d'Ipsos France.

« Surtout, souviens-toi que l'homme qui sollicite tes suffrages est, de ce fait, un malhonnête homme, parce qu'en échange de la situation et de la fortune où tu le pousses, il te promet un tas de choses merveilleuses qu'il ne te donnera pas et qu'il n'est pas d'ailleurs, en son pouvoir de te donner. L'homme que tu élèves ne représente ni ta misère, ni tes aspirations, ni rien de toi ; il ne représente que ses propres passions et ses propres intérêts, lesquels sont contraires aux tiens. »

Octave Mirbeau, *La Grève des électeurs*

• *S'abstient-on de voter lorsque les politiques nous ont déçus et nous paraissent une bande de cons ne méritant pas le déplacement ?*

Avant de traduire un éventuel comportement politique conscient et doté d'une intention propre, l'abstention aux élections est d'abord une réaction subie, celle de l'exclusion sociale. Les abstentionnistes peuvent se classer en au moins deux grandes catégories : les systématiques (qu'ils soient non-inscrits sur les listes électorales, ou inscrits mais ne votant jamais), et les intermittents (ceux qui votent de temps en temps et qui ont tendance à être de plus en plus nombreux depuis une quinzaine d'années). Dans la plupart des cas, mais notamment chez les premiers, l'abstention renvoie à un phénomène de non-insertion dans la société : personnes aux marges du système, vivant dans la pauvreté ou la grande précarité, très peu diplômées, issues des milieux populaires, souvent jeunes, et dont la priorité est tout simplement d'assurer une quasi-survie.

Or, aller voter, choisir entre des candidats et des projets, renvoie à toute une série de phénomènes complexes qu'il faut bien avoir à l'esprit si l'on veut comprendre l'abstention. C'est d'abord considérer qu'on a son mot à dire dans la façon dont les affaires publiques sont conduites, ce qui suppose une réelle estime de soi, un capital culturel et de confiance en vous suffisant pour vous donner le sentiment que vous êtes légitime pour actionner ce droit. Tous les Français n'ont pas, et de loin, ce sentiment, notamment s'ils ne parviennent pas à décrypter une scène politique avec ses codes, ses sous-entendus, ses registres, mais aussi ses concepts économiques, politiques et sociaux loin d'être toujours accessibles, son vocabulaire, ses figures de rhétorique, ses raisonnements abstraits.

Voter, c'est également penser que votre seule voix peut faire la différence, qu'il est utile d'aller glisser son bulletin dans l'urne parce que de vous, ou de quelques-uns comme vous, dépend le résultat du vote. Or, ce n'est que très rarement le cas et la différence entre un citoyen actif ou passif peut paraître ténue. S'en remettre aux autres en se disant que votre voix à vous ne compte pas vraiment dans la décision, que d'autres vont la porter, est ainsi un vecteur important de l'abstention.

Voter, c'est aussi vouloir être représenté par une femme ou un homme à qui l'on s'identifie ou à qui l'on fait confiance. Mais quand la distance sociale est maximale et que vous ne croyez plus que la politique changera votre quotidien, ce qui est une des principales raisons avancées par les abstentionnistes, vous vous mettez hors-jeu, la représentation ne fonctionne pas. Vous ne vous mettez même pas sur le banc de touche à regarder le jeu, vous ne le regardez tout simplement pas, ou plus du tout. Enfin, voter, c'est avant tout être capable de se projeter et de projeter la société dans l'avenir. Quand vous êtes dans un combat au quotidien pour assurer vos besoins les plus fondamentaux, vous ne le pouvez pas. Et l'abstentionnisme dur, c'est d'abord cela, une impossibilité de se projeter dans le lendemain ou le temps long.

Même sans aller à ce niveau extrême de précarité, le lien entre le vote et la vie active passe par quelques soubresauts. On observe ainsi qu'après le rite initiatique de passage à l'adulte que constitue le ou les premiers votes, l'abstention s'installe pendant quelques années (quand les individus entrent dans la vie active et ont mille choses nouvelles à intégrer), avant de diminuer (quand ils sont insérés et ont besoin d'exprimer leur point de vue). D'une manière plus générale, le rapport entre le vote et le temps long est de plus en plus problématique dans une société de l'immédiateté et du clic. Vous le voyez, réduire l'abstention à « une déception à l'égard d'une bande de cons qui ne méritent pas le déplacement » serait donc une grave erreur, qui ferait fi de la complexité et des significations profondes du vote.

• *Il y aurait donc des abstentionnistes exclus de la vie publique, et d'autres plus à même de se rendre dans l'isoloir mais le refusant occasionnellement ou par parti pris ?*

Oui, une fois que l'on a bien posé qu'à la base, l'abstention est une relation subie et d'exclusion, il y a bien, et de plus en plus, une abstention de lassitude et de refus qui progresse de manière quasi continue, certes avec quelques plateaux ou rebonds parfois, mais sans remettre en cause la tendance de fond. L'un des moteurs fondamentaux de cette tendance est ce que l'on a appelé la crise du résultat, en germe depuis les années 1980 mais qui explose à partir du début des années 2000. Les Français expérimentent l'alternance de 1981, la grande, porteuse de peurs mais aussi de nombreuses espérances… mais cette alternance va précisément tuer l'espérance. Le chômage de masse perdure, l'inflation aussi, le contrôle des changes est rétabli, la situation se dégrade, et le tournant de 1983/84 sonne le glas de « l'autre politique ». Les alternances de droite et de gauche vont ensuite se succéder sans donner le sentiment de résoudre les grands problèmes. En 2007, Nicolas Sarkozy fera toute sa campagne autour de cette notion, promettant de recréer du résultat, réactivant le volontarisme en politique, jouant la carte du peuple, et faisant reculer aussi bien l'extrême droite que l'abstention. Quelques mois après son élection, et bien avant la crise de 2008, la messe est dite : le résultat ne sera pas au rendez-vous, ni en matière de pouvoir d'achat, ni de croissance et d'emploi, ni en termes de sécurité et d'immigration mieux contrôlée. Les milieux populaires, autrefois encadrés par les gaullistes et le Parti Communiste, désertent de plus en plus les urnes. Le Front National en profite mais, plus encore, le parti de l'abstention. « Élections pièges à cons », « ne jouons pas les idiots utiles de la gauche ou de la droite », semblent penser de plus en plus de Français.

À cette crise du résultat s'ajoutent une crise de la représentation et une crise de l'image des responsables politiques. La crise de la représentation, c'est le sentiment que ceux qui sont élus ne nous représentent plus. Elle est gravissime et massive. S'ils ne nous représentent pas, à quoi bon voter pour eux ? La crise de l'image, c'est celle d'une caste qui serait corrompue et se préoccuperait avant tout de ses propres privilèges. Jusqu'à la fin des années 1970, une majorité de Français pensait que le personnel politique était plutôt honnête. Le tournant de la gauche au pouvoir, des affaires liées au financement occulte des partis politiques puis de l'enrichissement indu de quelques-uns, va nourrir l'impression massive qu'ils sont corrompus quel que soit le bord. Incapables de créer du résultat, ne nous représentant plus et malhonnêtes, cela fait beaucoup !

L'abstention progresse via ce cocktail vertigineux et au-delà du levier de l'exclusion sociale. C'est ce que j'ai appelé la naissance de la PRAF attitude. PRAF pour, dans sa version *soft* et intermittente, « Plus-Rien-À-Faire » de la politique et des élections, ou, dans une version plus radicalisée, systématique et dégoûtée : « Plus-Rien-À-Foutre ». Le système politique est alors en pleine crise et se cherche, avec des dirigeants et des candidats qui courent après le peuple pour le faire revenir aux urnes. De Marine Le Pen à Jean-Luc Mélenchon sans oublier Emmanuel Macron, on tente de substituer au « tic-tac » de l'alternance gauche-droite une forme politique nouvelle, visant à surmonter la crise du résultat, la crise de la représentation et la crise d'image. Parfois, ce qu'on appelle le populisme relève d'un effort louable pour rapprocher le peuple de ses représentants en limitant le vidage des urnes. Mais le plus souvent, il n'est que l'alibi de ce que l'on appelait plus simplement et directement la démagogie.

En revanche, quand il y a de l'enjeu ou quand la nature de l'élection vient limiter en tout ou partie le triptyque négatif « manque de résultat–crise de la représentation–image dégradée », les citoyens se rendent davantage aux urnes. C'est le cas de l'élection présidentielle, qui reste perçue comme la seule capable de reconfigurer les choses en profondeur, ou des élections de proximité que sont celles des maires, moins abîmées sur ces 3 dimensions. Il reste que même la présidentielle et les municipales ont vu, sur la longue période, l'abstention considérablement progresser. En 2017, près d'1/4 des électeurs disent « sans moi » lors de la présidentielle, 22,2 % au 1er tour et 25,4 % au second. Aux législatives, c'est plus d'un Français sur deux : 51,3 % au 1er tour, 57,4 % au second ! Et aux européennes de 2019, malgré un petit mieux, l'abstention est de 49,9 %. Ce qui est donc extraordinaire dans notre pays, c'est que l'on continue à gloser sur la politique sans regarder l'immensité de ces chiffres et ce qu'ils signifient en termes de désaveu et de désastre démocratique.

• *Peut-on dire que globalement les abstentionnistes plus âgés sont déçus, tandis que les plus jeunes sont méfiants ?*

La formule est belle et assez juste ! D'abord, il faut souligner que les jeunes s'abstiennent massivement, ce qui n'est pas le cas des seniors. Suivant les élections, de 20 à 30 points peuvent séparer le vote des moins de 30 ans et celui des plus de 60 ans. Et il faut bien comprendre qu'un jeune qui vote devient un animal particulièrement rare. On a beaucoup parlé, lors des dernières européennes, du sursaut participationniste de la Nation et du vote écolo poussé par un vote des jeunes. C'est très excessif ! Les écologistes ont obtenu 13,5 % des suffrages exprimés dans une élection à 50 % abstentionniste, soit à peine plus de 6 % des inscrits, et les jeunes qui ont voté écolo restent une minorité. De même lors des dernières municipales. Cela dit, les plus âgés sont effectivement déçus tandis que les plus jeunes sont davantage indifférents ou dégoûtés. Les premiers sont désillusionnés mais encore attachés au vote et à la démocratie, les seconds, de plus en plus méfiants, sont nourris aux théories, films et séries complotistes et enclins à voir de la manipulation partout. Le problème est qu'il semble de plus en plus que nous ayons affaire à un phénomène générationnel et non pas d'âge : rien ne dit que ces jeunes très abstentionnistes vont progressivement revenir aux urnes en vieillissant, et tout nous indique au contraire qu'ils ont un rapport beaucoup plus distancié à la démocratie.

• *Les abstentionnistes repentis, ceux du 21 avril 2002 par exemple, sont-ils revenus au vote avec constance ?*

Le 21 avril est un très bel exemple, non pas de « élections piège à cons », mais de « abstention piège à cons » ! Le leitmotiv d'une partie des électeurs de gauche, que j'ai eu l'occasion d'interroger via des études qualitatives trois semaines avant le scrutin, était ce que j'ai appelé le syndrome « Ouin Ouin ». « Ouin Ouin », Jospin n'a pas fait une politique suffisamment à gauche. « Ouin Ouin », il a certes mis en place les 35 heures mais cela se traduit par plus d'intensité au travail. Oui, il a fait la Couverture Maladie Universelle mais trop de gens en sont encore exclus. Oui, le pouvoir d'achat a augmenté mais pas assez. Certes, il y a près d'un million de chômeurs en moins mais ce sont encore trop d'emplois précaires. Etc. L'idée de ces électeurs était donc qu'il fallait donner une bonne leçon à Lionel Jospin en votant plus à gauche au 1er tour ou en s'abstenant. Mais que bien sûr, face à Chirac, on le soutiendrait. On pouvait éventuellement comprendre la frustration d'une partie de ce corps électoral mais ces mêmes électeurs, authentiquement de gauche, à force de se disperser sur différentes candidatures et de s'abstenir, se sont réveillés avec un duel Le Pen/Chirac à arbitrer. L'immense majorité s'est alors mobilisée et a voté Chirac, ce que ce dernier n'a d'ailleurs pas su comprendre et intégrer dans son mandat. Mais ils ne l'ont pas fait de gaîté de cœur. « Abstention, piège à cons », sachons aussi nous en souvenir ! Très marqués par cet épisode, ils sont ensuite revenus dans les urnes, mais nous n'avons pas assez d'enquêtes pour savoir dans quelle mesure ils l'ont fait plus et plus longtemps que les autres.

• *Les politiques tiennent-ils spécifiquement compte du poids des abstentionnistes dans l'élaboration de leurs stratégies électorales ?*

Il est souvent plus facile de capter des électeurs « dans le jeu » prêts à voter pour un autre que vous, que de faire revenir des électeurs hors du jeu. Cela étant, nombreux sont ceux qui cherchent à reconquérir une partie des abstentionnistes. Nicolas Sarkozy l'a fait, Jean-Luc Mélenchon et Marine Le Pen ont aussi fait revenir certains PRAF, et l'ampleur du phénomène est telle que les choses sont simples : soit l'abstention est contenue ou régresse, soit le vidage des urnes se poursuit et c'est la démocratie tout entière qui se délite. Quelle est la force d'un élu quand seule une minorité d'inscrits a en réalité voté pour lui ?

Vous vous sentez engagé si vous avez participé, pas si vous êtes spectateur. De moins en moins de Français engagés électoralement, c'est la certitude d'une fréquence accrue de mouvements tels que ceux des Gilets Jaunes, refusant la notion de représentants et, du coup, la capacité de passer des compromis et de canaliser la violence. On regarde la « scène électorale » comme un jeu, un spectacle. On se gausse des politiques… On a bien tort ! Le vote est un outil de pacification de la violence toujours latente de la société. Celle-ci est intrinsèque, parce qu'il y a des conflits objectifs d'intérêts, des dominants et des dominés, des oppositions frontales sur ce que la société doit être, etc. Voter est un moyen de réguler et de pacifier la société et ces conflits. Plus ce verrou saute, plus la violence se déverse. Clausewitz, le grand théoricien de la guerre, disait que celle-ci survient non pas quand il y a des désaccords, mais quand on n'est même plus d'accord sur nos désaccords. Il faut certes améliorer la démocratie représentative par d'autres moyens d'expression, mais la représentation, et donc le vote, reste la condition absolue d'une société pacifiée. Les intellectuels en chambre qui font l'éloge de la violence ne savent pas ce qu'elle est : ils la lisent ou la regardent de loin. L'abstention a un visage parfois sympathique, et on peut souvent la comprendre, mais elle en est le prélude.

• *Quelles pourraient être les conséquences politiques d'un vote obligatoire ?*

Ce n'est pas en obligeant, mais en persuadant et en agissant sur les déficiences qu'on réparera une relation dégradée. Le remède n'est pas dans le règlement, et les exemples à l'étranger de vote obligatoire sont peu probants.

Propos recueillis par Jean-François Marmion

Neurosciences et politique, un mariage de déraison ?

Romina Rinaldi

Docteure en sciences psychologiques
et de l'éducation, psychologue
et journaliste scientifique.

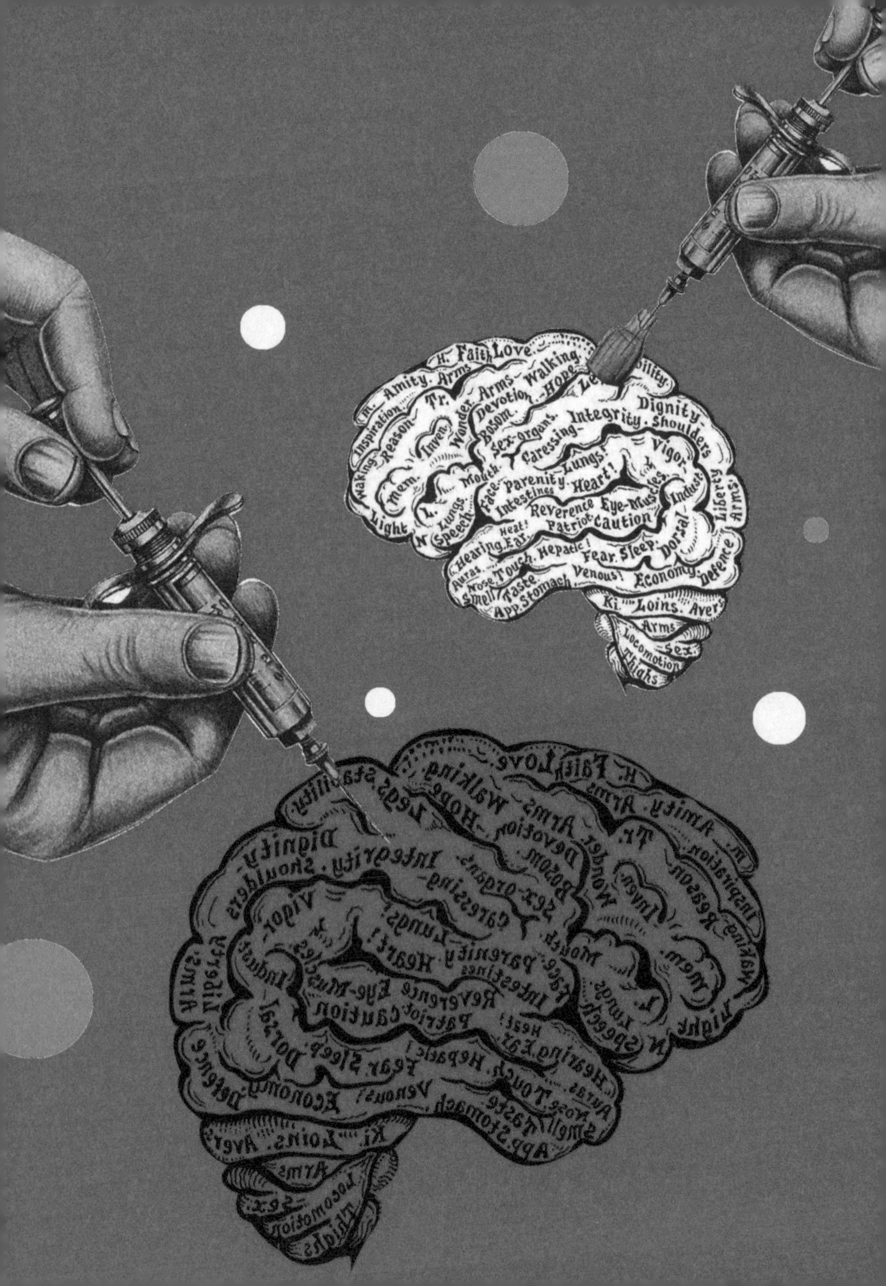
H. Faith
Love.
Amity. Arms
Walking.
Inspiration.
Reason.
Tr.
Wonder
Arms.
Devotion
Hope
Dignity.
Shoulders
Integrity.
Bosom.
Sex-organs.
Caressing
Inven.
Mem.
Waking
Vigor
Lungs!
Mouth
Face
Parenity
Heart!
Intestines
Reverence
Eye-Muscles
Liberty
Arms.
Light
Lungs.
Speech
Heat!
Patriot
Caution
Hearing.Ear.
Touch.
Hepatic!
Fear. Sleep.
Dorsal
Auras.
Nose
Venous!
Economy.
Defence
Smell
Taste
App. Stomach
Ki.
Loins.
Avers
Arms
Locomotion
Sex.
Thighs

« Et Staline dissipe aujourd'hui le malheur
La confiance est le fruit de son cerveau d'amour »
Paul Eluard, *Ode à Staline*

Pourquoi les citoyens pensent-ils et agissent-ils dans le domaine politique comme ils le font ? Pourquoi Macron, pourquoi Macron après Hollande… pourquoi Obama puis Trump, pourquoi Poutine plusieurs fois de suite, pourquoi ? Pour les sciences politiques, la réponse se trouve dans l'environnement d'un individu : son éducation, son milieu socioculturel, sa profession…

Pourtant, les comportements politiques s'avèrent souvent imprédictibles par les conjonctures sociales. Et même contre-intuitifs. Voire catastrophiques.

Retour aux sources des prises de décision

C'est ici qu'intervient la neuropolitique. Sans pour autant les mettre à la poubelle, elle se veut complémentaire des sciences politiques. En effet, à force d'évoluer dans des sociétés aux dynamiques complexes, basées à la fois sur des intérêts personnels et ceux de différents groupes, on pourrait croire notre cerveau optimisé pour la politique. La neuropolitique tente donc de concilier sciences politiques et neurosciences (ou sciences cognitives, au sens plus large), avec l'idée que des facteurs biologiques comme la génétique, les hormones, la structure du cerveau ou encore les performances à certains tests cognitifs pourraient tout aussi bien nous informer sur les orientations et votes d'un électeur que son environnement.

Des dizaines d'années de recherches ont bel et bien montré à quel point la biologie humaine façonne nos comportements sociaux et économiques. Par exemple, nous retenons mieux les informations associées à une forte émotion, surtout si elle est négative ; nous avons aussi tendance à nous montrer plus attentifs aux informations qui confirment nos croyances et à ignorer celles qui les invalident… Tout cela, parce que notre cerveau et notre cognition sont organisés sur des bases communes. Comme notre patrimoine génétique est la partition de cette organisation, il semble logique que les gènes entrent en jeu en politique… qui n'est finalement qu'un domaine parmi d'autres dans lequel nous sommes amenés à prendre des décisions.

Dans une recherche fondatrice, John Alford et ses collègues des Universités de Virginie et du Nebraska[1]

1- J. Alford *et al.*, « Are political orientations genetically transmitted? », *American Political Science Review*, 99(2), 2005, pp. 153-167.

ont voulu départager les influences respectives de l'environnement et de la génétique sur nos comportements politiques en étudiant de nombreuses « paires » de jumeaux. Pourquoi des jumeaux ? Parce qu'ils présentent l'avantage de partager des caractéristiques au niveau culturel (ils ont connu le même environnement familial, la même éducation, le même milieu social…) et parce que, lorsqu'ils sont « monozygotes » (c'est-à-dire qu'ils sont de « vrais » jumeaux), ils partagent aussi 100 % du génotype ! Pour connaître l'influence de la génétique sur un comportement, on examine à quel point les jumeaux agissent de façon similaire, puis on observe si les paires monozygotes agissent de façon *plus similaire encore* que les paires hétérozygotes (les « faux » jumeaux)… auquel cas la génétique est à l'œuvre. Dans l'étude de John Alford, la génétique semble effectivement exercer une influence sur les *opinions politiques*. Par exemple, les vrais jumeaux expriment plus souvent que les faux jumeaux un avis similaire sur des sujets comme le pacifisme, l'immigration, les droits de la femme, le divorce, la prière à l'école… Avoir grandi dans le même environnement n'expliquerait qu'une faible proportion de ces comportements (20 % tout au plus). En revanche, la génétique ne permettrait pas d'expliquer, au final, pour quel parti les sujets pensent voter.

Émotions primitives et croyances politiques

Avec cette étude, le pavé de la biologie dans la mare des sciences politiques était lancé ! Elle a donné l'impulsion de nombreux travaux qui sont venus confirmer et enrichir ces premières données. À titre d'exemple, certaines recherches[2 3] se sont intéressées à des émotions primitives comme le dégoût ou la peur, mesurables par notre conductance cutanée[4] et notre rythme cardiaque en réaction à la photo d'un homme ingérant des vers de terre, celle d'une araignée sur la tête d'une personne effrayée, ou encore un bruit soudain, par exemple. Ces émotions sont-elles liées à nos avis sur des questions politiques comme le mariage homosexuel, l'immigration illégale, la peine de mort, la pornographie, l'aide internationale, etc. ? Les résultats indiquent que plus la réaction corporelle au dégoût et à la peur est importante, plus les personnes évaluées présentent des opinions conservatrices – contre le mariage homosexuel en tête de liste. Alors que les personnes « plus libérales »

2- K. Smith *et al.*, « Disgust sensitivity and the neurophysiology of left-right political orientations », *PloS one*, 6(10), e25552, 2011

3- D. Oxley *et al.*, « Political attitudes vary with physiological traits » *Science*, 321, 2008, pp. 1667-1670.

4- La conductance cutanée, ou réponse électrodermale, est une mesure prise au niveau de la peau reflétant l'activité du système nerveux autonome, c'est-à-dire la partie « non contrôlée » de notre activité nerveuse (fonctions respiratoires, digestives, etc.). L'activité du système nerveux autonome peut varier de façon spontanée dans le corps ou en réaction à des stimulations. Ici, le « niveau » de dégoût augmentant l'ampleur des variations.

présentent globalement des réponses physiologiques plus modérées.

La couleur politique pourrait aussi se lire directement dans la structure du cerveau : les personnes plus « libérales »/à gauche auraient par exemple un cortex cingulaire plus volumineux (il s'agit d'une structure impliquée notamment dans les prises de décisions rationnelles). Cela pourrait refléter un traitement différent des informations chez les libéraux (ou « de gauche », selon le côté de l'Atlantique). En effet, ceux-ci montreraient une meilleure tolérance au doute et à l'information nouvelle, ainsi qu'une plus grande flexibilité cognitive durant des tâches de laboratoire par rapport aux conservateurs/« de droite ». Toutefois, cette caractéristique n'est pas toujours à leur avantage, puisqu'il existe des situations pour lesquelles une réponse « simple et efficace » s'avère plus adéquate[5]. En revanche, l'amygdale (une structure impliquée dans le conditionnement de la peur, les réponses agressives et les réactions à la menace) serait plus volumineuse chez les personnes plus conservatrices/à droite [6].

Il est tentant d'en conclure que ce sont les gènes/le cerveau qui causent l'orientation politique. Or, ce n'est pas parce que deux choses sont liées que l'une cause forcément l'autre. Au contraire, le plus probable

---

5- R. Bernabel & A. Oliveira, « Conservatism and liberalism predict performance in two nonideological cognitive tasks », *Politics and the Life Sciences*, 36(2), 2011, pp. 49-59.

6- R. Kanai *et al.*, « Political Orientations Are Correlated with Brain Structure in Young Adults », *Current Biology*, 21(8), 2011, pp. 677–680.

est que les interactions sont complexes et réciproques : une opinion politique pourrait tout autant influer sur l'anatomie et le fonctionnement du cerveau que le contraire grâce à la plasticité cérébrale, cette capacité de notre cerveau à se réorganiser en continu. En l'occurrence, il se pourrait qu'en raison de notre éducation, de notre personnalité ou du fait d'avoir connu des expériences de vie peu joyeuses, nous soyons plus ou moins sensibles à la peur. Laquelle, au fil du temps, pourrait se traduire par une augmentation du volume de notre amygdale. En prenant plus de place, en étant plus active, elle renforcerait encore notre sensibilité… et le serpent se mord la queue ! En vertu de l'éternel problème de l'œuf ou la poule, impossible d'affirmer que notre cerveau nous prédisposerait à voter à droite ou à gauche indépendamment de notre environnement.

Si jeune, et dépassée ?

Les chercheurs en neuropolitique prennent en général toutes les précautions possibles, dans leur méthodologie comme dans leurs propos, pour ne pas tomber dans un raisonnement binaire (gauche/droite, gentils/méchants), et déterministe (si la biologie explique tout, alors à quoi bon faire campagne ?). Pourtant, la neuropolitique, à l'instar des autres formes de *neurosciences de la prise de décision* – comme la neuroéconomie ou la neuroéthique –, ne suscite pas que des louanges.

Les premières prises de recul viennent d'ailleurs des neuroscientifiques eux-mêmes. À titre d'exemple, en 2007, le *New York Times* publiait les prédictions de sept experts, dont des neuroscientifiques, sur l'issue des élections présidentielles. Il ne fallut que trois jours à dix-sept autres neuroscientifiques pour souligner publiquement leur inquiétude : « En tant que neuroscientifiques, nous sommes très enthousiastes de l'utilisation potentielle

des techniques d'imagerie cérébrale pour nous aider à comprendre la psychologie des décisions politiques. Toutefois, nous sommes préoccupés par le fait que des résultats soient publiés sans avoir passé un processus de revue par les pairs, et que ceux-ci utilisent par ailleurs un raisonnement tronqué pour dresser des conclusions non fondées sur un sujet aussi important que les élections présidentielles[7]. » Ainsi, les chercheurs ne maîtrisent pas toujours la façon dont leurs résultats seront interprétés par les médias, ni, de façon plus problématique, utilisés par les décideurs politiques eux-mêmes.

Par ailleurs, il existe toujours des biais potentiels dans la recherche. Certains sont bien connus des chercheurs qui y sont particulièrement et systématiquement attentifs. Par exemple, l'efficacité d'un médicament est évaluée avec des malades qui le testent, mais aussi avec des groupes contrôles (des sujets non traités), pour éviter l'effet test ou l'effet nouveauté. Il existe également des protocoles en *double-aveugle* (où ni les chercheurs ni les sujets ne savent qui se voit administrer un traitement ou un placebo) pour que les chercheurs ne soient pas influencés par les hypothèses dans leur recueil et traitement des données.

Mais d'autres biais sont plus subtils et ne deviennent « apparents qu'après un certain laps de temps », pour reprendre les propos de Stephanie Bird, rédactrice en chef de la revue *Science and Engineering Ethics*, une chercheuse émérite et passionnée par les questions de philosophie et de neurosciences. Saviez-vous qu'en 1851, on pouvait lire dans de très sérieuses revues médicales que les Noirs américains esclaves manifestaient une tendance innée à la soumission ? Ou qu'en 1973, le même type de revue proposait une théorie selon laquelle, l'énergie vitale étant limitée, les femmes

7- J.-M. Abi-Rached, « The implications of the new brain sciences », *EMBO reports*, 9(12), 2008, pp. 1158–1162. Traduction de l'auteure.

ne seraient pas aptes au travail ou aux études supérieures, car une trop grande partie de cette énergie serait focalisée sur l'éducation de leur progéniture ? De telles conclusions paraissent choquantes, mais, à l'époque, elles n'ont pas été remises en question pour deux raisons. D'une part, elles étaient « bien construites » : prenez un esclave et un homme libre et mesurez leur tendance à la soumission, et vous tomberez sans doute sur les mêmes résultats… même si vous et moi savons qu'un homme ne devient pas esclave parce qu'il est naturellement soumis, mais se soumet à force d'esclavage. D'autre part, parce que les conclusions correspondaient aux croyances des sociétés de l'époque.

Ne pas jeter le bébé avec l'eau du bain

Ces exemples montrent qu'aucune recherche ne peut se targuer de mettre complètement de côté la culture et les valeurs partagées d'une société. Celles-ci influent à la fois sur l'interprétation des résultats, la sélection des sujets de recherche et hypothèses, et, de nos jours… les sources de financement ! En effet, les revues scientifiques publient plus volontiers des articles qui s'inscrivent dans une tendance générale et poursuivent des résultats déjà étayés, plutôt que des idées subversives ou fondamentalement contradictoires avec l'état du savoir. Et comme la publication est l'or du chercheur, ce qui lui permet de faire survivre un laboratoire ou une unité de recherche, il paie souvent le prix du conformisme. En ce sens, les neurosciences ne sont ni plus objectives ni moins politisées que l'économie, la sociologie ou les sciences politiques[8].

Stephanie Bird met dès lors en garde : dans notre vision du monde et, plus précisément, des données basées sur les neurosciences, nous pouvons rapidement nous égarer sans nous en rendre compte ! Nous surgénéralisons (nous pensons que ce qui est vrai une fois le sera toujours), nous supposons que deux choses temporellement ou géographiquement proches sont forcément causées l'une par l'autre, nous divisons le monde (nous et eux, le mieux et le pire), et, surtout, nous aimons par-dessus tout les explications simples à des problèmes complexes[9]. Pour toutes ces raisons, si la neuropolitique n'est pas une pure connerie, elle impose une bonne dose de doute ! Faut-il s'en débarrasser, purement et simplement ? Pas forcément. Il est intéressant et utile d'ajouter une couche de biologie pour tenter de comprendre, de façon interdisciplinaire, nos comportements politiques… mais n'attendons pas de la neuropolitique (et des neurosciences au sens large) qu'elles apportent la réponse à tout. En somme, qu'elles tiennent des promesses qu'aucune science ne peut engager. L'heure où les IRM remplaceront les urnes n'est pas près d'arriver…

8- S. Henry & D. Plemmons, « Neuroscience, neuropolitics and neuroethics : The complex case of crime, deception and FMRI », *Science and Engineering Ethics*, 18(3), 2012, pp. 573-591.

9- S. Bird, « Potential bias in the context of neuroethics », *Science and Engineering Ethics*, 18, 2012, pp. 593-600.

Ironie, sarcasme et tyrannie de la rigolade : quand les politiques passent pour des cons

Didier Pourquery

Ancien rédacteur en chef de nombreux titres dont *Libération*, *La Tribune*, *InfoMatin*, *VSD*, *L'Expansion* et *Métro*, il fut aussi rédacteur en chef puis directeur adjoint au *Monde* de 2009 à 2014.

« De mille traits que j'ai entendu raconter, je conclurais que, si les singes avaient le talent des perroquets, on en ferait volontiers des ministres. »
Chamfort, *Maximes et pensées*

Chaque soir, vers 19 h 55, dans la salle de rédaction, la même scène se déroulait, immuable. Les quotidiens sont faits de routines autant que de colonnes. Le bouclage s'interrompait quelques minutes et les regards se tournaient vers les télévisions suspendues au-dessus des écrans d'ordinateurs. Juste avant la « grand-messe du 20 heures », il y avait ce petit apéritif, cette célébration du sarcasme en politique. Nous regardions les *Guignols de l'Info*. La rédaction où j'officiais (*La Tribune*) aimait cette micro-cérémonie, mais je savais que d'autres ailleurs à Paris, de *Libération* à *France Soir*, le faisaient aussi. En 1988-1990, certaines rédactions étaient plutôt *Bébête Show*, sachant que le président d'alors était assez amusé par son personnage de grenouille Kermitteran. Puis vinrent les Guignols qui raflèrent la mise.

Qu'on y songe : chaque soir, des dizaines de rédactions françaises, tous médias confondus, rassemblées pour quelques minutes devant un spectacle de chamboule-tout politique sans filtre, une mise en abîme ironique du spectacle politique télévisuel, des calculs cyniques des élus et des stars ridicules du petit écran. Johnny Hallyday, Jean-Pierre Papin ou Jacques Chirac, tous « bons clients » des plateaux télés, déliraient sur les mêmes partitions de bêtises et de mensonges. Chaque soir, comme un feuilleton obligé, une toile de fond à l'idéologie indéterminée, entre nihilisme rigolard et populisme chic.

Devant un tel spectacle, les journalistes des services politiques haussaient les épaules en souriant. Eux savaient, connaissaient les méandres du *off*, des calculs et des stratégies, les vraies personnalités des Chirac, Balladur et Sarkozy. Les auteurs des Guignols aussi d'ailleurs. Car, contrairement à la tradition des chansonniers souvent superficiels, ils s'attachaient à utiliser les décryptages des politologues (on ne disait pas encore politistes). Ils se payaient même le luxe de se moquer de l'émission où Serge July et Philippe Alexandre dissertaient sur le plateau de Christine Ockrent. Autre mise en abîme, comble de l'ironie.

Caricatures, personnages et personnes

Mais revenons à la scène décrite plus haut. Elle s'est passée entre 1993 et 1994. On se rappelle que pour l'élection présidentielle de 1995, Édouard Balladur,

Premier ministre, faisait figure de favori pour une grande partie des commentateurs. Son côté appliqué, sa froideur et sa suffisance en faisaient une tête de turc commode pour les Guignols, alors que Jacques Chirac, dans le rôle du *loser* malin, mais un peu couillon (« mon boulot de dans deux ans », « qu'est-ce que je m'emmerde », « mangez des pommes »), attirait la sympathie. Les Guignols ont-ils contribué à façonner une partie du personnage Chirac qui resta douze ans à l'Élysée ? Ont-ils participé à renouveler l'image de ce politicien qui avait connu ses premières victoires sous Pompidou ? Et ont-ils ensuite, en le montrant en « Super-Menteur », au milieu d'autres caricatures tout aussi dévastatrices, participé à la dé-crédibilisation de la classe politique… et à la montée des populismes ? (Après tout, Bruno Gaccio, auteur emblématique des Guignols de 1992 à 2007 et issu d'une tradition anarchisante, est devenu un des chantres des Gilets jaunes.) Les Guignols s'appuyaient d'abord sur la culture humoristique propre à Canal+, théorisée par les 3D des Nuls (Déconne, Danse et Dénonce[1]), et sur des ressorts comiques classiques mettant en scène deux types de personnages : le cynique et le benêt, alternativement.

Ces marionnettes sont certes des images grotesques, comme toutes caricatures, mais vivantes. Non pas symboliques (comme le gendarme dans Guignol représentant l'ordre) mais humanisées…

1- Y. Le Rolland, « Les Guignols de l'Info : machine rodée et maison fragile », in *Le Journal de l'École de Paris du Management*, n° 85, 2010/5.

Yves Le Rolland, producteur historique des Guignols, explique ce processus[2] : « La marionnette de Jacques Chirac a largement dépassé son modèle pour devenir un personnage générique, une sorte de "papi des familles". Nous partons toujours de personnages connus et leur forgeons une personnalité propre. Une complicité se crée alors avec le téléspectateur. Petit à petit, nous pouvons pousser le caractère assez loin sans dérouter le public. C'est pourquoi la récurrence est très importante aux Guignols. »

Évidemment, ces caricatures vivantes affichent toutes une bonne dose de connerie, comme il se doit. Seule la marionnette du président Mitterrand, avec son image de vieux calculateur et méchant (« Imbéciles ! » était son gimmick), et quelques personnages représentant les puissants échappent à la stupidité générale, en mettant en scène leur cynisme absolu. Chaque personnage politique des Guignols porte d'ailleurs en lui une bonne dose de ce cynisme qui le pousse, quand il est dans une situation intenable, à faire front et alterner mensonges et bravades (« Oui… et alors ?! »).

Les voix de la caricature et la tyrannie de la rigolade

Mais ces caricatures qui parlent ne sont pas que des marionnettes : elles associent des voix et des textes. Elles sont les descendantes de Thierry Le Luron, qui a renouvelé en France la figure de l'imitateur et du

---

2- *Ibid.*

chansonnier. Certes, il se moquait des présidents avec des sketchs plutôt acides, ses plus insolents étant dus à Bernard Mabille, ex-journaliste du *Quotidien de Paris*. Mais Le Luron ne se contentait pas d'imiter Giscard conseiller général de Chamalières en 1982 ou chanter *L'Emmerdant c'est la rose* chez Michel Drucker. Il créa pour ses spectacles (avec Bernard Mabille) le personnage de Monsieur Glandu, concierge rue de Bièvre, ex-collabo raciste, qui tient des propos violents et homophobes sur les socialistes au pouvoir et notamment « le miteux » (François Mitterrand) dont il souligne à loisir le passé à Vichy, etc. L'imitateur-chansonnier se fait ici polémiste *stand-up* sur des lignes écrites par un journaliste représentatif de la vague anti-mitterrandienne la plus dure. Comme, sous le septennat de Giscard, les comiques de gauche attaquaient les membres du gouvernement Barre sur des textes issus de la tradition café-théâtre-*Charlie Hebdo*. Et comme Guy Bedos époque *stand-up* et sa revue de presse, qui représentait l'anti-Le Luron-Mabille.

Puis, certaines voix de marionnettes vont devenir célèbres. Nicolas Canteloup, qui a travaillé pour les Guignols de 1992 à 2011, fait parler dans sa *Revue de Presque* sur Europe 1 des caricatures de responsables politiques souvent présentés comme des crétins. Un exercice qui a aussi fait le succès de Laurent Gerra. Jour après jour sur RTL et Europe 1, les caricatures de politiques ridicules, prétentieux et/ou imbéciles, commentent l'actualité, sur des textes utilisant les mêmes ressorts que ceux des marionnettes des Guignols : un mélange de cynisme et de bêtise. Jean-Jacques Peroni, trotskiste dans sa jeunesse, passé par *Hara Kiri* et les cafés-théâtres (devenu soutien de la Manif pour tous...), est l'auteur fétiche de Laurent Gerra. Ses textes sont marqués par une insolence qui rappelle celle du Bernard Mabille des années 1984-1985. Et ça marche : Laurent Gerra, chaque matin sur RTL, rassemble autour de 2 millions d'auditeurs. Les réseaux sociaux relaient ce succès sur YouTube, et l'on peut même voir Nicolas Sarkozy, hilare, assister à un show matinal de Gerra... qui imite Sarkozy. L'esprit français est supposé s'accommoder désormais de ce type de mise en abîme.

La radio est devenue le théâtre d'un affrontement sur le terrain de l'humour politique : imitateurs d'un côté et chroniqueurs « forçats de la rigolade » de l'autre[3]. La multiplication des chroniqueurs censément drôles sur des radios comme France Inter illustre la seconde catégorie, attaquée par Frédéric Beigbeder (ex-chroniqueur) dans un ouvrage récent. Il explique ce mécanisme (qui a contribué quand même à faire de France Inter la première radio de France) : « De rare à bien identifié, le rire est devenu une constante. On se marre constamment, et tout le monde doit encaisser des plaisanteries, si possible avec le sourire. Les chroniqueurs, les journalistes, des gens sérieux dont la mission

3- Sur cette question on lira avec profit l'ouvrage du philosophe F. L'Yvonnet, *Homo comicus ou l'intégrisme de la rigolade*, Mille et Une Nuits, 2012.

est d'informer, se sentent obligés d'être cools et rigolos. On veut transformer le monde en une immense blague[4]. »

Dans cette course à la rigolade, on a même assisté au retour des bons vieux chansonniers à l'ancienne. Depuis 2007, Paris Première diffuse la Revue de Presse des Deux Ânes (lancée par Jacques Mailhot), comme pour rappeler que tout cela s'inscrit dans une tradition immuable.

De Swift aux Guignols

Mais est-ce vraiment le cas ? Les chansonniers étaient issus d'une tradition dans laquelle existait un délit d'offense au chef de l'État. Cette législation a donné lieu à environ 150 procès pendant les présidences de Gaulle (contre cinq procès sous la IIIe République et cinq sous la IVe République[5]).

Tout change lorsque Valéry Giscard d'Estaing, une fois élu, annonce qu'il ne poursuivra plus la presse pour offense au chef de l'État, laisser-faire repris par François Mitterrand puis Jacques Chirac. Nicolas Sarkozy tentera d'utiliser cette loi mais elle tombera définitivement en désuétude, jusqu'à être abrogée, car contraire à la liberté d'expression telle que définie par la Cour de Justice Européenne.

De quelle tradition parle-t-on alors ?

4- Entretien dans la revue *L'ADN*, le 28 mai 2020

5- O. Beaud, *La République Injuriée – Histoire des offenses au chef de l'État de la IIIe à la Ve République*, PUF, 2019

Tout commence par la satire, on le sait. Le pouvoir a ses bouffons, rares, fragiles et grossiers, et ses écrivains engagés. Swift et Defoe (ou Voltaire et Montesquieu) utilisent l'ironie et le second degré pour dénoncer, par l'absurde, des situations ubuesques ou simplement tyranniques, selon un code qui les fait comprendre d'un public familier de la rhétorique de l'ironie[6].

Puis, dans la lignée de Béranger au XIXe, viennent les chansonniers dans leur version contemporaine qui, dans des cabarets exigus, des caveaux (de la République) ou des greniers (de Montmartre), ricanent en musique sur les travers de tel ou tel homme politique. Certains passent à la postérité. Ainsi d'Henri Tisot, comédien qui en 1960, au *Théâtre de Dix Heures* du boulevard de Clichy, se lance dans une imitation du général de Gaulle. Son sketch « L'autocirculation » est une parodie gentillette de ce qui se passe autour de l'*autodétermination* de l'Algérie, sujet tragique s'il en est où le général, discours après discours, déploie un style à la fois ambigu et dramatisant. Tisot ne le cite même pas, il parle de « qui vous savez », mais se moque néanmoins, sans avoir l'air d'y toucher, de l'emphase ampoulée et des insinuations tautologiques du général. Un disque 45-tours reprenant son spectacle se vend quand même à 1 million d'exemplaires. Mais il reste encore dans l'allusion, l'évocation, l'ironie[7].

6- D. Pourquery, *En finir avec l'ironie ? Éloge d'un mal français*, Robert Laffont, 2018.
7- B. Denis, *Ironie et idéologie*, *COnTEXTES* [En ligne], 2, mis en ligne le 15 février 2007.

L'humour en tension

Un jour, on l'a vu, ces chansonniers envahissent l'*access prime time*, grâce à Stéphane Collaro et son émission sur TF1 : le Bébête Show, un Muppet Show à la sauce *Théâtre des Deux Ânes*. Les caricatures qu'il montre sont grotesques mais restent des animaux. Le président de la République les apprécie et les commente. En 1989, il explique à Jacques Attali : « Vous imaginez une tête de liste Giscard-Balladur ? Les publicitaires pourraient s'en donner à cœur joie ! Ce ne serait pas un "ticket choc"… Au Bêbête-show, ils pourraient dire : "C'est un ticket vioque ou un ticket toc[8]"… »

Puis le Bébête show devient ringard quand, en 1991, Canal+ produit le « Très bête show » ridiculisant l'humour chansonnier Roucas-Amadou-Collaro. C'est un tournant. Le sarcasme tue les chansonniers et ouvre la voie aux Guignols dont le triomphe est plein de paradoxes. La consécration ultime semble être pour un politique « d'avoir sa marionnette » aux Guignols. Cela signifie que sa notoriété et surtout ses traits distinctifs sont passés dans le grand public.

Car ce déferlement a un corollaire depuis les années Giscard : l'envahissement du champ politique par les *spin doctors*, les communicants, spécialistes de rhétorique et d'images maîtrisées. Au fur et à mesure que ces derniers produisent du signe, de l'image, des éléments de langage, les forçats du rire s'en emparent pour les souligner à gros traits et en faire leur miel (ou leur

8- J. Attali, *Verbatim. Tome 3, Chronique des années 1988-1991*, Fayard 1995.

beurre). On ne dira jamais assez combien la déferlante de la rigolade sur la politique a correspondu avec la multiplication des ordonnances des experts en com'. Comme si, aux prescriptions des conseillers en image, devait correspondre l'effet de loupe des satiristes. Comme si les deux univers (communicants *vs* humoristes) se nourrissaient l'un l'autre et formaient un système clos, un cercle vicieux contribuant à détruire encore la confiance dans les politiques.

La fin de l'ironie, le début de la violence

Est-ce pour sortir de ce cercle vicieux que, le soir de sa prise de pouvoir, dès la neuvième minute de son discours du Louvre, Emmanuel Macron déclara : « Nous ne céderons rien à l'ironie » ? Lorsqu'on y pense, en effet, depuis son arrivée au pouvoir, les lieux de l'ironie, de la véritable ironie, n'ont cessé de décliner[9]. Les chroniqueurs, les forçats de la rigolade à l'œuvre sur les radios ou dans les émissions de télévision ne sont plus ironiques, ils sont au mieux sarcastiques au pire cyniques, en tous les cas violents, sans hésiter. Quand l'ironie recule, la violence monte, verbale d'abord…

On pourra opposer que la caricature politique a toujours été violente. *L'Assiette au beurre*, hebdomadaire du début du XXe siècle, donnait carte blanche à des artistes pour dénoncer, par des images fortes, la société de l'époque. Anticolonialiste, anti-guerres, anticapitaliste, le positionnement du journal était clair et

---

9- D. Pourquery, *En finir avec l'ironie ?*, *op.cit.*

violent. Mais les ventes tournaient autour de 40 000 exemplaires, les meilleurs numéros atteignant 200 000.

Les chansonniers eux-mêmes étaient par définition des artistes de cabaret, de petites salles, qui ne touchèrent le grand public qu'à partir du moment où ils passèrent à la radio (*Le Grenier de Montmartre*, déjà sur France Inter, de 1946 à 1974). Encore utilisaient-ils avec précaution ce média grand public et ne parlaient politique qu'à fleuret moucheté. Leur métamorphose à la télévision, associée à des textes de plus en plus agressifs, élargit l'audience : entre 2 et 3,5 millions de téléspectateurs pour les Guignols. En 2020 encore, les Guignols ont une véritable communauté de fans sur You Tube avec près de 200 000 abonnés sur l'ensemble des formats.

Et si justement la violence venait de l'effet démultiplicateur des réseaux sociaux, triomphe du premier degré ? Les chroniqueurs radio et télé peuvent compter sur cette énorme caisse de résonance, cet effet boule de neige où les commentaires s'accumulant agrègent haine et intolérance. Les « *clash* » et le « *bashing* » tournant en boucle, ils prennent le relais des émissions elles-mêmes. Celle de Yann Barthès peut bien être sur une « petite » chaîne comme TMC (elle rassemble autour de 2 millions de téléspectateurs tout de même), c'est sur les réseaux sociaux que ses sarcasmes sont retransmis avec le plus de puissance.

Le glissement progressif de l'humour au cynisme, puis à la polémique obligée, a produit sur ces réseaux une mise en scène de la violence instantanée non plus par le truchement de caricatures, mais visant les politiques en personne. La fonction dérivative de l'humour y disparaît et les humoristes eux-mêmes deviennent des personnages politiques, à l'instar de Beppe Grillo en Italie, acteur blogueur devenu militant puis chef de parti. Est-ce la conclusion logique de cette évolution ? La tyrannie de la rigolade donnerait alors naissance à un populisme grinçant… Seule consolation : la véritable ironie pourrait redevenir une voie de la résistance !

Ont contribué à cet ouvrage

Laurent Auzoult
Professeur de Psychologie Sociale et du Travail à l'université de Bourgogne. Il a publié notamment, *Le pouvoir donne-t-il la grosse tête ?* (Dunod, 2011), et plus récemment *Penser l'avenir* (PUM, 2018).

Dominique Bourg
Professeur honoraire de philosophie à l'Université de Lausanne où il fut directeur de l'Institut de politiques territoriales et d'environnement humain, président du Conseil scientifique de la Fondation Zoein et directeur de la revue en ligne *La Pensée écologique*, il a notamment publié *Dictionnaire de la pensée écologique* (avec Alain Papaux, PUF, 2015) et *Le marché contre l'humanité* (PUF, 2019).

Sophie Coignard
Journaliste au Point, elle a notamment publié *L'Oligarchie des incapables* (avec Romain Gubert, Albin Michel, 2012), *Le Nouveau mal français* (l'Observatoire, 2017) et *Les Faux jetons* (Fayard, 2019).

Tania Crasnianski
Ancienne avocate pénaliste, inscrite au barreau de Paris, elle a publié *Enfants de nazis* (Grasset, 2016) et *Le Pouvoir sur Ordonnance* (Grasset, 2017).

Christian Delporte
Professeur d'histoire contemporaine à l'Université de Versailles Saint-Quentin-en-Yvelines. Directeur de la revue *Le Temps des médias*. Spécialiste d'histoire politique, d'histoire des médias et de la communication. Il a notamment publié : *La France dans les yeux. Une histoire de la communication politique de 1930 à aujourd'hui* (Flammarion, 2007) ; *Une histoire de la langue de bois* (Flammarion, 2009) ; *Une histoire de la séduction politique (*Flammarion, 2011) ; *Les grands débats politiques. Ces émissions qui ont fait l'opinion* (Flammarion, 2012) ; *Comeback ou l'art de revenir en politique* (Flammarion, 2014) ; Philippe Henriot. *La résistible ascension d'un provocateur* (Flammarion, 2018).

Pascal Froissart
Maître de conférences en sciences de l'information et de la communication à l'université de Paris-VIII (Vincennes – Saint-Denis). Chercheur au CEMTI (Centre d'étude sur les médias, les technologies et l'internalisation), il a publié *La Rumeur* (Belin, 2010).

Alain Garrigou
Professeur émérite en science politique à l'université Paris-Nanterre fondateur de l'Observatoire des sondages, il a notamment publié *L'ivresse des sondages* (La Découverte, 2006), et *Manuel anti-sondages. La démocratie n'est pas à vendre !* (avec R. Brousse, éd. La ville brûle, 2011).

Jean Garrigues
Professeur à l'Université d'Orléans, Président du Comité d'histoire parlementaire et politique, directeur de la publication de *Parlement(s). Revue d'histoire politique*, il a publié une trentaine d'ouvrages sur l'histoire politique de la France contemporaine, notamment *La République des hommes d'affaires (1870-1900)*, Aubier, 1997, *Histoire secrète de la corruption sous la V*e *République*, (avec Y. Denoël, Nouveau Monde Éditions, 2016) et *Les Scandales de la République. De Panama à Benalla*, (Nouveau Monde Éditions, 2018).

Didier Georgakakis
Professeur de science politique à l'Université Paris 1 Panthéon-Sorbonne et au Collège d'Europe, Chaire Jean Monnet, chercheur au Centre européen de sociologie et de science politique (CNRS-P1-EHESS), vice-président de la Confédération européenne des associations de Science Politique, membre fondateur de l'Alliance européenne des sciences humaines et sociales (EASSH), il a notamment dirigé *Le champ de l'eurocratie* (Economica, 2012) et publié *Au service de l'Europe. Crises et transformations sociopolitiques de la fonction publique européenne* (Sorbonne, 2019).

Charles Haroche
Avocat de formation, il est enseignant en rhétorique à Sciences Po Paris et à Eloquentia. Il est auteur d'ouvrages sur le discours et l'argumentation et notamment *Petit manuel de mauvaise foi – Avoir raison surtout quand on a tort* (éditions First).

Jean-Vincent Holeindre
Professeur de science politique à l'Université Panthéon-Assas où il dirige le Master Relations internationales. Il est également directeur scientifique de l'Institut de recherche stratégique de l'Ecole militaire (IRSEM). Il a notamment publié *La ruse et la force. Une autre histoire de la stratégie* (Perrin, 2017, Prix Foch de l'Académie française) et *Le pouvoir* (éd. Sciences humaines, 2012).

François-Bernard Huyghe
Docteur d'État et HDR, médiologue, il est directeur d'études à l'Institut des Relations Internationales et Stratégiques. Il a notamment publié *L'art de la guerre idéologique* (Le Cerf, 2019).

Annie Jourdan
Historienne de la Révolution et du premier Empire, Professeure associée en études européennes à l'Université d'Amsterdam, elle a publié nombre d'articles et de livres, notamment *La Révolution, une exception française?* (Flammarion, 2004), et *Nouvelle histoire de la Révolution* (Flammarion, 2018).

Karim Lebhour
A été correspondant à l'ONU de 2010 à 2014 pour Radio France Internationale (RFI) après plusieurs années au Proche-Orient. Il est l'auteur avec Aude Massot de *Une Saison à l'ONU* (éd. Steinkis, 2018). Il travaille aujourd'hui pour International Crisis Group, une organisation de prévention des conflits, à Washington.

Patrick Lemoine

Psychiatre et docteur en neurosciences, il a notamment dirigé *La folle histoire des idées folles en psychiatrie* et *Histoire de la folie avant la psychiatrie* (tous deux avec B. Cyrulnik, Odile Jacob, 2016 et 2018), et *La Santé psychique de ceux qui ont fait le monde* (Odile Jacob, 2019).

Alexis Lévrier.

Historien du journalisme, maître de conférences à l'université de Reims Champagne-Ardenne et enseignant à l'Institut d'études politiques de Paris, chercheur au Centre de Recherche Interdisciplinaire sur les Modèles Esthétiques et Littéraires (CRIMEL), il a notamment publié *Matière et esprit du journal. Du Mercure Galant à Twitter* (avec A. Wrona, PU Paris-Sorbonne, 2013) et *Le Contact et la distance. Le journalisme politique au risque de la connivence* (Les Petits matins, 2016).

Jean-François Marmion

Psychologue, il a coordonné de nombreux ouvrages dont *Psychologie de la connerie* et *Histoire universelle de la connerie* (Sciences Humaines, 2018, 2019).

Janine Mossuz-Lavau

Directrice de recherche émérite CNRS au CEVIPOF (Centre de recherches politiques de Sciences po), elle est l'auteure d'une trentaine d'ouvrages sur littérature et politique, sur les comportements politiques, sur le clivage droite/gauche, sur les politiques publiques en matière de mœurs, sur le genre, sur la vie amoureuse et sexuelle en France. Elle a été membre de l'Observatoire de la parité.

Anne Muxel

Directrice de recherches au CEVIPOF (CNRS/SciencesPo), elle a notamment publié *Avoir 20 ans en politique* (Seuil, 2010), *La Politique au fil de l'âge* (Dir., Presses de Sciences Po, 2011), *La Tentation radicale. Enquête auprès des lycéens* dir. avec O. Galland, PUF, 2018), et *Politiquement jeune* (l'Aube, 2018).

Cédric Passard

Chercheur au CERAPS et membre associé du GRAL (à l'Université Libre de Bruxelles), il est maître de conférences en sociologie politique à Sciences Po Lille. Ses recherches concernent principalement l'histoire intellectuelle et la sociologie historique du politique (en particulier, les processus de politisation et de démocratisation sous la Troisième République), la sociologie de la littérature et des biens symboliques, les réformes et débats électoraux (mode de scrutin).

Pascal Perrineau

Professeur des Universités émérite à Sciences Po. Expert auprès du Conseil de l'Europe et d'organismes nationaux de recherche dans divers pays européens. Nommé par le Président du Sénat, il a été l'un des cinq garants du Grand débat national de 2019. Il a notamment publié *Le choix de Marianne. Pourquoi, pour qui votons-nous ?* (Fayard, 2012), *La France au Front. Essai sur l'avenir du Front national* (Fayard, 2014), *Cette France de gauche qui vote Front national,* (Le Seuil, 2017), *Le grand écart. Chronique d'une démocratie fragmentée* (Plon, 2019).

Emmanuel Pinto
Psychiatre et addictologue, professeur associé à la Faculté de Médecine de l'Université de Liège et chef du Département d'Addictologie de l'Intercommunale de Soins Spécialisés de Liège. Ses travaux de recherche se sont principalement centrés sur la vulnérabilité génétique dans l'alcoolo-dépendance.

Didier Pourquery
Président co-fondateur de The Conversation France, président de CapSciences à Bordeaux, di-plômé de Sciences Po Paris et de l'ESSEC, Didier Pourquery est journaliste depuis le début des années 1980. Rédacteur en chef pour de nombreux titres dont *Libération*, *La Tribune*, *InfoMatin*, *VSD* et *L'Expansion*. Directeur des rédactions de *Métro France* depuis son lancement en 2002 jusqu'en 2006, il fut aussi rédacteur en chef puis directeur adjoint au *Monde* de 2009 à 2014. Il est l'auteur de plusieurs ouvrages, dont *Les Mots de l'époque* (Autrement, 2014), *En finir avec l'ironie?* (Robert Laffont, 2018) et *Une histoire d'hamburgers-frites* (Robert Laffont, 2019).

Myriam Revault d'Allonnes
Philosophe, Professeur émérite des universités à l'EPHE (École Pratique des Hautes Études), Chercheur associé au CEVIPOF.

Romina Rinaldi
Docteure en sciences psychologiques et de l'éducation, elle est chargée de cours au sein de la Faculté de psychologieet des sciences de l'éducation de l'Université de Mons (Belgique). En parallèle, elle exerce la fonction de psychologue dans une institution psychiatrique et est journa-liste scientifique. Elle a publié *Faire dodo rend-il beau ? 60 questions étonnantes sur le sommeil* (Mardaga, 2017) et *Éloge des mères imparfaites* (Sciences Humaines, 2019).

Brice Teinturier
Directeur général délégué d'Ipsos en France. Auteur notamment de *« Plus rien à faire, plus rien à foutre » : La vraie crise de la démocratie* (Robert Laffont, 2017).

Le texte de P. Braud a été publié pour la première fois sur le site scienceshumaines.com le 11/12/18 et celui de M. Revault d'Allonnes dans *Mensonges et Vérités* (éd. Sciences Humaines, 2016). Toutes les citations ont été choisies par l'éditeur.

Achevé d'imprimer en août 2020 par SEPEC - 20917200529
Dépôt légal : troisième trimestre 2020

IMPRIM'VERT®